中華文化促進會主持編纂

國家“十一五”~“十四五”重點圖書出版規劃項目

中國社會科學院哲學社會科學創新工程學術出版資助項目

出品人　王石　段先念

今注本二十四史

舊五代史

宋 薛居正等 撰

陳智超 紀雪娟 主持校注

中國社會科學出版社

一六　周書〔二〕

舊五代史　卷一一二

周書三

太祖紀第三

　　廣順元年冬十月己丑朔，宰臣王峻獻唐張蘊古《大寶箴》、謝偃《惟皇誡德賦》二圖。[1]詔報曰："朕生長軍戎，勤勞南北，雖用心於鈐匱，且無暇於詩書，世務時艱，粗嘗經歷，[2]前言往行，未甚討尋。卿有佐命立國之勳，居代天調鼎之任，恒慮眇德，未及古人。於是採掇箴規，弼諧寡昧，披文閱理，懌意怡神，究爲君治國之源，審修己御人之要。帝王之道，盡在於茲，辭翰俱高，珠寶何貴！再三省覽，深用愧嘉。其所進圖，已令於行坐處張懸，所冀出入看讀，用爲鑒戒。"壬辰，潞州奏，巡檢使陳思讓、監軍向訓破河東賊軍於虎亭。[3]癸巳，以刑部侍郎司徒詡爲戶部侍郎，以左散騎常侍張煦爲刑部侍郎，以給事中呂咸休爲左散騎常侍。[4]甲午，絳州防禦使孫漢英卒。[5]辛丑，荊南奏，湖南亂，大將軍陸孟俊執僞節度使馬希萼遷於衡州，立希尊弟希崇爲留後，[6]將吏二千餘人，遇害者半，牙署庫藏，焚燒殆盡。[7]乙巳，詔併吏部三銓爲一銓，委本司長官通判。丙午，晋州巡檢王萬敢奏，河東劉崇入寇，營於州北。[8]辛亥，潞州奏，河東賊軍寇境。乙卯，荆南奏，淮南遣鄂州節度使劉仁瞻，以戰船二百艘於今月二十五日入岳州。[9]丙辰，詔樞密使王峻率兵援晋州。[10]丁巳，以左衛將軍申師厚爲河西軍節度使、檢校太保。[11]師厚素與王峻善，及峻貴，師厚羈旅無依，日於峻馬前望塵而拜。會西涼請帥，帝令擇之，無欲去者，峻乃以師厚奏之，師厚亦欣然求往，尋自前鎮將授左衛將軍、檢校工部尚書。[12]翌日，乃有涼州之命，[13]賜旌節、駝馬、繒帛以遣之。

[1]廣順：五代後周太祖郭威年號（951—953）。　王峻：人名。相州安陽（今河南安陽市）人。五代將領，後周時任樞密使兼宰相。傳見本書卷一三〇、《新五代史》卷五〇。　張蘊古：人名。相州洹水（今河南安陽市）人。唐代大臣。傳見《舊唐書》卷一九〇上。　《大寶箴》：文章名。內容詳見《舊唐書》卷一九〇上，主要爲勸諫太宗以民爲重。　謝偃：人名。衛縣（今河南淇縣）人。唐代大臣。傳見《舊唐書》卷一九〇上。　《惟皇誡德賦》：文章名。內容詳見《舊唐書》卷一九〇上。《輯本舊史》之影庫本粘籤：“惟皇，原本作‘雖皇’，今從《文苑英華》改正。”見《文苑英華》卷六〇所載《惟皇誡德賦》。《大典》卷八九八〇引《五代薛史》作“惟皇”。

[2]粗嘗經歷：中華書局本有校勘記：“原作‘粗經閱歷’，據《永樂大典》卷八九八〇引《五代薛史》改。影庫本粘籤：‘閱歷，原本脫“閱”字，今從《册府元龜》增入。’按今檢《册府》，無

此段文字。"

[3]潞州：州名。治所在今山西長治市。　巡檢使：官名。五代始置設於京師、陪都、重要的州及邊防重鎮。　陳思讓：人名。幽州盧龍（今河北盧龍縣）人。五代、宋初將領。傳見《宋史》卷二六一。　監軍：官名。爲臨時差遣，代表朝廷協理軍務、督察將帥。唐、五代時常以宦官爲監軍。　向訓：人名。避後周恭帝諱，改名向拱。懷州河內（今河南沁陽市）人。五代、宋初將領。傳見《宋史》卷二五五。　河東：方鎮名。治所在太原（今山西太原市）。　虒（sī）亭：地名。位於今山西襄垣縣西虒亭鎮。巡檢使陳思讓、監軍向訓破河東賊軍於虒亭：中華書局本有校勘記："'賊'字原闕，據《永樂大典》卷八九八〇引《五代薛史》補。"《輯本舊史》之案語："案《通鑑》：陳思讓敗北漢兵在十月辛卯，蓋辛卯得捷，次日始奏聞也。又'虒亭'原本作'褫亭'，今從《通鑑》及《宋史》改正。"見《通鑑》卷二九〇廣順元年（951）十月辛卯條、《宋史》卷二五〇《王彥昇傳》。《宋史》卷二五〇《王彥昇傳》載："周廣順中，從向拱破太原兵虒亭南。"

[4]刑部侍郎：官名。尚書省刑部次官。協助刑部尚書掌天下刑法及徒隸、勾覆、關禁之政令。正四品下。　司徒詡：人名。清河郡（今河北清河縣）人。五代後唐官員。傳見本書卷一二八。户部侍郎：官名。尚書省户部次官。協助户部尚書掌天下田户、均輸、錢穀之政令。正四品下。　左散騎常侍：官名。爲散官或加官，以示恩寵，無實際執掌。　張煦：人名。籍貫不詳。後周時擔任散騎常侍、刑部尚書、兵部尚書等職。事見本書卷一一一至一一三《周太祖紀》、卷一一四《周世宗紀》。　給事中：官名。秦始置。隋唐以來，爲門下省屬官。掌讀署奏抄，駁正違失。正五品上。　吕咸休：人名。籍貫不詳。五代後晋、後周官員。事見本書卷七八。

[5]絳州：州名。治所在今山西新絳縣。　防禦使：官名。唐代始置，設有都防禦使、州防禦使兩種。常由刺史或觀察使兼任，

實際上爲唐代後期州或方鎮的軍政長官。　孫漢英：人名。太原（今山西太原市）人。後唐將領孫重進之子，後漢、後周將領。傳見本書卷一二九。

[6]荆南：方鎮名。治所在荆州（今湖北荆州市）。　湖南：方鎮名。又稱武安軍節度。治所在潭州（今湖南長沙市）。　陸孟俊：人名。籍貫不詳。五代十國藩鎮將領。事見本書卷一一六。節度使：官名。唐時在重要地區所設掌握一州或數州軍事、民事、財政的長官。　馬希萼：人名。五代十國南楚君主，南楚武穆王馬殷之子，弑殺馬希廣後自立爲王，不恤政事，後爲馬希崇所代，終被南唐所俘。事見《新五代史》卷六六。　衡州：此處代指武清軍，治所在衡州（今湖南衡陽市）。　希崇：人名。即馬希崇。五代十國南楚君主，南楚武穆王馬殷之子。因馬希萼不恤政事，爲衆將擁立取而代之，後以國政紊亂降於南唐。事見《新五代史》卷六六。　留後：官名。原非正式命官，唐朝節度使入朝或宰相、親王遙領節度使不臨鎮則置。安史之亂後，節度使多以子弟或親信爲留後，以代行節度使職務，亦有軍士、叛將自立爲留後者。掌一州或數州軍政。北宋始爲朝廷正式命官。

[7]焚燒殆盡：《大典》卷八九八〇引《五代薛史》“焚燒”下有“入”字，誤。

[8]晋州：州名。治所在今山西臨汾市。　王萬敢：人名。籍貫不詳。歷任密州刺史、晋州巡檢、防禦使。事見本書卷一〇三、卷一二四。　劉崇：人名。即劉旻。太原（今山西太原市）人。後漢高祖劉知遠從弟。後漢時任太原尹，專制一方。後周代漢，他稱帝於太原，國號漢，史稱北漢。傳見本書卷一三五、《新五代史》卷七〇。

[9]淮南：方鎮名。治所在揚州（今江蘇揚州市）。　鄂州：州名。治所在今湖北武漢市武昌區。　劉仁贍：人名。彭城（今江蘇徐州市）人。五代十國南唐將領。傳見本書卷一二九、《新五代史》卷三二。　岳州：州名。治所在今湖南岳陽市。

[10]樞密使：官名。樞密院長官。唐代宗時始以宦官掌機密，至昭宗時借朱温之力盡誅宦官，始改以士人任樞密使。備顧問，參謀議，出納詔奏，權侔宰相。參見李全德《唐宋變革期樞密院研究》，國家圖書館出版社 2009 年版。

[11]左衞將軍：官名。爲左衞副長官，佐左衞大將軍統領宫廷禁衞法令，以督其屬隊仗，而總諸曹之事。從三品。　申師厚：人名。籍貫不詳。曾任左衞將軍、河西軍節度使、檢校太保。傳見本書附録。　河西軍：方鎮名。治所在涼州（今甘肅武威市）。　檢校太保：官名。爲散官或加官，以示恩寵，無實際執掌。

[12]檢校工部尚書：官名。“檢校”唐代初期通常指代理，或者指肩負某種使命，中後期演變爲散官或加官，用作獎勵、安撫，無具體執掌。

[13]涼州：州名。治所在今甘肅武威市。

十一月己未朔，荆南奏，淮南大將邊鎬率兵三萬，自袁州路趨潭州，[1]馬希崇遣從事送牌印，納器仗。[2]鎬入城，稱武安軍節度使，馬氏諸族及將吏千餘人皆徙于金陵。[3]甲子夜，東南白虹亘天。以新晉州節度使王彦超爲晉絳行營馬軍都虞候。[4]乙丑，命王峻出征晉州，帝幸西莊以餞之。[5]甲戌，日南至，羣臣拜表稱賀。甲申，葬故貴妃張氏。[6]丁亥，詔：“唐朝五廟，舊在至德宫安置，應屬徽陵莊田園舍，宜令新除右監門將軍李重玉爲主。[7]其緣陵緣廟法物，除合留外，所有金銀器物，充遷葬故淑妃王氏及許王從益外，其餘並給與重玉及尼惠英、惠燈、惠能、惠嚴等。[8]令重玉以時祀陵廟，務在豐潔。”重玉，故皇城使李從璨之子，[9]明宗之孫，惠英等亦明宗親屬也，[10]故帝授重玉官秩，令主先祀，卹王者之後也。

［1］邊鎬：人名。五代十國南唐將領。事見本書本卷、卷一三三。　袁州：州名。治所在今江西宜春市袁州區。《輯本舊史》之影庫本粘籤："袁州，原本作'阮州'，今從《通鑑》改正。"見《通鑑》卷二九〇廣順元年（951）九月條。《大典》卷八九八〇引《五代薛史》作"袁州"。　潭州：州名。治所在今湖南長沙市。

［2］從事：泛指一般屬官。　牌印：權杖與印綬，以標明身份。器仗：儀仗與武器。

［3］武安軍：方鎮名。治所在潭州（今湖南長沙市）。　金陵：地名。中國古代對今江蘇南京市的稱呼。

［4］王彥超：人名。大名臨清（今河北臨西縣）人。五代、宋初將領。傳見《宋史》卷二五五。　行營馬軍都虞候：官名。五代時期出征軍隊高級統率官。

［5］西莊：地名。其地不詳，疑位於開封城外。

［6］張氏：人名。恒州真定（今河北正定縣）人。郭威后妃。漢末遇害。事見本書本卷、卷一一一。

［7］至德宮：宮名。五代後唐天成元年（926）築。位於今河南洛陽市。　徽陵：五代後唐明宗李嗣源陵墓。位於今河南孟津縣送莊鎮。後晋石敬瑭將後唐愍帝李從厚、李從榮、李重吉皆祔葬於此。　右監門將軍：官名。即右監門衛將軍。唐置，掌宮禁宿衛。唐代置十六衛，即左右衛、左右驍衛、左右武衛、左右威衛、左右領軍衛、左右金吾衛、左右監門衛、左右千牛衛。各置上將軍，從二品；大將軍，正三品；將軍，從三品。　李重玉：人名。籍貫、事跡不詳。本書僅此一見。

［8］王氏：人名。籍貫不詳。後唐明宗后妃。事見本書卷五一、卷六六、卷七二、卷一二三，《新五代史》卷一五。　從益：人名。即李從益。後唐明宗幼子，封許王。947年，契丹滅後晋，立從益

爲中原皇帝，國號梁。旋即爲後漢高祖所殺。傳見本書卷五一、《新五代史》卷一五。　惠英、惠燈、惠能、惠嚴：皆陵廟內比丘尼。

[9]皇城使：官名。唐末始置，爲皇城司長官，一般由君主的親信充任，以拱衛皇城。《輯本舊史》之影庫本粘籤：“皇城使，原本作‘皇晟使’，今從《五代會要》改正。”見《會要》卷二四皇城使條。《大典》卷八九八〇引《五代薛史》作“皇城使”。　李從璨：人名。後唐明宗李嗣源之姪。因不屈從權臣安重誨，被重誨奏劾，貶謫賜死。傳見本書卷五一、《新五代史》卷一五。

[10]明宗：即李嗣源。沙陀部人。原名邈佶烈，李克用養子。五代後唐明宗，926年至933年在位。紀見本書卷三五至卷四四、《新五代史》卷六。

十二月戊子朔，詔以劉崇入寇，取當月三日暫幸西京。[1]庚寅，詔巡幸宜停。時王峻駐軍陝府，[2]聞帝西巡，遣使馳奏，不勞車駕順動，帝乃止。乙未，幸西莊。兗州慕容彦超上言，[3]乞朝覲，詔允之，尋稱部內草寇起，不敢離鎮。戊申，鄆州奏，[4]慕容彦超據城反。己酉，王峻奏，劉崇逃遁，王師已入晋州。[5]

[1]西京：地名。治所在今河南洛陽市。

[2]陝府：即陝州。治所在今河南三門峽市陝州區。

[3]兗州：州名。治所在今山東濟寧市兗州區。　慕容彦超：人名。沙陀部人（一說“吐谷渾部人”）。五代後漢將領，後漢高祖劉知遠同母弟。傳見本書卷一三〇、《新五代史》卷五三。

[4]鄆州：州名。治所在今山東東平縣。

[5]王師已入晋州：《舊五代史考異》：“案《宋史·陳思讓傳》：王峻援晋州，以思讓與康延昭分爲左右廂排陣使，令率軍自

烏嶺路至絳州，與大軍合。崇燒營遁去，思讓又與藥元福襲破之。"
"令率軍自烏嶺路至絳州"，中華書局本有校勘記："'路'字原闕，
據殿本、劉本、《宋史》卷二六一《陳思讓傳》補。"

　　廣順二年春正月戊午朔，不受朝賀，以宿兵在外故
也。庚申，王峻奏，起近鎮丁夫二萬城晉州。壬戌，修
東京羅城，[1]凡役丁夫五萬五千，兩旬而罷。甲子，以
侍衛步軍都指揮使曹英爲兗州行營都部署，以齊州防禦
使史延韜爲副部署，[2]以皇城使向訓爲兵馬都監，陳州
防禦使藥元福爲馬步都虞候，[3]率兵討慕容彥超。[4]諸軍
入兗州界，不得下路停止村舍，犯者以軍法從事。丙
寅，[5]徐州巡檢供給官張令彬奏，破淮賊于沭陽，[6]斬首
千餘級，擒賊將燕敬權。[7]時慕容彥超求援於淮南，淮
南僞主李景發兵援之，師於下邳，[8]聞官軍至，退趨沭
陽，遂破之。庚午，高麗權知國事王昭遣使貢方物。[9]
壬申，鎮州何福進差人部送先擒獲到河東賊軍二百餘人
至闕下，[10]詔給巾履衫袴以釋之。戊寅，徐州部送沭陽
所獲賊將燕敬權等四人至闕下，詔賜衣服金帛，放歸本
土，敬權等感泣謝罪。帝召見，謂之曰："夫惡凶邪，
獎忠順，天下一也。我之賊臣，撓亂國法，嬰城作逆，
殃及生靈，不意吳人助茲凶慝，非良算也，爾歸當言之
於爾君。"初，漢末遣三司軍將路昌祚於湖南市茶，屬
淮南將邊鎬陷長沙，[11]昌祚被賊送金陵。及敬權自大朝
歸，具以帝言告于李景，景乃召昌祚，延坐從容久之，
且稱美大朝皇帝聖德廣被，恩沾鄰土，深有依附國家之
意。及罷，遣僞宰相宋齊丘宴昌祚於別館，[12]又令訪昌

祚在湖南遭變之時，亡失綱運之數，命依數償之，給茗荈萬八千斤，遣水運至江夏，^[13] 仍厚給行裝，遣之歸闕。

[1]東京：地名。即都城開封。　羅城：古代爲加强防守，在城墻外加建的凸出形小城圈。

[2]侍衛步軍都指揮使：官名。皇帝侍衛親軍步軍司最高長官。曹英：人名。常山真定（今河北正定縣）人。五代後唐至後周將領。傳見本書卷一二九。　行營都部署：官名。凡行軍征討，掛帥率軍戰鬥，總管行營事務。　齊州：州名。治所在今山東濟南市。史延韜：人名。籍貫不詳。五代將領。本書僅此一見。　以齊州防禦使史延韜爲副部署：中華書局本有校勘記：“‘史延韜’，《永樂大典》卷八九八〇引《五代薛史》、《册府》卷一二〇同，《册府》卷一二三、《通鑑》卷二九〇作‘史延超’。‘部’，《册府》卷一二〇、《通鑑》卷二九〇同，殿本、劉本、孔本、《永樂大典》卷八九八〇引《五代薛史》作‘都’。”見明本《册府》卷一二〇《帝王部·選將門二》、卷一二三《帝王部·征討門三》、《通鑑》卷二九〇廣順二年（952）正月甲子條。

[3]兵馬都監：官名。唐代中葉命將出征，常以宦官爲監軍、都監。後爲臨時委任的統兵官，稱都監、兵馬都監。掌屯戍、邊防、訓練之政令。　陳州：州名。治所在今河南淮陽縣。　藥元福：人名。晉陽（今山西太原市）人。五代後唐至宋初將領。傳見《宋史》卷二五四。　馬步都虞候：官名。唐、五代方鎮高級軍官。明本《册府》卷一二〇作“馬步軍都虞候”。

[4]率兵討慕容彥超：《舊五代史考異》：“案《隆平集》：慕容彥超盜據兗、海，周祖命曹英爲帥，向訓副之，參用藥元福以兵從。謂元福曰：‘已敕英、訓，勿以軍禮見汝。’及元福至，英、訓皆父事焉。”見《隆平集》卷一六《藥元福傳》。

[5]丙寅：中華書局本有校勘記：“原作‘丙申’，據殿本改。影庫本粘籤：‘丙申，以《長曆》推之，當作丙寅。今無別本可校，姑仍其舊。’按是月戊午朔，無丙申，丙寅爲初九。”此條之前爲庚申（三日）、壬戌（五日）、甲子（七日）記事，其後爲庚午（十三）、壬申（十五）等記事，故知應改爲丙寅。

[6]徐州：州名。治所在今江蘇徐州市。　巡檢供給官：官名。負責巡邏、供應物資。　張令彬：人名。籍貫、事跡不詳。本書僅此一見。　沭陽：縣名。治所在今江蘇沭陽縣。中華書局本有校勘記：“原作‘沐陽’，據殿本、劉本、本書卷一一五《周世宗紀二》、《新五代史》卷五三《慕容彥超傳》、卷六二《南唐世家》、《通鑑》卷二九〇改。本卷下文同。”見《輯本舊史》卷一一五《周世宗紀二》顯德二年（955）十一月己亥諭淮南州縣詔、《通鑑》卷二九〇廣順二年正月甲子條。

[7]燕敬權：人名。籍貫、事跡不詳。本書僅此一見。

[8]李景：即南唐元宗李璟，徐州彭城（今江蘇徐州市）人。南唐烈祖李昪長子，南唐第二位皇帝。後因受後周威脅，削去帝號，改稱國主。傳見本書卷一三四、《新五代史》卷六二。　下邳：縣名。治所在今江蘇睢寧縣古邳鎮。

[9]王昭：人名。高麗王朝第四任君主。高麗太祖王建第四子、惠宗王武弟。乾祐二年（949）受禪即位，廣順三年（953）被後周册封爲高麗國王。死後廟號光宗。參見〔朝〕鄭麟趾等《高麗史》卷二，西南師範大學出版社2014年版。　高麗權知國事王昭遣使貢方物：《新五代史》卷一一一《周太祖本紀》廣順二年正月庚午條作“高麗王昭使其廣評侍郎徐逢來”。

[10]鎮州：州名。治所在今河北正定縣。　何福進：人名。太原（今山西太原市）人。五代將領。傳見本書卷一二四。　部送：押送。

[11]三司軍將：官名。唐、五代時節度使屬將。　路昌祚：人名。籍貫、事跡不詳。本書僅此一見。　淮南：《輯本舊史》之影

庫本粘籤：“原本作‘懷南’，今從《通鑑》改正。”《大典》卷八九八〇引《五代薛史》作“淮南”，原本不誤。 長沙：郡名。治所在今湖南長沙市。

[12]宋齊丘：人名。豫章（今江西南昌市）人，一説盧陵（今江西吉安市吉州區）人。久仕於南吳、南唐，官至宰執，後以政爭失勢，爲李璟餓死於九華山中。事見《新五代史》卷六二。

[13]江夏：縣名。治所在今湖北武漢市武昌區。

二月庚寅，府州防禦使折德扆奏，[1]河東賊軍寇境，率州兵破之，斬首二千級。辛卯，太白經天。[2]癸巳，以權知高麗國事王昭爲高麗國王。庚子，府州防禦使折德扆奏，收河東界岢嵐軍。[3]癸卯，詔先獲河東鄉軍一百餘人，各給錢鞋放歸鄉里。[4]壬子，太子太師致仕安審暉卒。[5]

[1]府州：州名。治所在今陝西府谷縣。 折德扆（yǐ）：人名。党項族。五代、宋初將領。折從阮之子。傳見《宋史》卷二五三。

[2]太白：金星。

[3]岢嵐軍：軍（政區單位）名。治所在今山西岢嵐縣。

[4]癸卯：中華書局本有校勘記：“原作‘癸巳’，據殿本、《册府》卷一六七改。下文‘壬子’，原作‘壬寅’，據殿本改。影庫本粘籤：‘以《長曆》推之，癸巳當作癸卯。下文壬寅當作壬子。今無別本可校，姑仍其舊，附識于此。’按是月丁亥朔，癸卯爲十七日，壬子爲二十六日。”見明本《册府》卷一六七《帝王部·招懷門五》。此條前爲庚寅（四日）、辛卯（五日）、癸巳（七日）、庚子（十四日）記事，其後爲壬子（二十六日）記事，癸卯爲十七日，故知當改爲癸卯。

[5]太子太師：官名。與太子太傅、太子太保統稱太子三師。隋唐以後多作加官或贈官。從一品。 安審暉：人名。沙陀部人。安審琦之兄。五代十國時期高級將領。傳見本書卷一二三。

三月庚申，[1]幸南莊，[2]令從臣習射。戊辰，以樞密院直學士、左諫議大夫王溥爲中書舍人，充翰林學士；[3]以内客省使、恩州團練使鄭仁誨爲樞密副使。[4]詔宣徽北院使翟光鄴權知永興軍府事。[5]甲戌，迴鶻遣使貢方物。[6]庚辰，詔：“西京莊宅司、内侍省、宫苑司、内園等四司，所管諸巡繫税户二千五百並還府縣。其廣德、昇平二宫並停廢。[7]應行從諸莊園林、亭殿、房舍、什物課利，宜令逐司依舊收管。”

[1]三月庚申：庚申（初四）前，《新五代史》卷一一《周太祖本紀》尚有一條丁巳（初一）日記事：“寒食，望祭于郊。”

[2]南莊：地名。其地不詳，疑位於開封城外。

[3]樞密院直學士：官名。五代後唐同光元年（923），改直崇政院置，選有政術、文學者充任。充皇帝侍從，備顧問應對。 左諫議大夫：官名。隸門下省。唐代置左、右諫議大夫各四人，分隸門下省、中書省。掌諫諭得失、侍從贊相。正四品下。 王溥：人名。籍貫不詳。唐昭宗朝宰相。傳見《宋史》卷二四九。 中書舍人：官名。中書省屬官。掌起草文書、呈遞奏章、傳宣詔命等。正五品上。 翰林學士：官名。由南北朝始設之學士發展而來，唐玄宗改翰林供奉爲翰林學士，備顧問，代王言，掌拜免將相、號令征伐等詔令的起草。

[4]内客省使：官名。中書省内客省長官。 恩州：州名。治所在今廣東陽江市。 團練使：官名。唐代中期以後，於不設節度

使的地區設團練使，掌本區各州軍事。　鄭仁誨：人名。晉陽（今山西太原市）人。後周太祖時樞密使、宰相。傳見本書卷一二三、《新五代史》卷三一。　樞密副使：官名。樞密院副長官。

[5]宣徽北院使：官名。唐始置。宣徽北院長官。初用宦官，五代以後改用士人。與宣徽南院使通掌內諸司及三班內侍之名籍，郊祀、朝會、宴享供帳之儀，檢視內外進奉名物。參見王永平《論唐代宣徽使》，《中國史研究》1995年第1期；王孫盈政《再論唐代的宣徽使》，《中華文史論叢》2018年第3期。　翟光鄴：人名。濮州甄城（今山東鄄城縣）人，五代將領。傳見本書卷一二九、《新五代史》卷四九。　永興軍：方鎮名。治所在京兆府（今陝西西安市）。

[6]迴鶻：部族名。原係突厥鐵勒部的一支。唐天寶三載（744）建立回鶻汗國，9世紀中葉，回鶻汗國瓦解。其中一支爲甘州回鶻。11世紀初，甘州回鶻爲西夏所滅。參見楊蕤《回鶻時代：10—13世紀陸上絲綢之路貿易研究》，中國社會科學出版社2015年版。

[7]廣德、昇平：宮名。位於今河南開封市。

夏四月丙戌朔，日有食之，帝避正殿，百官守司。丁亥，詔停蔡州鄉軍。[1]戊子，以京師旱，分命羣臣禱雨。[2]癸巳，制削奪慕容彥超在身官爵。甲午，高麗國册使、衛尉卿劉晫卒。[3]乙卯，詔取來月五日，車駕赴兗州城下，慰勞將士。以樞密副使鄭仁誨爲右衛大將軍，依前充職，兼權大內都點檢；[4]以中書侍郎、平章事、判三司李穀爲權東京留守，兼判開封府事。[5]

[1]蔡州：州名。治所在今河南汝南縣。

　　[2]分命羣臣禱雨:《宋本册府》卷一四五《帝王部·弭災門》
作“分命朝臣於諸祠廟祈禱雨”。

　　[3]高麗國:古國名。一爲高句麗。故地位於今中國東北地區
及朝鮮半島北部。一爲王氏高麗。918 年,後三國(即朝鮮新羅、
後百濟、泰封)之一泰封國武將王建推翻其統治者弓裔,稱王,改
國號高麗,都開京(今朝鮮開城市)。漸合併新羅、後百濟,重新
統一朝鮮半島。參見〔朝〕鄭麟趾等《高麗史》;楊軍《高句麗民
族與國家的形成和演變》,中國社會科學出版社 2006 年版。　衛尉
卿:官名。北魏置,隋、唐、五代爲衛尉寺長官。掌供宮廷、祭
祀、朝會之儀仗帷幕,通判本寺事務。從三品。　劉暉:人名。涿
州歸義(今河北容城縣)人。劉昫之弟。五代將領。傳見本書卷一
三一。

　　[4]右衛大將軍:官名。唐置十六衛之一,掌宮禁宿衛。正三
品。　大内都點檢:官名。五代後唐置,凡車駕行幸及出征則置。
後周世宗顯德中選驍勇之士充殿前諸班,改稱殿前都點檢。

　　[5]中書侍郎:官名。中書省副長官。唐後期三省長官漸爲榮
銜,中書侍郎、門下侍郎却因參議朝政而職位漸重,常常用爲以
“同三品”或“同平章事”任宰相者的本官。正三品。　平章事:
官名。全稱“同中書門下平章事”。唐高宗以後,凡實際任宰相之
職者,常在其本官後加同平章事的職銜。後成爲宰相專稱。後晉天
福五年(940),升中書門下平章事爲正二品。　判三司:官名。通
掌鹽鐵、度支、户部三個部門事務。爲三司使之起始。　李穀:人
名。穎州汝陰(今安徽阜陽市)。五代後周宰相。傳見《宋史》卷
二六二。　開封府:府名。後周都城。治所在今河南開封市。

　　五月丙辰朔,帝御崇元殿受朝,[1]仗衛如儀。庚申,
車駕發京師。[2]戊辰,至兗州城下。[3]乙亥,收復兗州,
斬慕容彦超,夷其族。詔端明殿學士顏衎權知兗州軍州

事。[4]壬午，曲赦兗州管內罪人，取五月二十七日已前所犯罪，大辟已下，咸赦除之。慕容彥超徒黨，有逃避潛竄者，及城內將吏等並放罪。自慕容彥超違背以來，鄉州內有接便爲非者，一切不問。諸軍將士沒於王事者，各與賵贈，都頭已上與贈官。兗州城內及官軍下寨四面去州五里內，今年所徵夏秋苗子及沿徵錢物並放；十里內，只放夏稅；一州管界，今夏苗子三分放一分。城內百姓遭毁拆舍屋及遭燒焚者，給賜材木。諸處差到人夫，內有遭矢石死者，各給絹三匹，仍放戶下三年徭役云。[5]癸未，詔兗州降爲防禦州，仍爲望州。

[1]崇元殿：五代後梁開平元年（907）改汴京正殿爲崇元殿。位於今河南開封市。

[2]庚申，車駕發京師：“庚申”，《輯本舊史》之案語：“案：《五代春秋》作庚辰，帝東征，《歐陽史》從《薛史》作庚申。”見《新五代史》卷一一《周太祖本紀》。《五代春秋》卷下周高祖條作“庚午（十五），帝東征”。

[3]戊辰，至兗州城下：戊辰（十三）前，《新五代史》卷一一《周太祖本紀》尚有一條癸亥（初八）日記事：“次曹州，赦流罪以下囚。”

[4]端明殿學士：官名。五代後唐天成元年（926）明宗初即位，每有四方書奏，多令樞密使安重誨進讀，重誨不曉文義。於是孔循獻議，設端明殿學士，命馮道等爲之，位在翰林學士之上。此後沿置。　顏衎（kàn）：人名。曲阜（今山東曲阜市）人。五代、宋初大臣。傳見《宋史》卷二七〇。　詔端明殿學士顏衎權知兗州軍州事：此事《通鑑》卷二九〇繫於廣順二年（952）五月丁丑（二十二）。此條前爲乙亥（二十）記事，後爲壬午（二十七）記

事，"詔端明殿學士顔衎" 前疑脱 "丁丑" 二字。

[5] "壬午" 至 "仍放户下三年徭役云"：明本《册府》卷九六《帝王部·赦宥門一五》"大辟已下" 前有 "見禁罪人及未發覺者" 九字，"及城内將吏等並放罪" 後有 "仰於所在自出陳首，百日不首者獲罪如初" 等語。"鄉州内有接便爲非者"，中華書局本有校勘記："'州'，原作'城'，據殿本、孔本、《册府》卷九六改。按《永樂大典》卷八九八〇引《五代薛史》作'川'，係'州'之訛。"明本《册府》卷九六作 "鄉州山寨豪强人等接便爲非，劫掠擄殺，今因收復，並與洗滌，一切不問"。"今年所徵夏秋苗子及沿徵錢物並放"，中華書局本有校勘記："'苗子'二字原闕，據《册府》卷九六、卷四九二補。殿本、孔本校作'税'。"《宋本册府》卷四九二《邦計部·蠲復門四》載："城外官軍下寨處，四面去州城五里内，所徵今年夏秋苗子、鹽食鹽錢，並諸雜沿徵錢物，並與除放。五里外、十里内，除放今年夏苗子，三分中減放一分。"明本《册府》卷九六略同。"只放夏税"，中華書局本有校勘記："'夏税'二字原闕，據《永樂大典》卷八九八〇引《五代薛史》補。"亦見明本《册府》卷九六、《宋本册府》卷四九二。

六月乙酉朔，帝幸曲阜縣，謁孔子祠。[1] 既奠，將致拜，左右曰："仲尼，人臣也，無致拜。"[2] 帝曰："文宣王，百代帝王師也，得無敬乎!"即拜奠於祠前。其所奠酒器、銀鑪並留於祠所。遂幸孔林，[3] 拜孔子墓。帝謂近臣曰："仲尼、亞聖之後，今有何人?"對曰："前曲阜令、襲文宣公孔仁玉，是仲尼四十三代孫，有鄉貢《三禮》顔涉，是顔淵之後。"[4] 即召見。仁玉賜緋，[5] 口授曲阜令，顔涉授主簿，[6] 便令視事。仍敕兖州修葺孔子祠宇，墓側禁樵採。丙戌，車駕還京。初，帝以五月十三日至兗州，賊尚拒守，至十七日，晝夢道士一人進書，[7]卷首云“車駕來月二日還京”，其下文字絕多，不能盡記。既寤，以夢告宰臣，又四日而城拔。帝至軍，凡駐蹕九日而賊平，果以六月二日發離城下，近代親征克捷，無如此行之速也。[8]是日大雨，城下行宮水深數尺。[9]其日晚，至中都縣，[10]帝笑謂侍臣曰：“今日若不離城下，則當爲水潦所溺矣。”[11]戊戌，車駕至自兗州。[12]辛丑，以靈武節度使馮暉卒，輟視朝一日。[13]壬寅，前翰林學士李澣自契丹中上表，[14]陳奏機事，且言僞幽州節度使蕭海貞欲謀嚮化，帝甚嘉之。[15]癸卯，德妃董氏薨。[16]乙巳，詔宣徽南院使袁鸒判開封府事。[17]辛亥，以朔方軍衙內都虞候馮繼業起復爲朔方軍兵馬留後。[18]甲寅，幸舊宅，爲德妃舉哀故也。

[1]曲阜縣：縣名。治所在今山東曲阜市。

[2]仲尼：即孔子。

[3]孔林：孔子及其後裔的墓地。位於今山東曲阜市。

[4]曲阜令：官名。令爲縣的行政長官，掌治本縣。唐代之縣，分赤（京）、次赤、畿、次畿、望、緊、上、中、中下、下十等。縣令分六等，正五品上至從七品下。河南縣令爲京縣令，正五品上。　孔仁玉：人名。孔子第四十三代嫡長孫。後唐時襲封文宣公。事見本書卷四三。　顏涉：人名。事見本書本卷。　顏淵：人名。春秋末魯國人。姓顏名回，字子淵。孔子學生。事見《史記》卷四七《孔子世家》。

[5]仁玉賜緋：《輯本舊史》之影庫本粘籤：“賜緋，原本作‘賜排’，今從《冊府元龜》改正。”檢明本《冊府》，未見相關記載。《大典》卷八九八〇引《五代薛史》作“賜緋”。

[6]主簿：官名。漢代以後歷朝均置。唐代京城百司和地方官署，均設主簿。管理文書簿籍，參議本署政事，爲官署中重要佐官。其官階品秩，因官署而不同。

[7]晝夢道士一人進書：明本《册府》卷二六《帝王部·神助門》廣順二年（952）五月十七日條作“晝寐，夢內養德兒引道士一人進書”。

[8]無如此行之速也：中華書局本有校勘記：“‘行’字原闕，據《永樂大典》卷八九八〇引《五代薛史》補。”

[9]城下行宮水深數尺：中華書局本有校勘記：“‘宮’，彭校、《册府》卷二六作‘營’。”見明本《册府》卷二六《帝王部·神助門》廣順二年六月二日條。

[10]中都縣：縣名。治所在今山東汶上縣。

[11]則當爲水潦所溺矣：中華書局本有校勘記：“‘水’字原闕，據彭校、《永樂大典》卷八九八〇引《五代薛史》、《册府》卷二六補。”

[12]戊戌，車駕至自兗州：《輯本舊史》之案語：“案：《歐陽史》作‘庚子，至自兗州’，《五代春秋》從《薛史》作戊戌。”見《新五代史》卷一一《周太祖本紀》廣順二年六月庚子條、《五代春秋》卷下周高祖條。是年六月乙酉朔，庚子爲十六日，戊戌爲十四日。

[13]靈武：郡名。治所在今寧夏吳忠市。乾元元年（758），改名靈州。此處代指治所在靈州的方鎮朔方軍。 馮暉：人名。魏州（今河北大名縣）人。五代後唐至後周將領。傳見本書卷一二五、《新五代史》卷四九。 輟視朝一日：中華書局本有校勘記：“‘視’字原闕，據殿本、孔本、《永樂大典》卷八九八〇引《五代薛史》補。”

[14]李澣：人名。京兆萬年（今陝西西安市長安區）人。歷仕五代後唐、後晉，後與徐台符被契丹挾而北行，在遼任宣政殿學士、禮部尚書等職。傳見《宋史》卷二六二。中華書局本有校勘

記："原作'李瀚'，據殿本、劉本、邵本、彭本、《永樂大典》卷八九八〇引《五代薛史》、《宋史》卷二六二《李澣傳》改。影庫本批校：'李瀚，據《宋史》作李澣。'"

[15]幽州：州名。治所在今北京市。　蕭海貞：人名。《遼史》作"蕭眉古得"，《契丹國志》及《通鑑》並作"蕭海真"，遼穆宗耶律璟妻族，曾任幽州節度使，後因謀南奔事被殺。事見《遼史》卷六《穆宗本紀》。　帝甚嘉之：《舊五代史考異》："案《宋史·李澣傳》：海貞與澣相善，澣乘間諷海貞以南歸之計，海貞納之。周廣順二年，澣因定州孫方諫密表，言契丹衰微之勢，周祖嘉焉，遣諜者田重霸齎詔慰撫，仍命澣通信。澣復表述：'契丹主幼弱多寵，好擊鞠，大臣離貳，若出師討伐，因與通好，乃其時也。'屬中原多故，不能用其言。"見《宋史》卷二六二《李澣傳》。

[16]癸卯：中華書局本有校勘記："原作'癸巳'，據殿本、《永樂大典》卷八九八〇引《五代薛史》改。影庫本粘籤：'癸巳，以《長曆》推之，當作癸卯。今無別本可校，姑仍其舊。'按是月乙酉朔，癸巳爲初九，此事繫於壬寅、乙巳之間，當作癸卯。"六月壬寅爲十八，乙巳爲二十二，癸卯爲十九。　董氏：即後周太祖郭威德妃。鎮州靈壽（今河北靈壽縣）人。傳見本書卷一二一《周后妃列傳》、《新五代史》卷一九《周太祖家人傳》。

[17]宣徽南院使：官名。唐始置。宣徽南院的長官。初用宦官，五代以後改用士人。與宣徽北院使通掌内諸司及三班内侍之名籍，郊祀、朝會、宴享供帳之儀，檢視内外進奉名物。參見王永平《論唐代宣徽使》，《中國史研究》1995年第1期；王孫盈政《再論唐代的宣徽使》，《中華文史論叢》2018年第3期。　袁羲：人名。袁象先之子。五代將領，歷任復州刺史、左龍武大將軍、左神武統軍、宣徽南院使、延州節度使等。事見本書本卷、卷一一四等。

[18]朔方軍：方鎮名。治所在靈州（今寧夏吳忠市）。　衙内都虞候：官名。五代時期出征軍隊高級統兵官。　馮繼業：人名。大名（今河北大名縣）人。馮暉之子。五代、宋初將領。傳見

《宋史》卷二五三。　起復：中華書局本有校勘記：“原作‘復起’，據殿本、劉本、邵本校、彭校乙正。”　兵馬留後：官名。唐、五代時，代行方鎮長官之職者稱留後，代行州兵馬使之職者，即爲兵馬留後。掌本州兵馬。

秋七月丙辰，詔：“内外臣僚，每遇永壽節，舊設齋供。今後中書門下與文武百僚共設一齋，侍衛親軍都指揮使已下共設一齋，樞密使、内諸司使已下共設一齋，其餘前任職員及諸司職掌，更不得開置道場及設齋。”[1]是日大風雨，破屋拔樹，尚書省都堂有龍穿屋壞獸角而去，西壁有爪跡存焉。襄州大水。[2]丁卯，詔復升陳州、曹州爲節鎮。[3]以侍衛馬軍都指揮使、洋州節度使郭崇爲陳州節度使，[4]以侍衛步軍都指揮使曹英爲曹州節度使，並典軍如故。以陳州防御使藥元福爲晋州節度使。辛未，詔相州節度使李筠權知潞州軍州事。[5]丙子，以小底都指揮使、漢州刺史李重進爲大内都點檢兼馬步都軍頭，[6]領恩州團練使；以内殿直都知、駙馬都尉張永德領和州刺史，[7]充小底第一軍都指揮使。

[1]侍衛親軍都指揮使：官名。五代時侍衛親軍長官。多由皇帝親信擔任。　内諸司使：官名。内諸司長官群體。　“秋七月丙辰”至“更不得開置道場及設齋”：《會要》卷五節日條、明本《册府》卷二《帝王部·誕聖門》可互校。“百僚”，《輯本舊史》原作“百官”，據明本《册府》卷二改。《大典》卷八九八〇引《五代薛史》作“百寮”。“更不得開置道場及設齋”，中華書局本有校勘記：“‘置’，原作‘設’，據《永樂大典》卷八九八〇引《五代薛史》、《册府》卷二、《五代會要》卷五改。”見《會要》

卷五節日條。明本《册府》卷二作"並不得更請開置道場及設齋"。

[2] 襄州：州名。治所在今湖北襄陽市。

[3] 曹州：州名。治所在今山東曹縣西北。

[4] 侍衛馬軍都指揮使：官名。爲侍衛親軍馬軍司長官。後梁始置侍衛親軍，爲禁軍的一支，後唐沿置並成爲禁軍主力，下設馬軍、步軍。　洋州：州名。治所在今陝西洋縣。　郭崇：人名。應州金城（今山西應縣）人。五代、宋初將領。傳見《宋史》卷二五五。

[5] 相州：州名。治所在今河南安陽市。　李筠：人名。并州太原（今山西太原市）人。五代、宋初將領，歷仕後唐至宋。傳見《宋史》卷四八四。

[6] 小底：軍額名。始於五代。　漢州：州名。治所在今四川廣漢市。　刺史：官名。州一級行政長官。漢武帝時始置，總掌考核官吏、勸課農桑、地方教化等事。唐中期以後，節度使、觀察使轄州而設，刺史爲其屬官，職任漸輕。從三品至正四品下。　李重進：人名。滄州（今河北滄縣舊州鎮）人。五代後周將領。北宋建立後起兵反叛，兵敗身死。傳見《宋史》卷四八四。　馬步都軍頭：官名。馬步軍統兵官。

[7] 内殿直都知：官名。五代禁軍軍官。　駙馬都尉：漢武帝始置，魏、晋以後公主夫婿多加此稱號。從五品下。　張永德：人名。并州陽曲（今山西陽曲縣）人。五代、宋初大將，頗受宋太祖、宋太宗信任。傳見《宋史》卷二五五。《輯本舊史》之影庫本粘籤："張永德，原本作'承德'，今從《宋史》改正。"《宋史》卷二五五《張永德傳》載："周祖登位，封永德妻爲晋國公主，授永德左衛將軍、内殿直小底四班都知，加駙馬都尉、領和州刺史。"時年二十三。　和州：州名。治所在今安徽和縣。

　　八月甲申朔，翰林學士、刑部尚書張沆落職守本官。[1]以中書舍人、史館修撰判館事徐台符爲禮部尚書，充翰林學士承旨；[2]以兵部侍郎韋勳爲尚書右丞；[3]以尚書右丞于德辰爲吏部侍郎；[4]以户部侍郎邊歸讜爲兵部侍郎；[5]以禮部侍郎趙上交爲户部侍郎；[6]以樞密直學士、左散騎常侍陳觀爲工部侍郎，[7]依前充職；以刑部侍郎景範爲左司郎中，[8]充樞密直學士。乙酉，樞密使王峻上章，請解樞衡，凡三上章，詔不允。庚寅，潁州奏，[9]先於淮南俘獲孳畜，已准詔送還本土。甲午，詔止絶吏民詣闕舉請刺史、縣令。賜宰臣李穀白藤肩輿。時穀以今年七月，因步履傷臂，請告數旬，詔穀扶持就三司，[10]刻名印署事，仍放朝參。庚子，潞州節度使常思移鎮宋州，[11]相州節度使李筠移鎮潞州。壬寅，鄆州節度使高行周薨。[12]癸丑，詔改鹽麴法，鹽麴犯五斤已上處死，煎鱗鹽者犯一斤已上處死。先是，漢法不計斤兩多少，並處極刑，至是始革之。

　　[1]刑部尚書：官名。尚書省刑部長官。掌天下刑法及徒隸、勾覆、關禁之政令。正三品。　張沆：人名。徐州（今江蘇徐州市）人。五代後唐、後晉、後周官員。傳見本書卷一三一。　落職：因過被削奪職名。

　　[2]史館修撰：官名。唐天寶以後，他官兼領史職者，稱史館修撰。　徐台符：人名。鎮州獲鹿（今河北石家莊市鹿泉區）人。五代大臣。傳見本書附錄。　禮部尚書：官名。尚書省禮部長官。掌禮儀、祭享、貢舉之政。正三品。　翰林學士承旨：官名。爲翰林學士之首。掌拜免將相、號令征伐等詔令的起草。《舊唐書》卷

四三《職官志二·翰林院》:"例置學士六人,内擇年深德重者一人爲承旨,所以獨承密命故也。"

[3]兵部侍郎:官名。尚書省兵部次官。協助兵部尚書掌武官銓選、勳階、考課之政。正四品下。　韋勳:人名。籍貫不詳。五代後晋至後周官員,歷任後晋左散騎常侍、工刑户三部侍郎、太子賓客,後周兵部侍郎、尚書右丞。事見本書卷七七至卷七八、卷八〇至卷八四、卷一一一至卷一一二。　尚書右丞:官名。尚書省佐貳官。唐中期以後,與尚書左丞實際主持尚書省日常政務,權任甚重。後梁開平二年(908)改爲右司侍郎,後唐同光元年(923)復舊爲右丞。唐時爲正四品下,後唐長興元年(930)升爲正四品。

[4]于德辰:人名。元城(今河北大名縣東)人。五代大臣。傳見本書卷一三一。　吏部侍郎:官名。尚書省吏部次官。協助吏部尚書掌文選、勳封、考課之政。正四品上。

[5]邊歸讜:人名。幽州薊(今天津市薊州區)人。傳見《宋史》卷二六二。

[6]禮部侍郎:官名。尚書省禮部次官。協助禮部尚書掌禮儀、祭享、貢舉之政。正四品下。　趙上交:人名。涿州范陽(今河北涿州市)人。五代、宋初大臣。本名遠,字上交,避後漢高祖劉知遠諱,遂以字爲名。傳見《宋史》卷二六二。

[7]陳觀:人名。《新五代史》卷五〇作"陳同",《舊五代史考異》曰:"陳觀,《歐陽史》避私諱作陳同。"按,歐陽脩的父親名歐陽觀,其説是。陳觀,籍貫不詳。五代後晋至後周官員,仕後周爲知開封府事。事見本書本卷、卷一二九。　工部侍郎:官名。尚書省工部次官。協助尚書掌管百工、山澤、水土之政令,考其功以昭賞罰,總所統各司之事。正四品下。

[8]景範:人名。淄州長山(今山東鄒平縣)人。後周宰相。傳見《舊五代史》卷一二七。　左司郎中:官名。爲尚書左丞副貳,協掌尚書都省事務,監管吏、户、禮部諸司政務。位在諸司郎中上。從五品上。

　　[9]潁州：州名。治所在今安徽阜陽市潁州區。

　　[10]詔穀扶持就三司：中華書局本有校勘記："'就'字原闕，據《永樂大典》卷八九八〇引《五代薛史》補。"

　　[11]常思：人名。太原（今山西太原市）人。五代將領。傳見本書卷一二九、《新五代史》卷四九。　宋州：州名。治所在今河南商丘市睢陽區。

　　[12]高行周：人名。媯州懷戎（今河北懷來縣）人。五代後唐至後周將領。傳見本書卷一二三、《新五代史》卷四八。

　　九月庚午，[1]以大理卿劇可久爲太僕卿，以左庶子張仁璲爲大理卿，[2]以司天監趙延乂爲太府卿兼判司天監事。[3]詔北面沿邊州鎮，自守疆場，不得入北界俘掠。[4]乙亥，鎮州奏，契丹寇深、冀州。遣龍捷都指揮使劉誠誨、牙內都指揮使何繼筠等率兵拒之而退。[5]時契丹聞官軍至，掠冀部丁壯數百隨行，狼狽而北，冀部被擄者望見官軍，鼓譟不已，官軍不敢進，其丁壯盡爲蕃軍所殺而去。丁丑，以鄭州防禦使白重贊爲相州留後。[6]戊寅，樂壽都監杜延熙奏，於瀛州南殺敗契丹，[7]斬首三百級，獲馬四十七匹。癸未，帝姨母韓氏追封楚國太夫人，[8]故第四姊追封福慶長公主。易州奏，[9]契丹武州刺史石越來奔。[10]

　　[1]九月庚午：庚午（十七）前，《新五代史》卷一一《周太祖本紀》尚有一條乙丑（十二）日記事："太僕少卿王演使于高麗。"

　　[2]大理卿：官名。大理寺長官。負責大理寺的具體事務，掌邦國折獄詳刑之事。從三品。　劇可久：人名。涿州范陽（今河北

涿州市）人。五代官員。事見本書卷四二、卷一一六、卷一四七。

太僕卿：官名。漢代始置，太僕寺長官，掌御用車馬及國家畜牧事宜。從三品。 左庶子：官名。即“太子左庶子”。隋以太子左庶子爲門下坊的主官，統司經局、宮門局、内直局、典膳局、藥藏局、齋帥局。唐宋沿置。正四品上。 張仁璪：人名。籍貫不詳。五代後晉至後周官員，曾任後晉大理正，後周左庶子、大理卿。事見本書卷七七。

［3］趙延义：人名。一作“趙延義”。秦州（今甘肅秦安縣）人。五代十國時前蜀大臣趙温珪之子。通術數。傳見本書卷一三一、《新五代史》卷五七。《輯本舊史》之影庫本粘籤：“原本作‘廷義’，今從《通鑑》改正。”見《通鑑》卷二八九乾祐三年（950）閏五月癸巳條。《大典》卷八九八〇引《五代薛史》作“延义”。 太府卿：官名。南朝梁始置。太府寺長官。掌國家財帛庫藏出納、關市税收等務。從三品。 司天監：官署名。其長官亦稱司天監，掌天文、曆法以及占候等事。參見趙貞《唐宋天文星占與帝王政治》，北京師範大學出版社2016年版。

［4］詔北面沿邊州鎮，自守疆場，不得入北界俘掠：明本《册府》卷六六《帝王部·發號令門五》九月條作“敕北面沿邊州府鎮戍兵，自守疆場，不得入幽、瀛界俘掠”。

［5］鎮州奏：《宋本册府》卷九八七《外臣部·征討門六》作“鎮州何福進言”。 深：州名。治所在今河北深州市。 冀州：州名。治所在今河北衡水市冀州區。 龍捷都指揮使：官名。所部統兵將領。龍捷爲部隊番號。 劉誠誨：人名。籍貫不詳。五代將領。本書僅此一見。中華書局本沿《輯本舊史》作“劉誨”，《宋本册府》卷九八七作“劉成誨”，《通鑑》卷二九一廣順二年（952）九月庚午條、《宋史》卷二七三《何繼筠傳》作“劉誠誨”，據改。 牙内都指揮使：官名。即衙内都指揮使。唐、五代時期衙内指揮使爲節度使府衙内之牙將，統最親近衛兵，高一級的稱衙內都指揮使。 何繼筠：人名。後唐至後周節度使何福進之子。五

代、宋初將領。傳見《宋史》卷二七三。

[6]鄭州：州名。治所在今河南鄭州市。　白重贊：人名。沙陀族，憲州樓煩（今山西婁煩縣）人。五代、宋初將領。傳見《宋史》卷二六一。

[7]樂壽：縣名。治所在今河北獻縣。　都監：官名。唐代中葉命將出征，常以宦官爲監軍、都監。後爲臨時委任的統兵官，稱都監、兵馬都監。掌屯戍、邊防、訓練之政令。　杜延熙：人名。籍貫不詳。五代將領。事見本書卷一一三。　瀛州：州名。治所在今河北河間市。

[8]韓氏：人名。後周太祖郭威姨母。　楚國太夫人：中華書局本有校勘記：“‘太’字原闕，據《册府》卷三八補。”見明本《册府》卷三八《帝王部·尊乳保門》廣順二年九月癸未條。

[9]易州：州名。治所在今河北易縣。中華書局本沿《輯本舊史》“易州奏”前有“癸未”二字，並有校勘記：“以上二字殿本無。影庫本粘籤：‘“癸未”二字與上文複見，疑原本有舛誤。今無別本可校，姑仍其舊，附識於此。’”但未删。據上文及明本《册府》卷三八《帝王部·尊乳保門》，韓氏追封爲癸未事，此處“癸未”二字當爲衍文，故删。

[10]武州：州名。治所在今河北張家口市宣化區。　石越：人名。事跡不詳。本書僅此一見。

　　冬十月丙戌，以前晉州節度使王彦超爲河陽節度使。[1]庚寅，詔：“諸州罷任或朝覲，並不得以器械進貢。”[2]先是，諸道州府，各有作院，每月課造軍器，逐季搬送京師進納。其逐州每年占留係省錢帛不少，謂之“甲料”，仍更於部内廣配土産物，征斂數倍，民甚苦之。除上供軍器外，節度使、刺史又私造器甲，以進貢爲名，功費又倍，悉取之於民。帝以諸州器甲，造作不精，兼占留屬省物用過當，乃令罷之。仍選擇諸道作工，赴京作坊，[3]以備役使。乙未，永興軍奏，宣徽北院使、知軍府事翟光鄴卒。丁酉，葬德妃，[4]廢朝。戊戌，以宣徽南院使袁羲權知永興軍府事，以樞密直學士、工部侍郎陳觀權知開封府事。己亥，升鉅野縣爲濟州。[5]以樞密院副使鄭仁誨爲宣徽北院使兼樞密副使。庚子，幸樞密院，王峻請之也。甲辰，宰臣李穀以臂傷未損，[6]上章辭位，[7]凡三上章，詔報不允。丁未，滄州奏，[8]自十月已前，蕃界歸漢戶萬九千八百戶。[9]是時，虜境饑饉，[10]人民轉徙，襁負而歸中土者，散居河北州縣，凡數十萬口。

[1]河陽：方鎮名。全稱"河陽三城"。治所在孟州（今河南孟州市）。

[2]並不得以器械進貢：中華書局本有校勘記："'得'字原闕，據《永樂大典》卷八九八〇引《五代薛史》、《冊府》卷一六〇補。"見《宋本冊府》卷一六〇《帝王部·革幣門二》。

[3]赴京作坊：《大典》卷八九八〇引《五代薛史》"作坊"作"作防"，誤。

[4]葬德妃：《輯本舊史》之影庫本粘籤："'德妃'上疑脫'董'字，考《冊府元龜》亦無'董'字，蓋上文已云'癸巳，德妃董氏薨'，此處可從省文也，今仍其舊。"見本卷上文六月癸卯條，影庫本粘籤所云"癸巳"爲"癸卯"之誤。

[5]鉅野縣：縣名。治所在今山東巨野縣。　濟州：州名。治所在今山東巨野縣。　升鉅野縣爲濟州：中華書局本有校勘記："'鉅野縣'上《永樂大典》卷八九八〇引《五代薛史》有'暉州'二字。按《太平寰宇記》卷一四，鉅野縣唐屬鄆州，後周於

此置濟州，疑《永樂大典》訛‘鄆州’爲‘暉州’。”五代無暉州。

[6]宰臣李穀以臂傷未損：中華書局本有校勘記：“‘損’，原作‘愈’，據《永樂大典》卷八九八〇引《五代薛史》、《册府》卷三三一改。”明本《册府》卷三三一《宰輔部·退讓門二》作“以步履所傷未損”。

[7]上章辭位：“章”，中華書局本沿《輯本舊史》作“表”，據《大典》卷八九八〇引《五代薛史》及下文改。

[8]滄州：州名。治所在今河北滄縣舊州鎮。

[9]蕃界歸漢户萬九千八百户：中華書局本有校勘記：“‘界’字原闕，據《永樂大典》卷八九八〇引《五代薛史》補。”

[10]虜境：中華書局本沿《輯本舊史》作“北境”，係四庫館臣忌清諱改，今據《大典》卷八九八〇引《五代薛史》改回。

　　十一月丙辰，荊南奏，朗州大將劉言，[1]以今年十月三日領兵趨長沙，十五日至潭州。淮南所署湖南節度使邊鎬、岳州刺史宋德權並棄城遁去。[2]庚申，以前少府監馬從斌爲殿中監。[3]壬戌，樞密使王峻亡妻崔氏追封趙國夫人，[4]非故事也。乙丑，刑部尚書張沆卒。辛未，陝州折從阮移鎮邠州。[5]以前宋州節度使李洪義爲安州節度使。[6]癸酉，青州符彥卿移鎮鄆州。[7]甲戌，詔曰：“累朝已來，用兵不息，至於繕治甲胄，未免配役生靈，多取于民，助成軍器。就中皮革，尤峻科刑，稍犯嚴條，皆抵極典，鄉縣以之生事，姦猾得以侵漁，宜立新規，用革前弊。應天下所納牛皮，今將逐年所納數，三分內減二分，其一分於人户苗畝上配定。每秋夏苗共十頃納連角牛皮一張，其黃牛納乾筋四兩，水牛半斤，犢子皮不在納限。牛馬驢騾皮筋角，今後官中更不禁斷，只不得將出化外敵境。州縣先置巡檢牛皮節級並停。"[8]丙子，詔曰："應内外文武官僚幕職、州縣官舉選人等，今後有父母、祖父母亡歿未經遷葬者，其主家之長，不得輒求仕進，所由司亦不得申舉解送。如是卑幼在下者，不在此限。"己卯，日南至，帝御崇元殿受朝賀，仗衛如儀。

[1]朗州：州名。治所在今湖南常德市。　劉言：人名。吉州廬陵（今江西吉安市）人，五代十國時楚國將領，後被後周授爲武平軍節度使。傳見本書卷一三三、《新五代史》卷六六。

[2]宋德權：人名。籍貫、事跡不詳。本書僅此一見。

[3]少府監：官名。少府監長官，隋初置，唐初廢，太宗時復置。掌百工技巧之事。從三品。　馬從斌：人名。籍貫不詳。五代後晉官員。事見本書卷七七。　殿中監：官名。殿中省長官。掌宫廷供奉之事。從三品。

[4]崔氏：人名。王峻之妻。

[5]折從阮：人名。雲中（今山西大同市）人，羌族折掘氏。五代後唐、後晉、後漢、後周將領。傳見本書卷一二五、《新五代史》卷五〇。　邠州：州名。治所在今陝西彬縣。

[6]李洪義：人名。一作"李弘義"。并州晉陽（今山西太原市）人。李洪信弟，五代、宋初將領。傳見《宋史》卷二五二《李洪信傳附李洪義傳》。　安州：州名。治所在今湖北安陸市。

[7]青州：州名。治所在今山東青州市。　符彦卿：人名。陳州宛丘（今河南淮陽縣）人。五代後周、宋初將領。後周世宗宣懿皇后、宋太宗懿德皇后，皆符彦卿之女。傳見《宋史》卷二五一。

鄆州：《輯本舊史》之影庫本粘籤："原本作'均州'，今從《通鑑》改正。"《大典》卷八九八〇引《五代薛史》作"鄆州"，原本不誤。下卷顯德元年（954）正月庚辰條即載："鄆州符彦卿進封衛王，移鎮天雄軍。"

[8]"甲戌"至"州縣先置巡檢牛皮節級並停"："甲戌"，《通鑑》卷二九一繫其事於癸酉，相差一日。"多取于民"，明本《册府》卷四八八《邦計部・賦税門二》作"取乃民資"。"宜立新規"，中華書局本有校勘記："'新'，原作'所'，據殿本、彭校、《册府》卷四八八改。""今將逐年所納數"，中華書局本有校勘記："'年'字原闕，據《册府》卷四八八、《五代會要》卷二五補。"見《會要》卷二五租税條後之雜録條。"每秋夏苗共十頃納連角牛皮一張"，"牛"字中華書局本沿《輯本舊史》原闕，據明本《册府》卷四八八、《會要》卷二五及上下文補。"牛馬驢騾皮筋角"至"州縣先置巡檢牛皮節級並停"，明本《册府》卷四八八作"其皮人户自詣本州送納，所司不得邀難。所有牛馬騾皮筋角，今後官中更不禁斷，並許私家供使買賣，只不得將出化外敵境。仍仰關津界首仔細覺察捕捉，所犯人必加深罪。其州縣先置巡檢牛皮節級，及朝廷先降條法，一切停廢。其合分擘納黃牛、水牛皮筋處，其間有未盡事件，委所司取便處分，庶免編民犯禁，且使人户資家。既便公私，用除苛弊"。

十二月丙戌，權武平軍留後劉言遣牙將張崇嗣入奏，於十月十三日，與節度副使王進逵、行軍司馬何敬貞、指揮使周行逢等，同共部領戰棹，攻收湖南。僞節度使邊鎬當夜出奔，王進逵等已入潭州。[1]癸巳，太子太師致仕安叔千卒。[2]甲午，詔今後諸侯入朝，不得進奉買宴。丁酉，皇子澶州節度使榮落起復，加同平章事。[3]戊戌，太子少傅致仕王延卒。[4]壬寅，幸西莊。乙巳，以端明殿學士顏衍權知開封府事。御史臺奏："請改左右衛復爲左右屯衛。"[5]從之，避御名也。是冬無雪。

[1]武平軍：方鎮名。治所在朗州（今湖南常德市）。　牙將：官名。古代軍隊中的中低級軍官。　張崇嗣：人名。籍貫不詳。五代十國藩鎮將領。事見本書卷一三三。　行軍司馬：官名。出征將領及節度使的屬官。掌軍籍符伍、號令印信，是藩鎮重要的軍政官員。　何敬貞：人名。一作“何敬真”。籍貫不詳。五代將領。事見本書本卷。　指揮使：官名。唐末、五代軍隊多置都指揮使、指揮使，爲統兵將領。　周行逢：人名。朗州武陵（今湖南常德市武陵區）人。五代藩鎮軍閥。傳見《新五代史》卷六六。　王進逵：人名。即王逵。武陵（今湖南常德市）人，郭威授之武平軍節度使。事見本書卷一三三、《新五代史》卷六六。中華書局本有校勘記：“原作‘王進達’，據殿本、劉本、邵本、彭校、《册府》卷一七九、《新五代史》卷六六《楚世家》改。本卷下文同。影庫本批校：‘王進達，據《九國志》應作王進逵。’《舊五代史考異》卷四：‘案原本作“進達”，後又作“王逵”，考《九國志》，王逵或名進逵，今改正畫一。’”　“十二月丙戌”至“王進逵等已入潭州”：《舊五代史考異》：“案《九國志·王逵傳》：逵，朗州武陵人，或名進逵。邊鎬爲武安軍節度使，召劉言入覲，言不行，謀于逵曰：‘江南召我，不往，必加兵於我矣，爲之奈何！’逵曰：‘鎬之此來，以制置潭、朗爲名，公如速行，正入其算。武陵負江湖之阻，帶甲百萬，乃欲拱手臣異姓乎？鎬新至長沙，經略未定，乘人心憤怒，引兵攻鎬，可一鼓而擒也。’言然之，乃遣與何景真等同起兵于武陵，號十指揮使，以攻邊鎬。逵率舟師南上，至長沙，邊鎬大駭，以所部奔歸江南，諸州屯守皆罷之，盡復湖外之地。”見輯本《九國志》卷一一《王逵傳》。

[2]安叔千：人名。沙陀部人。五代後唐至後周將領。傳見本書卷一二三、《新五代史》卷四八。

[3]榮：人名。即後周皇帝柴榮，邢州堯山（今河北隆堯縣）人。後周太祖郭威養子。紀見本書卷一一四至卷一一九、《新五代史》卷一二。

[4]太子少傅：官名。與太子少保、太子少師合稱"三少"，唐後期、五代多爲大臣、勳貴加官。從二品。　王延：人名。鄭州長豐（今河北文安縣南）人。五代大臣，歷仕五代各朝。傳見本書卷一三一、《新五代史》卷五七。

[5]請改左右衛復爲左右屯衛：《輯本舊史》之影庫本粘籤："請改'左右衛'，當作'左右威衛'，蓋當時奏牘之文，因避御名，故去'威'字，今仍其舊。"

廣順三年春正月壬子朔，帝御崇元殿受朝賀，仗衛如儀。幸太平宮起居漢太后。[1]甲寅，賜羣臣射於内鞠場。乙卯，武平軍兵馬留後劉言奏："潭州兵戈之後，焚燒殆盡，乞移使府於武陵。"[2]從之。詔升朗州爲大都督府，在潭州之上。丙辰，以武平軍節度使留後、檢校太尉劉言爲檢校太師、同平章事，行朗州大都督，充武平軍節度兼三司水陸轉運等使，制置武安、靜江等軍事，進封彭城郡公；武平軍節度副使、權知潭州軍州事、檢校太傅王進逵爲檢校太尉，行潭州刺史，充武安軍節度使；以武安軍行軍司馬兼衙内步軍都指揮使、檢校太傅何敬貞爲檢校太尉，行桂州刺史，充靜江軍節度使；以張倣領眉州刺史，充武平軍節度副使；以朱全琇領黃州刺史，充靜江軍節度副使；[3]以周行逢領集州刺史，充武安軍節度行軍司馬。自進逵而下，皆劉言將校也。邠州奏，慶州略蕃部野雞族略奪商旅，侵擾州界。

詔遣寧州刺史張建武等率兵掩襲，仍先賜敕書安撫，如不從命，即進軍問罪。[4]辛酉，詔賜朗州劉言應兩京及諸道舊屬湖南樓店邸第。乙丑，詔：「諸道州府係屬戶部營田及租稅課利等，除京兆府莊宅務、贍國軍榷鹽務、兩京行從莊外，其餘並割屬州縣，所徵租稅課利，官中只管舊額，其職員節級一切停廢。應有客戶元佃係省莊田、桑土、舍宇，便賜逐戶，充爲永業，仍仰縣司給與憑由。應諸處元屬營田戶部院及係縣人戶所納租牛課利，起今年後並與除放。所有見牛犢並賜本戶，官中永不收繫」云。[5]帝在民間，素知營田之弊，至是以天下係官莊田僅萬計，悉以分賜見佃戶充永業。是歲出戶三萬餘，百姓既得爲己業，比戶欣然，於是葺屋植樹，敢致功力。又，東南郡邑各有租牛課戶，往因梁太祖渡淮，[6]軍士掠民牛以千萬計，梁太祖盡給與諸州民，輸租課。自是六十餘載，時移代改，牛租猶在，百姓苦之，至是特與除放。未幾，京兆府莊宅務及榷鹽務亦歸州縣，依例處分。或有上言，以天下係官莊田，甚有可惜者，若遣貨之，當得三十萬緡，亦可資國用。帝曰：「苟利於民，與資國何異。」丁卯，戶部侍郎、權知貢舉趙上交奏：「諸科舉人，欲等第各加對義場數，進士除詩賦外，別試雜文一場。」從之。[7]兩浙弔祭使、右諫議大夫李知損責授棣州司馬，員外置，仍令所在馳驛放遣。知損銜命江、浙，所經藩郡，皆強貸於侯伯，爲青州知州張凝所奏，故有是命。[8]己巳，幸南莊，臨水亭，見雙鳧戲於池上，帝引弓射之，一發疊貫，從臣稱賀。

庚午，以前邠州節度使侯章爲鄧州節度使。[9]前萊州刺史葉仁魯賜死，[10]坐爲民所訟故也。辛未，詔樞密使王峻巡視河堤。峻請行，故從之。辛巳，幸南莊。

[1]太平宫：五代時後周首都之宫殿，位於今河南開封市。漢太后：即五代後漢高祖劉知遠皇后。隱帝之母。晋陽（今山西太原市）人。傳見《新五代史》卷一八。

[2]武陵：縣名。治所在今湖南常德市武陵區。

[3]以武平軍節度使留後：中華書局本有校勘記："'軍'字原闕，據《永樂大典》卷八九八〇引《五代薛史》及本卷上下文補。"上文見本月乙卯條，下文即在本條。　檢校太尉：官名。爲散官或加官，以示恩寵，無實際執掌。　檢校太師：官名。爲散官或加官，以示恩寵，無實際執掌。　三司水陸轉運等使：官名。掌一方水陸轉運、賦税諸事。爲差遣職事。　静江：方鎮名。治所在桂州（今廣西桂林市）。　檢校太傅：官名。爲散官或加官，以示恩寵，無實際執掌。　衙内步軍都指揮使：官名。五代及宋初藩鎮的親衛官有衙内都指揮使、牙内都虞侯等，多以子弟充任。步軍都指揮使，分設於各州各藩鎮，統領步軍。　桂州：州名。治所在今廣西桂林市。　張倣：人名。籍貫不詳。事見本書本卷。　眉州：州名。治所在今四川眉山市。　朱全琇：人名。籍貫不詳。五代十國藩鎮將領。事見本書本卷、《新五代史》卷六六。中華書局本作"朱元琇"，並有校勘記："《册府》卷一七九、《通鑑》卷二九一、《新五代史》卷六六《楚世家》、《九國志》卷一一及本卷下文作'朱全琇'。"檢《宋本册府》卷一七九《帝王部·姑息門四》作"朱元琇"，但《新五代史》卷六六《劉言傳》、《九國志》卷一一《劉言傳》、《通鑑》卷二九一廣順三年（953）二月辛亥條均作"朱全琇"，據改。中華書局本誤。　黄州：州名。治所在今湖北黄岡市黄州區。　集州：州名。治所在今四川南江縣。　充静江軍節

度副使：此句後，《宋本册府》卷一七九有"宇文瓊領海州刺史，充武安軍節度副使"十六字。

　　[4]慶州略：中華書局本有校勘記："'慶州略'，彭校作'慶州'，劉本作'慶州界'。"慶州，州名。治所在今甘肅慶城縣。野雞族：古代西北部落。爲党項部落之一。當爲東山党項之一部。五代時活動於慶州（治所在今甘肅慶陽市）境内，居地中心爲慶陽以北的寡婦山，與殺牛族相近。牲畜較多，因遭後周官吏盤剥，遂反。《輯本舊史》之影庫本粘籤："野雞，原本作'黑雞'，今從《通鑑》及《宋史》改正。"見《通鑑》卷二九一廣順三年正月壬戌條、戊申條。《宋史》卷四九一《党項傳》無相關記載。《大典》卷八九八〇引《五代薛史》作"野雞"。　寧州：州名。治所在今甘肅寧縣。　張建武：人名。籍貫不詳。五代後周將領。事見本書卷一一三。　"邠州奏"至"即進軍問罪"：《會要》卷二九党項羌條："（廣順）三年二月，慶州刺史郭彦欽奏党項野雞族掠奪商旅，請出兵討之。時彦欽黷貨嗜其利，以州北野雞族多羊馬，作法擾之，番情獷悍，屢不從順，乃誣奏之。太祖遣中使齎詔撫諭，部族既苦彦欽虐政，不時報命，遂詔邠州節度使折從阮合寧州刺史張建武兵進討之。建武勇于立功，徑趨野雞族，追擊殺數十百人。有喜王族、折思族、殺牛族彼無猜貳，聞官軍討伐，竟來餉餽，官軍利其財貨，皆劫掠之。諸族乃相聚。官軍至包山負險之地，逆戰敗之，投崖谷死者甚衆。折從阮保兵而退。太祖怒彦欽，勒歸私第，左遷建武爲率府率，命前解州刺史鄭元昭爲慶州刺史以招撫之。"《新五代史》卷七四《党項傳》："廣順三年，慶州刺史郭彦欽貪其羊馬，侵擾諸部，獨野雞族彊不可近，乃誣其族犯邊。太祖遣使招慰之。野雞族苦彦欽，不肯聽命，太祖遣邠州折從阮、寧州刺史張建武等討之。建武勇於立功，不能通夷情，馳軍擊野雞族，殺數百人。而喜玉、折思、殺牛三族聞建武擊破野雞族，各以牛酒犒軍，軍士利其物，反劫掠之。三族共誘建武軍至包山，度險，三族共擊之，軍投崖谷，死傷甚衆。太祖怒，罪建武等，選良吏爲慶州刺史

以招撫之。"疑"慶州略蕃部野雞族略奪商旅"之前一"略"字爲"路"字，形近之誤也。

[5]京兆府：府名。位於今陝西西安市。　瞻國軍：方鎮名。治所在今山東濱州市。周顯德三年（956）置，以其濱海爲名。初，五代之際，置榷鹽務於海傍，後爲瞻國軍，周因置州，割棣州之渤海、蒲臺爲屬縣而治渤海。　"乙丑"至"官中永不收繫云"："官中只管舊額"，中華書局本有校勘記："'官'，原作'宮'，據殿本、劉本、邵本、彭本改。影庫本批校：'宮中，據下文應作"官中"。'《舊五代史考異》卷四：'案："官中"誤"宮中"，今據下文改正。'"下文即在本條末。"應諸處元屬營田户部院及係縣人户所納租牛課利"，中華書局本有校勘記："'牛'，原作'中'，據《五代會要》卷一五改。"見《會要》卷一五户部條。

[6]梁太祖：即朱溫。宋州碭山（今安徽碭山縣）人。五代後梁開國皇帝。紀見本書卷一至卷七、《新五代史》卷一至卷二。

[7]除放：免除。　權知貢舉：官名。唐始置，爲主持禮部會試的考官。　"丁卯"至"從之"："欲等第各加對義場數"，中華書局本有校勘記："'對'，原作'封'，據《永樂大典》卷八九八〇引《五代薛史》、本書卷一四八《選舉志》、《册府》卷六四二、《五代會要》卷二二、卷二三改。影庫本粘籤：'"封義"二字原本似有舛誤，考《五代會要》亦作"封義"，今無別本可校，姑仍其舊。'"見《會要》卷二二進士條天成五年（930）正月二十三日記事，《會要》卷二三緣舉雜錄條天成四年十月中書門下條流事件有"對義"，非"封義"。《輯本舊史》卷一四八《選舉志》廣順三年正月條云："趙上交奏：'進士元試詩賦各一首，帖經二十帖，對義五通，今欲罷帖經、對義，別試雜文二首、試策一道。'從之。"《宋本册府》卷六四二《貢舉部·條制門四》云："進士元試詩賦各一首，帖書二十帖，對義五道，欲罷帖書，別試雜文二首，試策並仍舊。"

[8]兩浙弔祭使：使職名。唐玄宗時始置。弔祭周邊少數族政

權首領及封疆大吏亡故之使臣，　右諫議大夫：官名。隸中書省。唐代置左、右諫議大夫各四人，分隸門下省、中書省。掌諫諭得失、侍從贊相。正四品下。　李知損：人名。大梁（今河南開封市北）人。五代後晉官員。傳見本書卷一三一。　棣州：州名。治所在今山東惠民縣。　張凝：人名。滄州無棣（今山東慶雲縣）人。五代、宋初將領。傳《宋史》卷二七九。　“兩浙弔祭使”至“故有是命”：“右諫議大夫李知損責授棣州司馬”，“右”，《輯本舊史》原作“左”，中華書局本有校勘記：“‘左’，本書卷一一五《周世宗紀二》、卷一三一《李知損傳》作‘右’。按本書卷一三一《李知損傳》：‘世宗即位……遽與復資。’‘棣州’，原作‘登州’，據本書卷一三一《李知損傳》、《冊府》卷四八一、《續世說》卷九改。《永樂大典》卷八九八〇引《五代薛史》‘州’上闕一字，疑係避明成祖諱省。影庫本粘籤：‘登州，原本脫“登”字，今從李知損本傳增入。’按本書《李知損傳》作‘棣州’。”《輯本舊史》卷一一五《周世宗紀二》顯德二年十月丁亥條、卷一三一《李知損傳》均作“右”，今據改。“棣州”，見《輯本舊史》卷一三一《李知損傳》、明本《冊府》卷四八一《臺省部·輕躁門》，“登州”誤。

[9]侯章：人名。并州榆次（今山西晉中市榆次區）人。五代、宋初將領。傳見《宋史》卷二五二。　鄧州：州名。治所在今河南鄧州市。

[10]萊州：州名。治所在今山東萊州市。　葉仁魯：人名。籍貫不詳。後漢高祖劉知遠親將。後周時爲萊州刺史，因坐贓賜死。傳見本書附錄。

閏月甲申，朗州劉言、潭州王進逵奏，廣賊占據桂管，深入永州界俘劫，遣朗州行軍司馬何敬真與指揮使朱全琇、陳順等，率水陸軍五萬進擊。[1]丙戌，迴鶻遣使貢方物。[2]詔故梁租庸使趙巖姪崇勳，[3]見居陳州，量賜係官店宅，從王峻之請也。辛卯，定州奏，契丹攻義豐軍，[4]出勁兵夜斫蕃營，斬首六十級，契丹遁去。甲午，鎮州奏，契丹寇境，遣兵追襲，至無極而還。[5]丙申，皇子澶州節度使榮來朝。壬寅，以樞密使、尚書左僕射、同平章事、監修國史王峻兼青州節度使，餘如故。[6]延州衙內指揮使高紹基奏言：[7]“父允權患腳膝，[8]令臣權知軍州事。”癸卯，陳州奏：“吏民請與前刺史李穀立祠堂。”從之。時穀爲宰相，聞郡人陳請，遜讓數四，乃止。甲辰，鄴都留守王殷加檢校太尉，[9]依前同平章事。丙午，鎮州節度使何福進、河陽節度使王彥超並加檢校太尉，潞州節度使李筠加檢校太傅。丁未，延州節度使高允權卒。己酉，開封府奏，[10]都城內錄到無名額僧尼寺院五十八所。詔廢之。

　　[1]桂管：方鎮名。即嶺南西道桂管經略觀察使。治所在桂州（今廣西桂林市）。　永州：治所在今湖南永州市。　何敬真與指揮使朱全琇、陳順等：《輯本舊史》之影庫本批校：“何敬真，前作‘敬貞’，後作‘敬真’，未詳孰是。”本卷廣順二年（952）十二月丙戌條作“敬貞”，廣順三年二月己巳條作“敬真”。　陳順：人名。籍貫不詳。五代十國藩鎮將領。本書僅此一見。

　　[2]丙戌，迴鶻遣使貢方物：《新五代史》卷一一《周太祖本紀》廣順三年閏正月丙戌條作“回鶻使獨呈相温來”。

　　[3]租庸使：官名。唐代爲主持催徵租庸地稅的財政官員。五代後梁、後唐時，租庸使取代鹽鐵、度支、户部，爲中央財政長官。　趙巖：人名。陳州宛丘（今河南淮陽縣）人。朱温女婿，忠武軍節度使趙犨次子。事見本書卷一○、《新五代史》卷四二。

崇勳：人名。即趙崇勳。事跡不詳。

[4]定州：州名。治所在今河北定州市。　義豐軍：方鎮名。治所爲定州（今河北定州市）。

[5]無極：山名。治所在今河北無極縣西南。《舊五代史考異》：“案：《契丹國志》作無極山，《薛史》無‘山’字，當係史家省文，今姑仍其舊。”檢《契丹國志》，未見相關記載。

[6]尚書左僕射：官名。尚書左僕射，隋唐宰相名號。檢校尚書左僕射爲散官或加官，以示恩寵，無實際執掌。

[7]延州：州名。治所在今陝西延安市。　衙内指揮使：官名。即牙内指揮使。唐、五代時期衙内指揮使爲節度使府衙内之牙將，統最親近衛兵，高一級的稱衙内都指揮使。　高紹基：人名。籍貫不詳。本書僅此一見。　奏言：《大典》卷八九八〇引《五代薛史》無“奏言”二字，不成文。

[8]允權：人名。即高允權。延州（今陝西延安市）人。五代將領。傳見本書卷一二五。

[9]鄴都：地名。治所在今河北大名縣。五代後唐同光元年（923），改魏州爲興唐府，建號東京，三年改東京爲鄴都。　王殷：人名。瀛州（今河北河間市）人。五代將領。傳見本書卷一二四、《新五代史》卷五〇。

[10]開封府奏：“奏”，《大典》卷八九八〇引《五代薛史》作“春”，誤。

二月辛亥朔，以前西京留守白文珂爲太子太師致仕，[1]進封韓國公。癸丑，安州節度使李洪義、侍衛馬軍都指揮使郭崇、侍衛步軍都指揮使曹英，並加檢校太尉。唐州方城縣令陳守愚棄市，[2]坐尅留戶民醝鹽一千五百斤入己也。内制國寶兩座，詔中書令馮道書寶文，[3]其一以“皇帝承天受命之寶”爲文，其一以“皇帝神寶"爲文。按，傳國寶始自秦始皇，令李斯篆之，[4]歷代傳授，事具前史。至唐末帝自燔之際，[5]以寶隨身，遂俱焚焉。晉高祖受命，[6]特制寶一座。開運末，北戎犯闕，少帝遣其子延煦送于戎王，[7]戎王訝其非真，少帝上表具訴其事，及戎王北歸，齎以入蕃。漢朝二帝，未暇別製，至是始創爲之。庚申，遣將作監李瓊知陝州軍州事。[8]甲子，樞密使、平盧軍節度使、尚書左僕射、平章事、監修國史王峻責授商州司馬，[9]員外置，所在馳驛發遣。戊辰，左監門上將軍李建崇卒。[10]延州牙內都指揮使高紹基奏，交割軍府與副使張圖。[11]己巳，朗州劉言奏，當道先遣行軍司馬何敬真率兵掩擊廣賊，行及潭州，部衆奔潰。湖南王進逵以敬真失律，已梟首訖。以樞密直學士、工部侍郎陳觀爲祕書監。[12]壬申，鳳翔少尹桑能責授鄧州長史。[13]能，晉相維翰之庶弟也，坐據維翰別第爲人所訟故也。[14]癸酉，以户部侍郎、知貢舉趙上交爲太子詹事。[15]是歲，新進士中有李觀者，[16]不當策名，物議誼然。中書門下以觀所試詩賦失韻，勾落姓名，故上交移官。丁丑，幸南莊，賜從官射。命客省使向訓權知延州軍州事。[17]《永樂大典》卷八千九百八十。[18]

[1]西京留守：官名。唐代始置。皇帝出巡或親征時指定親王或大臣留守，綜理軍事、行政、民事、財政。　白文珂：人名。太原（今山西太原市）人。五代後唐至後周將領。傳見本書卷一二四。

[2]唐州：州名。治所在今河南唐河縣。　方城縣：縣名。治

所在今河南方城縣。　　陳守愚：人名。籍貫不詳。本書僅此一見。

　　棄市：古代刑法名。即在鬧市執行死刑，並陳屍街頭示衆。

　　[3]中書令：官名。漢代始置，隋、唐前期爲中書省長官，屬宰相之職，唐後期多爲授予元勳大臣的虛銜。正二品。　　馮道：人名。瀛州景城（今河北滄縣）人。五代時官拜宰相，歷仕後唐、後晉、後漢、後周，亦曾臣事契丹。傳見本書卷一二六、《新五代史》卷五四。

　　[4]傳國寶：又稱傳國璽。皇帝的印章。相傳秦始皇得藍田玉雕爲印，四周刻龍，正面刻有李斯所寫篆文“受命於天，既壽永昌”八字。秦璽已失。歷代所制玉璽，文字有別，但多有“受命於天”的意思。　　秦始皇：人名。統一六國，建立秦朝，前247年至前210年在位。紀見《史記》卷六。　　李斯：人名。上蔡（今河南上蔡縣）人。秦朝丞相。傳見《史記》卷八七。

　　[5]唐末帝：人名。即後唐末帝李從珂。又稱廢帝。鎮州平山（今河北平山縣）人。後唐明宗養子。明宗入洛陽，他率兵追隨，以功拜河中節度使，封潞王。紀見本書卷四六至卷四八、《新五代史》卷七。

　　[6]晉高祖：即後晉高祖石敬瑭。五代後晉王朝的建立者。紀見本書卷七五至卷八〇、《新五代史》卷八。

　　[7]開運：後晉出帝石重貴年號（944—946）。　　延煦：人名。即石延煦。後晉出帝之子。傳見《新五代史》卷一七。

　　[8]將作監：官名。秦代設將作少府，唐代改將作監，其長官即爲將作監。掌宮廷器物置辦及宮室修建事宜。從三品。　　李瓊：人名。幽州（今北京市）人。五代、宋初大臣。傳見《宋史》卷二六一。

　　[9]平盧軍：方鎮名。治所在青州（今山東青州市）。　　商州：州名。治所在今陝西商洛市商州區。

　　[10]左監門上將軍：官名。唐置十六衛之一，掌宮禁宿衛。從二品。　　李建崇：人名。潞州（今山西長治市）人。五代後唐至後

周將領。傳見本書卷一二九。

　　[11]張圖：人名。籍貫不詳。本書僅此一見。

　　[12]祕書監：官名。秘書省長官。東漢始置，掌圖書秘記等。從三品。　以樞密直學士、工部侍郎陳觀爲祕書監：《輯本舊史》之影庫本粘籤：“陳觀，原本作‘陳官’，今從《宋史・顏衎傳》改正。”見《宋史》卷二七〇《顏衎傳》。《大典》卷八九八〇引《五代薛史》作“陳觀”。

　　[13]鳳翔：方鎮名。治所在鳳翔府（今陝西鳳翔縣）。　少尹：官名。爲府尹的副職，協助府尹掌理行政事務。從四品下。桑能：人名。籍貫不詳。本書僅此一見。　長史：官名。州府屬官。協助處理州府公務。正四品上至正六品上。

　　[14]維翰：人名。即桑維翰。洛陽（今河南洛陽市）人。五代後唐進士，後晉宰相、樞密使。傳見本書卷八九、《新五代史》卷二九。　坐據維翰別第爲人所訟故也：中華書局本有校勘記：“‘據’，《永樂大典》卷八九八〇引《五代薛史》作‘悋’。”

　　[15]太子詹事：官名。掌領太子之詹事府，爲太子官屬之長。正三品。

　　[16]李觀：人名。籍貫不詳。本書僅此一見。

　　[17]客省使：官名。客省長官。唐代宗時始置，五代沿置。掌接待四方奏計及外族使者。　“丁丑”至“命客省使向訓權知延州軍州事”：二月辛亥朔，此事《通鑑》卷二九一繫於廣順三年二月甲戌（二十四），在丁丑（二十七）前三日。

　　[18]《大典》卷八九八〇“周”字韻“五代周太祖（一）”事目。此卷現存。

舊五代史　卷一一三

周書四

太祖紀第四

廣順三年春三月庚辰朔，[1]以相州留後白重贊爲滑州節度使，以鄭州防禦使王進爲相州節度使，以前兗州防禦使索萬進爲延州節度使，以亳州防禦使張鐸爲同州節度使。[2]甲申，以皇子澶州節度使榮爲開封尹兼功德使，[3]封晉王，仍令所司擇日備禮册命。丙戌，以宣徽北院使兼樞密副使鄭仁誨爲澶州節度使，以殿前都指揮使李重進領泗州防御使，以客省使向訓爲内客省使。[4]己丑，以棣州團練使王仁鎬爲右衛大將軍，充宣徽北院使兼樞密副使。[5]庚寅，端明殿學士、尚書兵部侍郎顔衎落職守本官。[6]以翰林學士、中書舍人王溥爲户部侍郎充職，以左司郎中、充樞密直學士景範爲左諫議大夫充職。[7]祕書監陳觀責授左贊善大夫，留司西京，坐王峻黨也。[8]癸巳，大風雨土。戊申，幸南莊。[9]

[1]廣順：五代後周太祖郭威年號（951—953）。

[2]相州：州名。治所在今河南安陽市。　留後：官名。原非正式命官，唐朝節度使入朝或宰相、親王遥領節度使不臨鎮則置。安史之亂後，節度使多以子弟或親信爲留後，以代行節度使職務，亦有軍士、叛將自立爲留後者。掌一州或數州軍政。北宋始爲朝廷正式命官。　白重贊：人名。沙陀族，憲州樓煩（今山西婁煩縣）人。五代、宋初將領。傳見《宋史》卷二六一。　滑州：州名。治所在今河南滑縣。　節度使：官名。唐時在重要地區所設掌握一州或數州軍事、民事、財政的長官。　鄭州：州名。治所在今河南鄭州市。　防禦使：官名。唐代始置，設有都防禦使、州防禦使兩種。常由刺史或觀察使兼任，實際上爲唐代後期州或方鎮的軍政長官。　王進：人名。幽州良鄉（今北京良鄉區）人。五代將領。傳見本書卷一二四、《新五代史》卷四九。　兗州：州名。治所在今山東濟寧市兗州區。　索萬進：人名。太原清源（今山西清徐縣）人。索自通之子。五代後周將領。事見本書卷一○三。　延州：州名。治所在今陝西延安市。　亳州：州名。治所在今安徽亳州市。

張鐸：人名。河朔（今黃河以北）人。五代、宋初將領。傳見《宋史》卷二六一。　同州：州名。治所在今陝西大荔縣。

[3]澶州：州名。唐、五代初，治所在河南清豐縣。後晉天福四年（939），移治於今河南濮陽縣。　榮：即五代後周世宗柴榮。954年至959年在位。紀見本書卷一一四至卷一一九、《新五代史》卷一二。　開封尹：官名。即開封府尹。五代除後唐外均都汴州，升汴州爲開封府，置開封尹或知開封府事。執掌京師政務。從三品。　功德使：官名。唐貞元四年（788）置左、右街大功德使、東都功德使、修功德使，總領僧尼之籍及功役。元和二年（807），以道士、女官隸左、右街功德使。五代沿置。

[4]宣徽北院使：官名。唐始置。宣徽北院的長官。初用宦官，五代以後改用士人。與宣徽南院使通掌内諸司及三班内侍之名籍，郊祀、朝會、宴享供帳之儀，檢視内外進奉名物。參見王永平《論

唐代宣徽使》,《中國史研究》1995 年第 1 期；王孫盈政《再論唐代的宣徽使》,《中華文史論叢》2018 年第 3 期。 樞密副使：官名。樞密院副長官。 鄭仁誨：人名。晉陽（今山西太原市）人。後周太祖時樞密使、宰相。傳見本書卷一二三、《新五代史》卷三一。 殿前都指揮使：官名。五代後周世宗顯德中，選驍勇之士充殿前諸班。都指揮使爲殿前司長官之一，次於殿前都點檢、副都點檢。 李重進：人名。滄州（今河北滄縣舊州鎮）人。五代後周將領。北宋建立後起兵反叛，兵敗身死。傳見《宋史》卷四八四。泗州：州名。治所在今江蘇泗洪縣東南，今已没入洪澤湖中。 客省使：官名。客省長官。唐代宗時始置，五代沿置。掌接待四方奏計及外族使者。 向訓：人名。懷州河内（今河南沁陽市）人。五代、宋初將領。避周恭帝諱改名向拱。傳見《宋史》卷二五五。内客省使：官名。中書省内客省長官。

[5]棣州：州名。治所在今山東惠民縣。 團練使：官名。唐代中期以後，於不設節度使的地區設團練使，掌本區各州軍事。王仁鎬：邢州龍岡（今河北邢臺市）人。五代、宋初將領。傳見《宋史》卷二六一。 右衛大將軍：官名。唐置，掌宫禁宿衛。唐代置十六衛，即左右衛、左右驍衛、左右武衛、左右威衛、左右領軍衛、左右金吾衛、左右監門衛、左右千牛衛，各置上將軍，從二品；大將軍，正三品；將軍，從三品。

[6]端明殿學士：官名。後唐明宗始置，以翰林學士充任，負責誦讀四方書奏。 尚書兵部侍郎：官名。尚書省兵部次官。協助兵部尚書掌武官銓選、勳階、考課之政。正四品下。 顏衎（kàn）：人名。曲阜（今山東曲阜市）人。五代、宋初大臣。傳見《宋史》卷二七〇。 端明殿學士、尚書兵部侍郎顏衎落職守本官：《輯本舊史》之案語：“案《宋史·顏衎傳》云：衎權知開封府，王峻敗，衎罷職，守兵部侍郎。蓋當時以晉王爲開封尹，故衎罷職。與《薛史》異。” 《宋史》卷二七〇《顏衎傳》載：“太祖征兗州……城平，以衎權知州事。歸朝，權知開封……（王）峻敗，衎

罷職，守兵部侍郎。”　　落職：因過被削奪職名。

　　[7]翰林學士：官名。由南北朝始設之學士發展而來，唐玄宗改翰林供奉爲翰林學士，備顧問，代王言，掌拜免將相、號令征伐等詔令的起草。　　中書舍人：官名。中書省屬官。掌起草文書、呈遞奏章、傳宣詔命等。正五品上。　　王溥：人名。并州祁（今山西祁縣）人。後周、宋初宰相。傳見《宋史》卷二四九。　　户部侍郎：官名。尚書省户部次官。協助户部尚書掌天下田户、均輸、錢穀之政。正四品下。　　左司郎中：官名。爲尚書左丞副貳，協掌尚書都省事務，監管吏、户、禮部諸司政務。位在諸司郎中上。從五品上。　　樞密直學士：官名。五代後唐莊宗同光元年（923），改直崇政院置，選有政術、文學者充任。備顧問應對。　　景範：人名。淄州長山（今山東鄒平縣）人。後周宰相。傳見本書卷一二七。左諫議大夫：官名。隸門下省。唐代置左、右諫議大夫各四人，分隸門下省、中書省。掌諫諭得失、侍從贊相。正四品下。

　　[8]祕書監：官名。秘書省長官。東漢始置。掌圖書秘記等。從三品。　　陳觀：人名。又作“陳通”。籍貫不詳。五代後晉至後周官員，仕後周爲知開封府事。事見本書卷一一二、卷一二九。左贊善大夫：官名。即“太子左贊善大夫”。掌規諫太子過失、贊禮儀等事。正五品。　　西京：地名。治所在今河南洛陽市。　　王峻：人名。相州安陽（今河南安陽市）人。五代將領，後周時任樞密使兼宰相。傳見本書卷一三〇、《新五代史》卷五〇。

　　[9]南莊：地名。其地不詳，疑位於開封城外。

　　夏四月甲寅，禁沿邊民鬻兵仗與蕃人。戊辰，河中節度使王景移鎮鳳翔，[1]宋州節度使常思移鎮青州，[2]鳳翔節度使趙暉移鎮宋州，河陽節度使王彥超移鎮河中。[3]賜朗州劉言絹三百匹，[4]以兵革之後匱乏故也。詔在京諸軍將士持支救接。

　　[1]河中：府名。治所在今山西永濟市。　　王景：人名。萊州
掖縣（今山東萊州市）人。五代、宋初將領。傳見《宋史》卷二
五二。　　鳳翔：府名。治所在今陝西鳳翔縣。　　河中節度使王景移
鎮鳳翔：“鎮”，《輯本舊史》原作“領”，據殿本、劉本及下文常
思、趙暉、王彥超等皆“移鎮”之句式改正，中華書局本未改。

　　[2]宋州：州名。治所在今河南商丘市睢陽區。　　常思：人名。
太原（今山西太原市）人。五代將領。傳見本書卷一二九、《新五
代史》卷四九。中華書局本有校勘記：“原作‘常思進’，據殿本、
彭校、本書卷一一二《周太祖紀三》、卷一二九《常思傳》、《新五
代史》卷四九《常思傳》改。”見《輯本舊史》卷一一二《周太祖
紀三》廣順二年（952）八月庚子條。　　青州：州名。治所在今山
東青州市。

　　[3]趙暉：人名。澶州（今河南濮陽市）人。五代後唐至後周
將領。傳見本書卷一二五。　　河陽：方鎮名。全稱“河陽三城”。
治所在孟州（今河南孟州市）。　　王彥超：人名。大名臨清（今河
北臨西縣）人。五代、宋初將領。傳見《宋史》卷二五五。

　　[4]朗州：州名。治所在今湖南常德市。　　劉言：人名。吉州
廬陵（今江西吉安市）人，五代十國時楚國將領，後被後周授爲武
平軍節度使。傳見本書卷一三三、《新五代史》卷六六。

　　五月己卯朔，帝御崇元殿受朝，[1]仗衛如儀。辛巳，
前慶州刺史郭彥欽勒歸私第。[2]國初，以彥欽再刺慶州，
兼掌榷鹽，彥欽擅加榷錢，[3]民夷流怨。州北十五里寡
婦山有蕃部曰野雞族，[4]彥欽作法擾之。蕃情獷狃，好
爲不法，彥欽乃奏野雞族掠奪綱商，帝遣使齎詔撫諭，
望其率化。蕃人既苦彥欽貪政，不時報命，朝廷乃詔邠
州節度使折從阮、寧州刺史張建武進兵攻之。[5]建武勇

於立功，徑取野雞族帳，擊殺數百人。又，殺牛族素與野雞族有憾，[6]且聞官軍討伐，相聚餉饋，欣然迎奉。官軍利其財貨孳畜，遂劫奪之，翻爲族所誘，至包山負險之地，官軍不利，爲蕃人迫逐，投崖墜澗而死者數百人。從阮等以兵自保，不相救應。帝怒彥欽及建武，俱罷其任，及彥欽至京師，故有是命。丁亥，新授青州節度使常思在宋州日出放得絲四萬一千四百兩，請徵入官。詔宋州給還人戶契券，其絲不徵。甲午，中書侍郎、同平章事、集賢殿大學士、權判門下省事范質，可權監脩國史。[7]

[1]崇元殿：殿名。五代後梁開平元年（907）改汴京正殿爲崇元殿。位於今河南開封市。

[2]慶州：州名。治所在今甘肅慶城縣。　刺史：官名。州一級行政長官。漢武帝時始置，總掌考核官吏、勸課農桑、地方教化等事。唐中期以後，節度使、觀察使轄州而設，刺史爲其屬官，職任漸輕。從三品至正四品下。　郭彥欽：人名。籍貫不詳。慶州刺史。事見本書本卷、《新五代史》卷七四。

[3]加榷錢：《通鑑》卷二九一廣順二年（952）十月辛亥條胡注引《薛史》作“加榷鹽錢”。

[4]寡婦山：山名。位於慶州（治所在今甘肅慶城縣）北十五里。　野雞族：古代西北部落。爲党項部落之一。當爲東山党項之一部。五代時活動於慶州（治所在今甘肅慶陽市）境内，居地中心爲今慶陽以北的寡婦山，與殺牛族相近。牲畜較多，因遭後周官吏盤剥，遂反。事見本書卷一一二。

[5]邠州：州名。治所在今陝西彬縣。　折從阮：人名。雲中（今山西大同市）人，羌族折掘氏。五代後唐、後晉、後漢、後周

將領。傳見本書卷一二五、《新五代史》卷五〇。　　寧州：州名。治所在今甘肅寧縣。　　張建武：人名。籍貫不詳。五代後周將領。事見本書卷一一二。

[6]殺牛族：古代西北部落。爲党項部落之一。當爲東山党項之一部。五代時活動於慶州（治所在今甘肅慶城縣）境內，與野雞族相近。後周時因與野雞族有隙，周軍討野雞族，遂迎奉周軍。然因周軍抄掠，復與野雞族合，反周。《舊五代史考異》："案：原本作'殺牛于族'，考《通鑑》《五代會要》《宋史》《東都事略》俱作殺牛族，知原本'于'字衍，今删。"見《通鑑》卷二九一廣順三年三月丙戌條、《會要》卷二九党項羌條，《宋史》《東都事略》未見相關記載。

[7]中書侍郎：官名。中書省副長官。唐後期三省長官漸爲榮銜，中書侍郎、門下侍郎却因參議朝政而職位漸重，常常用爲以"同三品"或"同平章事"任宰相者的本官。正三品。　　同平章事：官名。"同中書門下平章事"之簡稱。唐高宗以後，凡實際任宰相之職者，常在其本官後加同平章事的職銜。後成爲宰相專稱。後晉天福五年（940），升中書門下平章事爲正二品。　　集賢殿大學士：官名。唐中葉置，位在學士之上，以宰相兼。掌修書之事。權判門下省事：負責門下省具體事務。門下省，與中書省同掌機要，負責審查詔令、簽署章奏、進請寶印、受發通進奏狀、糾正朝政缺失等。　　范質：人名。大名宗城（今河北威縣）人。五代後周、宋初宰相。傳見《宋史》卷二四九。　　監脩國史：官名。北齊始置史館，以宰相爲之。唐史館沿置，爲宰相兼職。

六月壬子，滄州奏，契丹幽州権鹽制置使兼防州刺史、知盧臺軍事張藏英，[1]以本軍兵士及職員户人孳畜七千頭口歸化。[2]癸丑，以前開封尹、楚國公侯益爲太子太師，[3]以前西京留守、莒國公王守恩爲左衛上將軍，[4]以前永興軍節度使李洪信爲左武衛上將軍。[5]甲寅，以左衛上將軍宋彥筠爲太子少師，以太子少師楊凝式爲尚書右僕射致仕。[6]癸亥，前河陽節度使王繼弘卒。[7]己巳，太子太傅李懷忠卒。[8]是月，河南、河北諸州大水，霖雨不止，川陂漲溢。襄州漢水溢入城，[9]深一丈五尺，居民皆乘筏登樹。羣烏集潞州，[10]河南無烏。

[1]滄州：州名。治所在今河北滄縣舊州鎮。　契丹：古部族、政權名。公元4世紀中葉宇文部爲前燕攻破，始分離而成單獨的部落，自號契丹。唐貞觀中，置松漠都督府，以其首領爲都督。唐末強盛，916年迭剌部耶律阿保機建立契丹國（遼）。先後與五代、北宋並立，保大五年（1125）爲金所滅。參見張正明《契丹史略》，中華書局1979年版。　幽州：州名。治所在今北京市。　制置使：官名。唐後期臨時差遣官，爲地方用兵時控制當地秩序而設。　防州：州名。遼置，屬西北路招討司。位於今蒙古國布爾根省哈達桑古城址。　盧臺軍：方鎮名。治所在今天津寧河區盧臺鎮。　張藏英：人名。涿郡范陽（今河北涿州市）人。五代、宋初將領。傳見《宋史》卷二七一。

[2]歸化：歸順。　以本軍兵士及職員户人挈畜七千頭口歸化：《舊五代史考異》：“案：《歐陽史》作秋七月，張藏英來奔。”見《新五代史》卷一一《周太祖本紀》。

[3]侯益：人名。汾州平遥（今山西平遥縣）人。五代後唐至宋初將領。傳見《宋史》卷二五四。　太子太師：官名。與太子太傅、太子太保統稱太子三師。隋唐以後多作加官或贈官。從一品。

[4]西京留守：官名。唐代始置。皇帝出巡或親征時指定親王或大臣留守，綜理軍事、行政、民事、財政。　王守恩：人名。太原（今山西太原市）人。後晋潞州節度使王建立子，後漢時曾任宰

相。傳見本書卷一二五。"王守恩"，《舊五代史考異》："案：原本作'守思'，今據《通鑑》改正。"見《通鑑》卷二八八乾祐二年（949）八月甲申條，《輯本舊史》卷一二五即有《王守恩傳》。左衛上將軍：官名。唐置十六衛之一，掌宮禁宿衛。從二品。

[5]永興軍：方鎮名。治所在京兆府（今陝西西安市）。 李洪信：人名。并州晉陽（今山西太原市）人。五代、宋初將領。傳見《宋史》卷二五二。 左武衛上將軍：官名。唐置，掌宮禁宿衛。唐代置十六衛之一，掌宮禁宿衛。從二品。

[6]宋彥筠：人名。雍丘（今河南杞縣）人。五代後唐、後周將領。傳見本書卷一二三。 太子少師：官名。與太子少傅、太子少保合稱"三少"，唐後期、五代多爲大臣、勳貴加官。從二品。

楊凝式：人名。華陰（今陝西華陰市）人。五代官員。傳見本書卷一二八、《新五代史》卷三五。 尚書右僕射：官名。秦始置。隋、唐前期，以左、右僕射佐尚書令總理六官，綱紀庶務；如不置尚書令，則總判省事，爲宰相之職。唐後期多爲大臣加銜。從二品。

[7]王繼弘：人名。南宮（今河北南宮市）人。五代將領。傳見本書卷一二五。

[8]太子太傅：官名。與太子太師、太子太保統稱太子三師。隋唐以後多作加官或贈官。從一品。 李懷忠：人名。太原晉陽（今山西太原市）人。五代後唐至後周將領。傳見本書卷一二四。

[9]襄州：州名。治所在今湖北襄陽市。

[10]潞州：州名。治所在今山西長治市。

秋七月戊寅朔，徐州言，龍出豐縣村民井中，[1]即時澍雨，漂没城邑。癸未，太子賓客馬裔孫卒。[2]甲申，鄴都王殷奏乞朝覲，[3]凡三上章，允之。尋以北邊奏契丹事機，詔止其行。丙戌，[4]以左金吾上將軍安審信爲太子太師致仕。[5]丁亥，以右金吾上將軍張從恩爲左金吾上將軍，以前鄧州節度使張彥成爲右金吾上將軍。[6]己丑，以虎捷左廂都指揮使、永州防禦使韓通爲陝州留後。[7]庚寅，太府卿、判司天監趙延乂卒。[8]辛卯，以前西京副留守盧價爲太子賓客。[9]乙未，以御史中丞邊光範爲禮部侍郎，以刑部侍郎張煦爲御史中丞，以翰林學士承旨、尚書禮部侍郎徐台符爲刑部侍郎充職。[10]丙申，太子太師致仕安審信卒。丁酉，詔曰：[11]“京兆、鳳翔府、同、華、邠、延、鄜、耀等州所管州縣軍鎮，[12]頃因唐末藩鎮殊風，久歷歲時，未能釐革，政途不一，何以教民。其婚田爭訟、賦稅丁徭，合是令佐之職。其擒姦捕盜、庇護部民，合是軍鎮警察之職。今後各守職分，專切提撕，如所職疏遺，[13]各行按責，其州府不得差監徵軍將下縣。”[14]戊戌，衛尉少卿李溫美責授房州司户參軍。[15]溫美奉使祭海，便道歸家，家在壽光縣，爲縣吏馮勳所訟，[16]故黜之。供奉官武懷贊棄市，[17]坐盜馬價入己也。壬寅，以鴻臚少卿趙脩己爲司天監。[18]

[1]徐州：州名。治所在今江蘇徐州市。　豐縣：縣名。治所在今江蘇豐縣。

[2]太子賓客：官名。爲太子官屬。唐高宗顯慶元年（656）始置。掌侍從規諫、贊相禮儀。正三品。　馬裔孫：人名。又作“馬胤孫”，或避宋太祖諱改“胤”爲“裔”。棣州滴河（今山東商河縣）人。五代後唐進士、宰相。傳見本書卷一二七、《新五代史》卷五五。

　　[3]鄴都：地名。治所在今河北大名縣。五代後唐同光元年
（923），改魏州爲興唐府，建號東京。三年，改東京爲鄴都。　王
殷：人名。瀛州（今河北河間市）人。五代將領。傳見本書卷一二
四、《新五代史》卷五〇。

　　[4]丙戌：中華書局本有校勘記：“以上二字原闕，據《永樂大
典》卷八九八〇引《五代薛史》補。”

　　[5]左金吾上將軍：官名。唐置十六衛之一，掌宫禁宿衛。從
二品。　安審信：人名。沙陀部人。五代將領安審琦從兄。五代後
唐至後周將領。傳見本書卷一二三。

　　[6]右金吾上將軍：官名。唐置十六衛之一，掌宫禁宿衛。從
二品。　張從恩：人名。太原人。五代後晋外戚、將領。仕至宋
初。傳見《宋史》卷二五四。　鄧州：州名。治所在今河南鄧州
市。　張彦成：人名。又名張彦威。潞州潞城（今山西潞城市）
人。五代將領。傳見本書卷一二三。

　　[7]虎捷左厢都指揮使：官名。虎捷左厢，禁軍番號。五代軍
隊編制，五百人爲一指揮，設指揮使、副指揮使；十指揮爲一軍，
設都指揮使、副都指揮使。　永州：治所在今湖南永州市。　韓
通：人名。太原（今山西太原市）人。五代後漢、後周、宋初將
領。傳見《宋史》卷四八四。　陝州：州名。治所在今河南三門峽
市陝州區。

　　[8]太府卿：官名。南朝梁始置。太府寺長官。掌國家財帛庫
藏出納、關市稅收等事。從三品。　司天監：官（署）名。其長官
稱司天監，掌天文、曆法以及占候等事。參見趙貞《唐宋天文星占
與帝王政治》，北京師範大學出版社 2016 年版。　趙延义：人名。
一作“趙延義”。秦州（今甘肅秦安縣）人。五代十國時前蜀大臣
趙温珪之子。通術數。傳見本書卷一三一、《新五代史》卷五七。

　　[9]西京副留守：官名。西京留守副官。　盧價：人名。祖籍
范陽（今河北涿州市）人，世居懷州河内（今河南沁陽市）。五代
大臣。事見羅火金《五代時期盧價墓志考》，《中國歷史文物》

2009 年第 2 期。

[10]御史中丞：官名。如不置御史大夫，則爲御史臺長官。掌司法監察。正四品下。　邊光範：人名。并州陽曲（今山西太原市）人。歷仕五代後唐、後晉至宋代。傳見《宋史》卷二六二。

禮部侍郎：官名。尚書省禮部次官。協助禮部尚書掌禮儀、祭享、貢舉之政。正四品下。　刑部侍郎：官名。尚書省刑部次官。協助刑部尚書掌天下刑法及徒隸、勾覆、關禁之政令。正四品下。

張煦：人名。籍貫不詳。後周時擔任散騎常侍、刑部尚書、兵部尚書等職。事見本書卷一一一至卷一一四。　翰林學士承旨：官名。爲翰林學士之首。掌拜免將相、號令征伐等詔令的起草。《舊唐書》卷四三《職官志二·翰林院》："例置學士六人，内擇年深德重者一人爲承旨，所以獨承密命故也。"　徐台符：人名。鎮州獲鹿（今河北石家莊市鹿泉區）人。五代時期大臣。傳見本書附録。

[11]詔曰：此句前，明本《册府》卷六一《帝王部·立制度門二》有 "賦税婚田，比來州縣之職；盗賊煙火，元係巡鎮之司。各有區分，不相踰越，或侵職分，是紊規繩。切慮所在職員，尚循舊弊，須行條貫，以正紀綱" 等句。

[12]京兆：府名。治所在今陝西西安市。　華：州名。治所在今陝西渭南市華州區。　鄜：州名。治所在今陝西富縣。　耀：州名。治所在今陝西銅川市耀州區。

[13]如所職疏遺：中華書局本有校勘記："'遺'，原作'遣'，據《册府》卷六一改。"

[14]其州府不得差監徵軍將下縣：此句後，《宋本册府》卷六一有 "庶期静辨，無使煩勞" 八字。

[15]衛尉少卿：官名。北魏置，隋、唐、五代爲衛尉寺次官。協助衛尉卿掌供宮廷、祭祀、朝會之儀仗帷幕，通判本寺事務。從四品上。　李温美：人名。籍貫不詳。後唐至後周官員，曾任博州武水縣令，事見《册府》卷七〇一《令長部·褒異門》。　房州：州名。治所在今湖北房縣。　司户參軍：官名。簡稱 "司户"。州

級政府僚佐。掌本州屬縣之户籍、賦税、倉庫受納等事。上州從七品下，中州正八品下，下州從八品下。

[16]壽光縣：縣名。治所在今山東壽光市。　馮勳：人名。籍貫不詳。明本《册府》卷九五二《總録部·交惡門》作“馮繼勳”，並稱馮爲壽光縣主税吏。

[17]供奉官：官名。泛指侍奉皇帝左右的臣僚，亦爲東、西頭供奉官通稱。　武懷贊：人名。籍貫、事跡不詳。本書僅此一見。
　棄市：古代刑法名。即在鬧市執行死刑，並陳屍街頭示衆。

[18]鴻臚少卿：官名。鴻臚寺副長官。佐鴻臚卿掌四夷朝貢、宴飲賞賜、送迎外使等禮儀活動。從四品上。　趙脩己：人名。浚儀（今河南開封市）人。素善術數，自李守貞鎮滑州，署司户參軍，累從移鎮。後從郭威。傳見《宋史》卷四六一。

　　八月己酉，幸南莊。丙辰，内衣庫使齊藏珍除名，配沙門島。[1]藏珍奉詔脩河，不於役所部轄，私至近縣止宿，及報隄防危急，安寢不動，遂致横流，故有是責。庚申，邢州節度使劉詞移鎮河陽。[2]辛酉，以龍捷左厢都指揮使、閬州防禦使田景咸爲邢州留後。[3]丁卯，河決河陰，[4]京師霖雨不止。給賜諸軍將士薪芻有差。癸酉，以翰林學士、户部侍郎王溥爲端明殿學士。甲戌，潭州王逵奏：[5]“朗州劉言與淮賊通連，差指揮使鄭玫部領兵士，[6]欲併當道。鄭玫爲軍衆所執，奔入武陵，[7]劉言尋爲諸軍所廢，臣已至朗州安撫訖。”詔劉言勒歸私第，委王逵取便安置。是月所在州郡奏，霖雨連綿，漂没田稼，[8]損壞城郭廬舍。

　　[1]齊藏珍：人名。籍貫不詳。五代後漢、後周將領。傳見本

書卷一二九。 沙門島：地名。在今山東長島縣西北廟島，一説大黑山島。

[2]邢州：州名。治所在今河北邢臺市。 劉詞：人名。元城（今河北大名縣）人。五代將領。傳見本書卷一二四、《新五代史》卷五〇。

[3]閬州：州名。治所在今四川閬中市。 田景咸：人名。太原（今山西太原市）人。歷仕五代後漢、後周、宋。傳見《宋史》卷二六一。 閬州防禦使田景咸爲邢州留後：《輯本舊史》之影庫本粘籤："景咸，原本作'景成'，邢州，原本作'刑州'，今各據《通鑑》改正。"檢《大典》卷八九八〇引《五代薛史》，兩處均不誤，五代亦無"刑州"之州名。

[4]河陰：《大典》卷八九八〇引《五代薛史》作"陰河"，五代無"陰河"之河名，《大典》誤。

[5]王逵：人名。即王進逵。武陵（今湖南常德市）人，郭威授之武平軍節度使。事見本書卷一三三、《新五代史》卷六六。中華書局本有校勘記："殿本、本書卷一三三《劉言傳》作'王進逵'。本卷下文同。"本卷下文顯德元年（954）正月丙戌條作王逵，卷一一四《周世宗紀一》同年七月癸未條及卷一三三《劉言傳》作王進逵，《新五代史》卷六六與劉言之合傳亦作王進逵。

[6]指揮使：官名。唐末、五代軍隊多置都指揮使、指揮使，爲統兵將領。 鄭玫：人名。籍貫不詳。五代十國藩鎮將領。事見本書卷一三三。

[7]武陵：縣名。治所在今湖南常德市武陵區。

[8]漂没：《大典》卷八九八〇引《五代薛史》作"漂沫"，《大典》誤。

九月己卯，太子少保盧損卒。[1]丁酉，深州上言："樂壽縣兵馬都監杜延熙爲戍兵所害。"[2]先是，齊州保寧都兵士屯於樂壽，都頭劉彥章等殺延熙爲亂。[3]時鄭州開道指揮使張萬友亦屯於樂壽，[4]然不與之同。朝廷急遣供奉官馬諤省其事，[5]諤乃與萬友擒彥章等十三人斬之，餘衆奔齊州。是月多陰曀，木再華。[6]

[1]太子少保：官名。與太子少師、太子少傅統稱太子三少。隋唐以後多作加官或贈官。從二品。　盧損：人名。范陽（今河北涿州市）人。唐末、五代官員。傳見本書卷一二八、《新五代史》卷五五。

[2]深州：州名。治所在今河北深州市。　樂壽縣：縣名。治所在今河北獻縣。　兵馬都監：官名。唐代中葉命將出征，常以宦官爲監軍、都監。後爲臨時委任的統兵官，稱都監、兵馬都監。掌屯戍、邊防、訓練之政令。　杜延熙：人名。籍貫不詳。五代將領。事見本書卷一一二。

[3]齊州：州名。治所在今山東濟南市。　先是，齊州保寧都兵士屯於樂壽：中華書局本有校勘記：“‘先’，原作‘光’，據殿本、劉本、孔本、邵本、彭本、《永樂大典》卷八九八〇引《五代薛史》改。‘保寧都’，原作‘保寧郡’，據劉本改。按《通鑑》（兩浙東路茶鹽司公使庫刻本）卷二九一：‘契丹寇樂壽，齊州戍兵右保寧都頭劉漢章殺都監杜延熙，謀應契丹。’”《通鑑》卷二九一廣順三年九月己亥條作劉漢章。　都頭：官名。唐末五代時，“都”爲指揮以下的軍事編制。《武經總要》卷二：“凡五百人爲一指揮，其別有五都，都一百人，統以一營居之。”都的長官稱爲都頭。　劉彥章：人名。籍貫不詳。五代將領，曾任右領衛將軍。事見明本《册府》卷五五《帝王部·養老門》。

[4]開道指揮使：官名。所部統兵將領。開道爲部隊番號。張萬友：人名。籍貫不詳。五代、宋初將領，曾任步軍都指揮使。事見《宋史》卷二五五。

[5]馬諤：人名。籍貫不詳。五代後晋藩鎮將領，後周時爲供奉官。事見本書卷七七。《輯本舊史》之影庫本粘籤："原本作‘馬咢’，今從《通鑑》改正。"《通鑑》未見相關記載。《大典》卷八九八〇引《五代薛史》作"馬諤"。

[6]是月多陰曀，木再華：《新五代史》卷一一《周太祖本紀》廣順三年九月載："吐渾党富達等來。"《輯本舊史》未載其事。

冬十月戊申朔，詔以來年正月一日有事於南郊，諸道州府不得以進奉南郊爲名，輒有率斂。己酉，右金吾上將軍張彦成卒。庚戌，以前同州節度使薛懷讓爲左屯衛上將軍，以尚書左丞兼判國子監田敏權判太常卿，以禮部尚書王易權兵部尚書。[1]太常奏，郊廟社稷壇位制度，請下所司脩奉，從之。以中書令馮道爲南郊大禮使，以開封尹、晋王榮爲頓遞使，權兵部尚書王易爲鹵簿使，御史中丞張煦爲儀仗使，權判太常卿田敏爲禮儀使。[2]以前潁州防御使郭瓊爲權宗正卿。[3]甲寅，以前光禄卿丁知浚復爲光禄卿。[4]丙辰，幸南莊、西莊。[5]己未，前寧州刺史張建武責授右司禦副率，[6]以野雞族失利故也。[7]以前翰林學士、工部侍郎魚崇諒爲禮部侍郎，[8]充翰林學士。時崇諒解職於陝州就養，至是再除禁職，仍賜詔召之，令本州給行裝鞍馬，侍親歸朝。以太子賓客張昭爲户部尚書，以太子賓客李濤爲刑部尚書。[9]詔中書令馮道赴西京迎奉太廟神主。甲子，中書令馮道率百官上尊號曰聖明文武仁德皇帝，答詔不允，凡三上章，允之，仍俟郊禮畢施行。壬申，鄴都、邢、洺等州皆上言地震，鄴都尤甚。[10]

[1]薛懷讓：人名。祖先爲戎人，徙居太原（今山西太原市）。五代將領。傳見《宋史》卷二五四。　　左屯衛上將軍：禁衛軍官名。掌宮禁宿衛。從二品。左屯衛，隋置。唐龍朔二年（662）改名爲左威衛。五代後周廣順二年（952）復名左屯衛。宋代存其名而無職司。　　尚書左丞：官名。尚書省佐貳官。唐中期以後，與尚書右丞實際主持尚書省日常政務，權任甚重。正四品上。後梁開平二年（908）改爲左司侍郎，後唐同光元年（923）復舊爲左丞。正四品。　　國子監：官署名。隋煬帝大業三年（607）置，主管國子學、太學等官學。　　田敏：人名。淄州鄒平（今山東鄒平縣）人。五代、宋初官員、學者。傳見《宋史》卷四三一。　　太常卿：官名。太常寺長官。掌祭祀禮儀等事。正三品。　　禮部尚書：官名。尚書省禮部長官。掌禮儀、祭享、貢舉之政。正三品。　　王易：人名。籍貫不詳。五代官員。曾任後周尚書左丞、禮部尚書、兵部尚書、鹵簿使，事見本書本卷、卷一一一。　　兵部尚書：官名。尚書省兵部長官。掌兵衛、武選、車輦、械、厩牧之政令。正三品。

[2]中書令：官名。漢武帝時始置，以宦官主中書，掌傳宣詔命等。隋、唐前期爲中書省長官，屬宰相之職；唐後期多爲授予元勳大臣的虛銜。正二品。　　馮道：人名。瀛州景城（今河北滄縣）人。五代時官拜宰相，歷仕後唐、後晉、後漢、後周，亦曾臣事契丹。傳見本書卷一二六、《新五代史》卷五四。　　南郊大禮使：官名。非常設。帝王舉行南郊等大禮時設，參掌大禮。　　頓遞使：官名。頓，即宿食之所。掌出行途經道路橋梁、安排食宿、運送禮儀器物等。臨時差遣，事畢即罷。　　鹵簿使：官名。掌帝后出行車駕儀仗。　　儀仗使：官名。帝大駕出行時，總掌儀仗事務。　　禮儀使：官名。掌禮儀政令。

[3]潁州：州名。治所在今安徽阜陽市。　　郭瓊：人名。平州盧龍（今河北盧龍縣）人。五代末、宋初將領。傳見《宋史》卷二六一。　　宗正卿：官名。秦始置宗正，南朝梁始有宗正卿之官。

由宗室充任。掌皇族外戚屬籍。正三品。

[4]光禄卿：官名。南朝梁天監七年（508）改光禄勳置，隋、唐沿置。掌宮殿門户、帳幕器物、百官朝會膳食等。從三品。　丁知濬：人名。籍貫不詳。五代後晉至後周官員。事見本書卷八〇。

[5]西莊：地名。其地不詳，疑位於開封城外。

[6]右司禦副率：官名。隋文帝置太子左右宗衛率府，掌領宗室侍衛東宮，煬帝改左右武侍率府。唐沿置，歷改左右司禦衛、左右司禦率府、左右宗衛率府。景雲二年（711）始定名左右司禦率府，秩比十二衛中左右領軍衛。統郊城等若干折衝府。從四品上。《宋本册府》卷四四六《將帥部·生事門》作"左司禦率府副率"。中華書局本有校勘記："'右'，《册府》卷四四六作'左'。"

[7]以野雞族失利故也：明本《册府》卷四四六《將帥部·生事門》："制曰：'頃以野鷄蕃族，蝨賊邊陲。俾爾率領兵師，於彼進討。殺牛族執户，素不陸梁，而無故侵搔，致其鬭敵。彼戎既然殺戮，去者寧不夷傷？俾將士罹殃，職爾之罪。授之散秩，猶爲寬恩。爾當再三深自咎責，可行左司禦率府副率。'"張其凡《五代禁軍初探》卷五疑"野雞族"上脱"討"字。

[8]工部侍郎：官名。尚書省工部次官。協助尚書掌管百工、山澤、水土之政令，考其功以昭賞罰，總所同各司之事。正四品下。　魚崇諒：人名。其先楚州山陽（今江蘇淮安市淮安區）人，後徙於陝。五代、宋初官員。傳見《宋史》卷二六九。《新五代史》作"魯崇諒"。

[9]張昭：人名。世居濮州范縣（今河南范縣）。五代、宋初大臣，時爲中書舍人。傳見《宋史》卷二六三。　户部尚書：官名。尚書省户部長官。掌管全國土地、户籍、賦税、財政收支諸事。正三品。　李濤：人名。京兆萬年（今陝西西安市長安區）人。唐敬宗子郇王緯後裔，五代官員。傳見《宋史》卷二六二。刑部尚書：官名。尚書省刑部長官。掌天下刑法及徒隸、勾覆、關禁之政令。正三品。

[10]洺：州名。治所在今河北邯鄲市永年區。　鄴都、邢、洺等州皆上言地震，鄴都尤甚："上言"，《大典》卷八九八〇引《五代薛史》作"尚言"，誤。《輯本舊史》卷一四一《五行志·地震目》載："周廣順三年十月，魏、邢、洺等州地震數日，凡十餘度，魏州尤甚。"

　　十一月辛巳，廢共城稻田務，任人佃蒔。[1]乙酉，[2]日南至，帝不受朝賀。庚寅，鎮州節度使何福進奏乞朝覲，[3]三奏，允之。詔侍衛步軍都指揮使曹英權知鎮州軍府事。[4]癸巳，以將作監李瓊爲濟州刺史。[5]壬寅，詔："重定天下縣邑，除畿赤外，[6]其餘三千户已上爲望縣，二千户已上爲緊縣，一千户已上爲上縣，五百户以上爲中縣，不滿五百户爲中下縣。"

　　[1]共城：縣名。治所在今河南輝縣市。　佃蒔：租種。
　　[2]乙酉：廣順三年（953）十一月丁丑朔，乙酉（初九）前，《新五代史》卷一一《周太祖本紀》癸未（初七）日尚有一條記事："党項使吳怗磨五等來。"
　　[3]鎮州：州名。治所在今河北正定縣。　何福進：人名。一作"何福殷"。太原（今山西太原市）人。五代將領。傳見本書卷一二四。
　　[4]侍衛步軍都指揮使：官名。五代時皇帝親軍侍衛步軍司之最高長官。　曹英：人名。常山真定（今河北正定縣）人。五代後唐至後周將領。傳見本書卷一二九。
　　[5]將作監：官名。秦代設將作少府，唐代改將作監，其長官即爲將作監。掌宮廷器物置辦及宮室修建事宜。從三品。　李瓊：人名。幽州（今北京市）人。五代十國、宋初將領。傳見《宋史》

卷二六一。　濟州：州名。治所在今山東巨野縣。

　　[6]畿赤：自唐代起，府、州屬縣分爲赤縣、畿縣、次赤縣、次畿縣、望縣、緊縣、上縣、中縣、中下縣、下縣十等。都城之所治曰赤縣，其旁邑爲畿縣。

　　十二月戊申，雨木冰。是日，四廟神主至西郊，帝郊迎奠饗，奉神主入於太廟，設奠安神而退。[1]壬子，前單州刺史趙鳳賜死，[2]坐爲民所訟故也。甲寅，詔諸道州府縣鎮城内人户，舊請鹽徵價，起今後並停。甲子，鎮州節度使何福進來朝。乙丑，鄴都留守王殷來朝。丙寅，禮儀使奏：“皇帝郊廟行事，請以晋王榮爲亞獻，通攝終獻行事。”[3]從之。己巳，左補闕王伸停任，坐檢田於亳州，虛憑紐配故也。[4]辛未，鄴都留守、侍衛親軍都指揮使王殷削奪在身官爵，長流登州，尋賜死於北郊。[5]其家人骨肉，並不問罪。癸酉，帝宿齋於崇元殿，爲來年正月一日親祀南郊也。時帝已不豫。甲戌，宿于太廟。乙亥質明，帝親饗太廟，自齋宫乘步輦至廟庭，被袞冕，令近臣翼侍陛階，[6]止及一室行禮，俛首而退，餘命晋王率有司終其禮。是日，車駕赴郊宫。[7]

　　[1]“十二月戊申”至“設奠安神而退”：本月丁未朔，戊申爲初二，此事《通鑑》卷二九一繫於廣順三年（953）十二月丁未，相差一日。

　　[2]單州：州名。治所在今山東單縣。《輯本舊史》之影庫本粘籤：“單州，原本作‘善州’，今據趙鳳本傳改正。”見《輯本舊

史》卷六七《趙鳳傳》。《大典》卷八九八〇引《五代薛史》作
"單州"。　趙鳳：人名。幽州（今北京市）人。五代後唐大臣。
傳見本書卷六七、《新五代史》卷二八。

[3]亞獻：祭祀過程中，陳列祭品以後要三次獻酒，即初獻、
亞獻、終獻。

[4]左補闕：官名。唐代諫官。武則天時始置。分爲左右，左
補闕隸於門下省，右補闕隸於中書省。掌規諫諷諭，大事可以廷
議，小事則上封奏。從七品上。　王伸：人名。籍貫不詳。五代大
臣、史官。事見本書本卷、卷一〇二、卷一三一。　紐配：即
科配。

[5]侍衛親軍都指揮使：官名。五代時侍衛親軍長官。多由皇
帝親信擔任。　登州：州名。治所在今山東蓬萊市。　尋賜死於北
郊：《新五代史》卷一一《周太祖本紀》廣順三年十二月壬申條：
"殺天雄軍節度使王殷。"合《輯本舊史》《新五代史》觀之，知王
殷辛未（二十五）日削官，壬申（二十六）日見殺。

[6]齋宮：天子齋戒之宮。　令近臣翼侍陞階：《輯本舊史》
之影庫本粘籤："陞階，原本作'陸階'，今從《通鑑》及《契丹
國志》改正。"《通鑑》卷二九一廣順三年十二月乙亥條作"登
階"，《契丹國志》未見相關記載。《大典》卷八九八〇引《五代薛
史》作"陛階"，"陛"爲"陞"形近之訛。

[7]郊宮：天子祭天地的處所。

　　顯德元年春正月丙子朔，帝親祀圜丘，禮畢，詣郊
宮受賀。車駕還宮，御明德樓，宣制："大赦天下，改
廣順四年爲顯德元年。自正月一日昧爽已前，應犯罪
人，常赦所不原者，咸赦除之。内外將士各賜優給，文
武職官並與加恩，内外命婦並與進封。寺監攝官七周年
已上者，同明經出身，今後諸寺監不得以白身署攝。升

朝官兩任已上，著綠十五周年與賜緋，著緋十五年與賜紫。州縣官曾經五度參選者，雖未及十六考，與授朝散大夫階，年七十已上，授優散官，賜緋。應奉郊廟職掌人員，並與恩澤。今後不得以梁朝及清泰朝爲僞朝僞主，天下帝王陵廟及名臣墳墓無後，官爲檢校”云。[1]宣敕畢，帝御崇元殿受册尊號，禮畢，羣臣稱賀。時帝郊祀，御樓受册，有司多略其禮，以帝不豫故也。先是，有占者言：“鎮星在氐、房，[2]乃鄭、宋之分，當京師之地；兼氐宿主帝王露寢。若散財以致福，遷幸以避災，庶幾可以驅禳矣。”帝以遷幸煩費，不可輕議，散財可矣，故有郊禋之命。洎歲暮，帝疾增劇，郊廟之禮蓋勉而行之耳。

[1]顯德：五代後周太祖郭威年號（954）。世宗柴榮、恭帝柴宗訓沿用（954—960）。　圜丘：帝王祭天的祭壇。又作“圓丘”。《周禮·春官·大司樂》：“冬日至，於地上之圜丘奏之。”賈公彥疏：“案《爾雅》：土之高者曰丘。取自然之丘。圜者，象天圜。”　明德樓：城樓名。位於今河南開封市。　昧爽：黎明拂曉。　明經：即明經科。科舉常科科目之一。唐以明經爲科舉的常科，明經科中析爲五經、三經、學究一經、三禮、三傳等。唐代把《禮記》《春秋左傳》作爲大經，《詩經》《周禮》《儀禮》作爲中經，《易經》《尚書》《春秋公羊傳》《春秋穀梁傳》作爲小經，凡通三經以上者爲明經，其要求低於秀才而高於進士。　白身：指代沒有官職出身的人。唐時授官而未通朝籍者也稱白身。　署攝：代理官職或由本官而兼任他官。　清泰：五代後唐廢帝李從珂年號（934—936）。　“顯德元年春正月丙子朔”至“官爲檢校云”：“内外將士各賜優給”，中華書局本有校勘記：“‘賜’字原闕，據《永樂大

典》卷八九八〇引《五代薛史》補。"明本《冊府》卷八一《帝王部·慶賜門三》、卷九六《帝王部·赦宥門一五》"各賜優給"作"各等第優賞"。此爲太祖彌留時之大赦詔，《冊府》卷八一誤爲世宗即位時之大赦詔。"州縣官曾經五度參選者"，中華書局本有校勘記："'者'字原闕，據《永樂大典》卷八九八〇引《五代薛史》，《冊府》卷八一、卷九六，《五代會要》卷六補。"見《會要》卷六內外官章服條。"雖未及十六考"，明本《冊府》卷九六作"雖未及六考"。

　　[2]鎮星：即土星。　氐：星名。二十八宿之一。　房：星名。二十八宿之一。　鎮星在氐、房：《輯本舊史》之影庫本粘籤："氐、房，原本作'互方'，今從《通鑑》及《契丹國志》改正。"《大典》卷八九八〇引《五代薛史》作"互房"，"互"爲"氐"之訛，據下文"氐宿"可知。

　　戊寅，詔廢鄴都依舊爲天雄軍，大名府在京兆府之下。[1]庚辰，制皇子開封尹、晋王榮可開府儀同三司、檢校太尉、兼侍中，行開封尹、功德使，判內外兵馬事。[2]襄州安審琦進封陳王；鄆州符彥卿進封衛王，移鎮天雄軍；[3]荆南高保融進封南平王；[4]夏州李彝興進封西平王。[5]甲申，宋州趙暉進封韓國公，青州常思進封萊國公，徐州王晏進封滕國公，鄧州侯章進封申國公，西京武行德進封譙國公，[6]許州郭從義加檢校太師，鳳翔王景進封褒國公，華州孫方諫進封蕭國公。[7]自趙暉已下並加開府儀同三司。乙酉，分命朝臣往諸州開倉，減價出糶，以濟饑民。詔潭州依舊爲大都督府，在朗州、桂州之上。[8]丙戌，以澶州節度使鄭仁誨爲樞密使，加同平章事；邠州楊信加開府儀同三司，進封杞國公；[9]邠州折從阮加開府儀同三司，[10]改封鄭國公；滄州李暉加檢校太尉；[11]安州李洪義加檢校太師；貝州王饒加檢校太尉；[12]以陳州節度使兼侍衛馬軍都指揮使郭崇爲澶州節度使，[13]加同平章事；以曹州節度使兼侍衛步軍都指揮使曹英爲鎮州節度使，加同平章事；潭州王逵加特進、兼侍中；[14]河陽劉詞加檢校太尉；河中王彥超加同平章事；以鎮州節度使何福進爲鄆州節度使，加同平章事；潞州李筠加同平章事。[15]戊子，晋州藥元福、滑州白重贊、相州王進、同州張鐸並加檢校太傅；[16]以延州節度使索萬進爲曹州節度使，加檢校太傅；定州留後孫行友、邢州留後田景咸、陝州留後韓通、靈武留後馮繼業並正授節度使。[17]庚寅夜，東北有大星墜，其聲如雷。

[1]天雄軍：方鎮名。治所在魏州（今河北大名縣）。　大名府：府名。治所在今河北大名縣。　京兆府：府名。治所在今陝西西安市。　大名府在京兆府之下：此句後，《會要》卷一九大名府條有"其屬縣地望、官吏品秩，並同京兆府"十四字。

[2]開府儀同三司：官名。曹魏始置，隋、唐時爲散官之最高官階，多授功勳重臣。從一品。　檢校太尉：官名。爲散官或加官，以示恩寵，無實際執掌。　侍中：官名。秦始置。隋、唐前期爲門下省長官。唐後期多爲大臣加銜，不參與政務，實際職務由門下侍郎執行。正二品。

[3]安審琦：人名。沙陀部人。五代將領。歷仕後唐、後晋、後漢、後周。傳見本書卷一二三。　鄆州：州名。治所在今山東東平縣。　符彥卿：人名。陳州宛丘（今河南淮陽縣）人。後周、宋初將領。周世宗宣懿皇后、宋太宗懿德皇后，皆符彥卿女。傳見

《宋史》卷二五一。

[4]荆南：又稱南平。五代十國之一。後梁開平元年（907）朱温命高季興爲荆南節度使，梁末帝時封季興爲渤海王。同光二年（924）受後唐封爲南平王。　高保融：人名。陝州硤石（今河南三門峽市陝州區硤石鄉）人。五代南平國王高從誨子，後漢乾祐元年（948）繼父位。傳見本書卷一三三《世襲列傳》、《新五代史》卷六九《南平世家》。

[5]夏州：州名。治所在今陝西靖邊縣。　李彝興：人名。本名彝殷，党項族。夏州（今陝西靖邊縣）人。五代、宋初軍閥。傳見本書卷一三二、《宋史》卷四八五。

[6]王晏：人名。徐州滕（今山東滕州市）人。五代、宋初將領。傳見《宋史》卷二五二。　侯章：人名。并州榆次（今山西晉中市榆次區）人。五代、宋初將領。傳見《宋史》卷二五二。

武行德：人名。并州榆次（今山西晉中市榆次區）人。五代、宋初將領。傳見《宋史》卷二五二。

[7]許州：州名。治所在今河南許昌市。　郭從義：人名。沙陀部人。曾名李從義。後唐莊宗李存勖養子。五代及宋初將領。傳見《宋史》卷二五二。　檢校太師：官名。爲散官或加官，以示恩寵，無實際執掌。　孫方諫：人名。初名方簡，避後周太祖之父諱改名。中山（今河北定州市）人，一説莫州清苑（今河北保定市清苑區）人。五代後晉至後周將領。傳見本書卷一二五、《新五代史》卷四九。

[8]桂州：州名。治所在今廣西桂林市。

[9]楊信：人名。即楊承信。沙陀部人。五代將領楊光遠第三子。五代後晉至宋朝官員。傳見《宋史》卷二五二。

[10]邠州折從阮加開府儀同三司：《輯本舊史》之影庫本粘籤：“折從阮，原本作‘從玩’，考從阮本名從遠，漢時避高祖御名，始改作阮，今改正。”《大典》卷八九八〇引《五代薛史》作“從阮”。

[11]李暉：人名。瀛州束城（今河北河間市）人。五代將領。傳見本書卷一二九。

[12]安州：州名。治所在今湖北安陸市。　李洪義：人名。一作"李弘義"。并州晉陽（今山西太原市）人。李洪信之弟，五代、宋初將領。傳見《宋史》卷二五二。　貝州：州名。治所在今河北清河縣。　王饒：人名。慶州華池（今甘肅華池縣）人。五代將領。傳見本書卷一二五。

[13]陳州：州名。治所在今河南淮陽縣。　侍衛馬軍都指揮使：官名。爲侍衛親軍馬軍司長官。後梁始置侍衛親軍，爲禁軍的一支，後唐沿置並成爲禁軍主力，下設馬軍、步軍。　郭崇：人名。應州金城（今山西應縣）人。五代、宋初將領。傳見《宋史》卷二五五。

[14]曹州：州名。治所在今山東曹縣西北。　特進：官名。西漢末期始置，授給列侯中地位較特殊者。隋唐時期，特進爲文散官，授給有聲望的官員。正二品。

[15]李筠：人名。并州太原（今山西太原市）人。五代、宋初將領，歷仕後唐至宋。傳見《宋史》卷四八四。

[16]晉州：州名。治所在今山西臨汾市。　藥元福：人名。晉陽（今山西太原市）人。五代後唐至宋初將領。傳見《宋史》卷二五四。　檢校太傅：官名。爲散官或加官，以示恩寵，無實際執掌。

[17]定州：州名。治所在今河北定州市。　孫行友：人名。鄭州清苑（今河北保定市清苑區）人。孫方諫之弟。五代、宋初將領。傳見《宋史》卷二五三。　靈武：郡名。治所在今寧夏吳忠市。乾元元年（758），改名靈州。此處代指治所在靈州的方鎮朔方軍。　馮繼業：人名。大名（今河北大名縣）人。馮暉之子。五代、宋初將領。傳見《宋史》卷二五三。

　　壬辰，宰臣馮道加守太師，范質加尚書左僕射、監修國史，李穀加右僕射、集賢殿大學士。[1]以端明殿學士、尚書户部侍郎王溥爲中書侍郎、平章事。[2]司徒竇貞固進封汧國公，司空蘇禹珪進封莒國公，[3]並加開府儀同三司。以宣徽南院使、知永興軍府事袁羲爲延州節度使；[4]以宣徽北院使兼樞密副使王仁鎬爲永興軍節度使；以前安州節度使王令温爲陳州節度使；[5]以殿前都指揮使、泗州防禦使李重進爲武信軍節度使、檢校太保，典軍如故；[6]以龍捷左厢都指揮使、睦州防御使樊愛能爲侍衛馬軍都指揮使、洋州節度使，加檢校太保；[7]以虎捷左厢都指揮使、果州防禦使何徽爲侍衛步軍都指揮使、利州節度使，[8]加檢校太保；以樞密承旨魏仁浦爲樞密副使。[9]是日巳時，帝崩於滋德殿，聖壽五十一。[10]祕不發喪。乙未，遷神樞於萬歲殿，[11]召文武百官班於殿廷，宣遺制：“晋王榮可於樞前即皇帝位，服紀月日一如舊制”云。是歲，自正月朔日後，景色昏晦，日月多暈，及嗣君即位之日，天氣晴朗，中外肅然。

　　[1]太師：官名。與太傅、太保合稱三師，唐後期、五代多爲大臣、勳貴加官。正一品。　尚書左僕射：官名。秦始置。隋、唐前期以左、右僕射佐尚書令總理六官，綱紀庶務；如不置尚書令，則總判省事，爲宰相之職。唐後期多爲大臣加銜。從二品。　李穀：人名。潁州汝陰（今安徽阜陽市）人。五代後周宰相。傳見《宋史》卷二六二。

　　[2]以端明殿學士、尚書户部侍郎王溥爲中書侍郎、平章事：

《舊五代史考異》：“案《東都事略·王溥傳》：太祖將大漸，促召學士草制，以溥爲中書侍郎、同中書門下平章事。已宣制，太祖曰：‘吾無恨矣。’”見《東都事略》卷一八《王溥傳》。

[3]司徒：官名。與太尉、司空並爲三公，唐後期、五代多爲大臣、勳貴加官。正一品。　竇貞固：人名。同州白水（今陝西白水縣）人。五代後唐至宋初大臣，後唐進士，後漢宰相。傳見《宋史》卷二六二。　司空：官名。與太尉、司徒並爲三公。唐後期、五代多爲大臣、勳貴加官。正一品。　蘇禹珪：人名。高密（今山東高密市）人。劉知遠爲河東節度時的屬官，後漢初任宰相。傳見本書卷一二七。

[4]宣徽南院使：官名。唐始置。宣徽南院的長官。初用宦官，五代以後改用士人。與宣徽北院使通掌内諸司及三班内侍之名籍，郊祀、朝會、宴享供帳之儀，檢視内外進奉名物。參見王永平《論唐代宣徽使》，《中國史研究》1995 年第 1 期；王孫盈政《再論唐代的宣徽使》，《中華文史論叢》2018 年第 3 期。　袁羲：人名。袁象先之子。五代將領，歷任復州刺史、左龍武大將軍、左神武統軍、宣徽南院使、延州節度使等。事見本書本卷、卷一一二、卷一一四等。

[5]王令温：人名。瀛州河間（今河北河間市）人。五代後晉將領。傳見本書卷一二四。

[6]武信軍：方鎮名。治所在遂州（今四川遂寧市）。　檢校太保：官名。爲散官或加官，以示恩寵，無實際執掌。

[7]龍捷左廂都指揮使：官名。所部統兵將領。龍捷左廂爲部隊番號。　睦州：州名。治所在今浙江建德市。　樊愛能：人名。籍貫不詳。五代後周將領，高平之戰中不戰而逃，後被周世宗處死，以正軍法。傳見本書附錄。《輯本舊史》之影庫本粘籤：“樊愛能，原本作‘受熊’，今從《通鑑》改正。”見《通鑑》卷二九一顯德（954）元年正月壬辰條。《大典》卷八九八〇引《五代薛史》作“愛能”。　洋州：州名。治所在今陝西洋縣。

[8]果州：州名。治所在今江西南充市。　何徽：人名。高平之戰中不戰而逃，後被周世宗處死，以正軍法。傳見本書附錄。利州：州名。治所在今四川廣元市。

[9]樞密承旨：官名。五代設樞密院承旨和樞密院副承旨，以各衛將軍擔任。主管樞密院承旨司之事。　魏仁浦：人名。後周、宋初宰相。衛州汲（今河南衛輝市）人。傳見《宋史》卷二四九。

[10]滋德殿：五代東京宮殿名。位於今河南開封市。

[11]萬歲殿：宮殿名。後梁、後漢、後周東京開封城内宮殿。位於今河南開封市。

帝自郊禋後，其疾乍瘳乍劇，晉王省侍，不離左右。[1]累諭晉王曰：“我若不起此疾，汝即速治山陵，不得久留殿内。陵所務從儉素，應緣山陵役力人匠，並須和雇，[2]不計近遠，不得差配百姓。陵寢不須用石柱費人功，只以磚代之。[3]用瓦棺紙衣。臨入陵之時，召近稅户三十家爲陵户，下事前揭開瓦棺，[4]遍視過陵内，切不得傷他人命。勿脩下宫，不要守陵宫人，亦不得用石人石獸，只立一石記子，鐫字云‘大周天子臨晏駕，留言與嗣帝，[5]緣平生好儉素，只令著瓦棺紙衣葬。’若違此言，陰靈不相助。”又言：“朕攻收河府時，見李家十八帝陵園，[6]廣費錢物人力，並遭開發。汝不聞漢文帝儉素，葬在霸陵原，[7]至今見在。如每年寒食無事時，即仰量事差人灑掃，如無人去，只遥破散。[8]兼仰於河府、魏府各葬一副劍甲，[9]澶州葬通天冠、絳紗袍，東京葬一副平天冠、衮龍服。千萬千萬，莫忘朕言。”

[1]晋王省侍，不離左右：《舊五代史考異》：“案《東都事略》：李重進，周太祖之甥，母即福慶長公主。重進年長于世宗，及太祖寢疾，召重進受顧命，令拜世宗，以定君臣之分。”見《東都事略》卷二二《李重進傳》。

[2]並須和雇：“雇”，《大典》卷八九八〇引《五代薛史》作“顧”。《通鑑》卷二九一顯德元年（954）正月戊子條敘其事作“工人役徒皆和雇”。

[3]陵寢不須用石柱費人功，只以磚代之：《通鑑》卷二九一顯德元年正月戊子條敘其事作“壙中無用石，以甓代之”。

[4]下事前揭開瓦棺：《輯本舊史》之影庫本粘籤：“下事，原本作‘卞是’，今從《通鑑》及《契丹國志》改正。”《大典》卷八九八〇引《五代薛史》作“下事”，《通鑑》無此語。

[5]留言與嗣帝：中華書局本有校勘記：“原作‘與嗣帝約’，據《永樂大典》卷八九八〇引《五代薛史》改。”

[6]十八帝陵園：即關中十八唐帝陵，分佈於陝西渭南市富平縣、蒲城縣及陝西咸陽市的三原縣、涇陽縣、禮泉縣、乾縣六縣。

[7]漢文帝：即漢文帝劉恒。西漢皇帝，前180年至前157年在位。紀見《漢書》卷四。　霸陵：漢文帝劉恒陵墓。2015年陝西省考古研究院通過考古研究認爲霸陵位於“江村大墓”，即今陝西西安東郊白鹿原東北角。

[8]破散：中華書局本有校勘記：“原作‘祭’，據《永樂大典》卷八九八〇引《五代薛史》改。按《五代會要》卷三：‘漢乾祐三年三月寒食，隱帝奉皇后幸南御園家祭，樞密使、三司使從之。’原注云：‘人君奉先之道，無寒食野祭，近代莊宗每年寒食出祭，謂之“破散”，故襲而行之。’”見《會要》卷三寒食拜掃條。

[9]魏府：地名。即魏州，唐、五代方鎮魏博軍的治所。位於今河北大名縣。

二月甲子，太常卿田敏上尊謚曰聖神恭肅文武孝皇帝，廟號太祖。

四月乙巳，葬於嵩陵。[1]宰臣李穀撰謚册文，王溥撰哀册文。[2]《永樂大典》卷八千九百八十。[3]

[1]嵩陵：後周太祖郭威陵墓，位於今河南新鄭市。　四月乙巳，葬於嵩陵：中華書局本有校勘記：“本書卷一一四《周世宗紀一》敍其事作‘夏四月乙巳，太祖靈駕發東京。乙卯，葬於嵩陵’。”《新五代史》卷一二《周世宗本紀》、《通鑑》卷二九一亦作四月乙卯葬太祖於嵩陵。

[2]王溥撰哀册文：中華書局本有校勘記：“‘文’下原有‘云’字，據殿本、《永樂大典》卷八九八〇引《五代薛史》删。”

[3]《大典》卷八九八〇“周”字韻“五代周太祖（一）”事目。此卷現存。

史臣曰：周太祖昔在初潛，未聞多譽，洎西平蒲阪，北鎮鄴臺，[1]有統御之勞，顯英偉之量。旋屬漢道斯季，天命有歸。縱虎旅以盪神京，不無慝德；攬龍圖而登帝位，遂闡皇風。期月而弊政皆除，逾歲而羣情大服，何遷善之如是，蓋應變以無窮者也。所以魯國凶徒，[2]望風而散；并門遺孽，[3]引日偷生。及鼎駕之將昇，命瓦棺而薄葬，勤儉之美，終始可稱，雖享國之非長，亦開基之有裕矣。然而二王之誅，[4]議者譏其不能駕馭權豪，傷於猜忍，卜年斯促，抑有由焉。《永樂大典》卷八千九百八十。[5]

　　[1]蒲阪：地名。一名蒲津。位於今山西永濟市蒲州鎮與陝西大荔縣朝邑鎮之間黃河上。　鄴臺：指代鄴城，位於今河北臨漳縣西南鄴鎮西北。

　　[2]所以魯國凶徒：《大典》卷八九八〇引《五代薛史》無"國"字，誤。

　　[3]并門：指并州。位於今山西太原市。　遺孽：《大典》卷八九八〇引《五代薛史》作"迎孽"，誤。

　　[4]二王之誅：指王峻、王殷。

　　[5]《大典》卷八九八〇"周"字韻"五代周太祖（一）"事目。此卷現存。

舊五代史　卷一一四

周書五

世宗紀第一

　　世宗睿武孝文皇帝，諱榮，太祖之養子，蓋聖穆皇后之姪也。[1]本姓柴氏，父守禮，太子少保致仕。[2]帝以唐天祐十八年，歲在辛巳，九月二十四日丙午，生於邢州之別墅。[3]年未童冠，因侍聖穆皇后，在太祖左右，時太祖無子，家道淪落，然以帝謹厚，故以庶事委之。帝悉心經度，貲用獲濟，太祖甚憐之，乃養爲己子。漢初，太祖以佐命功爲樞密副使，帝始授左監門衛將軍。[4]三年，[5]太祖鎮鄴，改天雄軍牙内都指揮使，領貴州刺史、檢校右僕射。[6]冬，太祖入平内難，留帝守鄴城。

　　[1]太祖：即後周太祖郭威。邢州堯山（今河北隆堯縣）人。五代時後周王朝的建立者，即後周太祖。紀見本書卷一一○至卷一一三、《新五代史》卷一一。　聖穆皇后：即後周太祖郭威的皇后

柴氏。傳見本書卷一二一、《新五代史》卷一九。

[2]守禮：人名。即柴守禮。邢州堯山（今河北隆堯縣）人。後周太祖郭威皇后柴氏之兄，世宗柴榮生父。後周時官至太傅。傳見《新五代史》卷二〇。　太子少保：官名。與太子少傅、太子少師合稱"三少"，唐後期、五代多爲大臣、勳貴加官。從二品。本姓柴氏，父守禮，太子少保致仕：《舊五代史考異》："案《隆平集》云：柴翁者，嘗獨居室，人以爲司冥事。一日，笑不止，妻問其故，不答。翁嗜酒，妻醉之以酒，乃曰：'上帝有命，郭郎爲天子。'考柴翁即守禮之父，史佚其名。"見《隆平集》卷一八《張永德傳》。

[3]天祐：唐昭宗李曄開始使用的年號，唐哀帝李柷沿用（904—907）。唐亡後，河東李克用、李存勗仍稱天祐，沿用至天祐二十年（923）。五代十國其他政權亦有行此年號者，如南吳、吳越等。　邢州：州名。治所在今河北邢臺市。《輯本舊史》之影庫本粘籤："邢州，原本作'雒州'，今據《五代會要》改正。"見《會要》卷一《帝號》世宗睿武孝文皇帝條。

[4]樞密副使：官名。樞密院副長官。　左監門衛將軍：官名。唐置，掌宮禁宿衛。唐代置十六衛，即左右衛、左右驍衛、左右武衛、左右威衛、左右領軍衛、左右金吾衛、左右監門衛、左右千牛衛，各置上將軍，從二品；大將軍，正三品；將軍，從三品。　漢初，太祖以佐命功爲樞密副使，帝始授左監門衛將軍：《舊五代史考異》："案《國老談苑》云：周世宗在漢爲諸衛將軍，嘗遊畿甸，謁縣令，忘其姓名，令方聚邑客蒱博，勿得見，世宗頗銜之。及即位，令因部夫犯贓數百疋，宰相范質以具獄上奏，世宗曰：'親民之官，贓狀狼藉，法當處死。'范質奏曰：'受所監臨財物有罪，上贓雖多，法不至死。'世宗怒，屬聲曰：'法者自古帝王之所制，本以防姦，朕立法殺贓吏，非酷刑也。'質曰：'陛下殺之則可，若付有司，臣不敢署敕。'遂貸其命。""遂貸其命"，中華書局本有校勘記："'遂'，原作'令'，據殿本、劉本、孔本、《國老談苑》卷

一改。”“左監門衛將軍”，《新五代史》卷一二《周世宗紀》作“左監門衛大將軍”。

[5]三年：《輯本舊史》原作“二年”。中華書局本有校勘記：“本書卷一〇三《漢隱帝紀下》、《新五代史》卷一〇《漢本紀》、《通鑑》卷二八九繫其事於乾祐三年。”見《輯本舊史》卷一〇三《漢隱帝紀下》乾祐三年（950）四月壬午條、《新五代史》卷一〇《漢隱帝紀》乾祐三年四月壬午條、《通鑑》卷二八九乾祐三年四月壬午條。今據改。

[6]鄴：地名。即鄴都。治所在今河北大名縣。五代後唐同光元年（923），改魏州爲興唐府，建號東京。三年，改東京爲鄴都。

天雄軍：方鎮名。治所在魏州（今河北大名縣）。　牙內都指揮使：官名。即衙內都指揮使。唐、五代時期衙內指揮使爲節度使府衙內之牙將，統最親近衛兵，高一級的稱衙內都指揮使。　貴州：州名。治所在今廣西貴港市。　刺史：官名。州一級行政長官。漢武帝時始置，總掌考核官吏、勸課農桑、地方教化等事。唐中期以後，節度使、觀察使轄州而設，刺史爲其屬官，職任漸輕。從三品至正四品下。　檢校右僕射：官名。爲散官或加官，以示恩寵，無實際執掌。

　　廣順元年正月，太祖踐祚，帝懇求入覲，忽夢至河而不得渡，尋授澶州節度使、檢校太保，封太原郡侯。[1]帝在鎮，爲政清肅，盜不犯境。先是，澶之里衖湫隘，公署毀圮，帝即廣其街肆，增其廨宇，吏民賴之。[2]二年正月，兗州慕容彥超反，[3]帝累表請征行，太祖嘉之。及曹英等東討，[4]數月無功，太祖欲親征，召羣臣議其事。宰臣馮道奏以方當盛夏，車駕不宜衝冒。[5]太祖曰：“寇不可翫，如朕不可行，當使澶州兒子擊賊，方辦吾事。”時樞密王峻意不欲帝將兵，[6]故太祖親征。

[1]廣順：五代後周太祖郭威年號（951—953）。　澶州：州名。唐、五代初，治所在今河南清豐縣。後晉天福四年（939），移治於今河南濮陽縣。　節度使：官名。唐時在重要地區所設掌握一州或數州軍事、民事、財政的長官。　檢校太保：官名。爲散官或加官，以示恩寵，無實際執掌。

[2]里衖湫隘：街巷低窪狹窄。　“帝在鎮”至“吏民賴之”：《舊五代史考異》：“案《宋史·王贊傳》：周世宗鎮澶淵，每旬決囚，贊引律令，辨析中理。問之，知其嘗事學問，即署右職。”見《宋史》卷二七四《王贊傳》。

[3]兗州：州名。治所在今山東濟寧市兗州區。　慕容彥超：人名。沙陀部人（一説“吐谷渾部人”）。五代後漢將領，後漢高祖劉知遠同母弟。傳見本書卷一三〇、《新五代史》卷五三。

[4]曹英：人名。常山真定（今河北正定縣）人。後周將領。傳見本書卷一二九。

[5]馮道：人名。瀛州景城（今河北滄縣）人。五代時官拜宰相，歷仕後唐、後晉、後漢、後周，亦曾臣服於契丹。傳見本書卷一二六、《新五代史》卷五四。　衝冒：不顧危險。

[6]樞密：官名。即樞密使。五代樞密使以士人爲之，備顧問，參謀議，出納詔奏，權侔宰相。　王峻：人名。相州安陽（今河南安陽市）人。五代後漢、後周將領。傳見本書卷一三〇、《新五代史》卷五〇。

　　六月，[1]兗州平。

[1]六月：《輯本舊史》卷一一二《周太祖紀三》記收復兗州

在廣順二年（952）五月乙亥，明本《册府》卷一一八《帝王部·親征門三》亦載此事於五月。

十二月，加檢校太傅、同平章事。[1]

[1]檢校太傅：官名。爲散官或加官，以示恩寵，無實際執掌。同平章事：官名。“同中書門下平章事”之簡稱。唐高宗以後，凡實際任宰相之職者，常在其本官後加同平章事的職銜。後成爲宰相專稱。後晋天福五年（940），升中書門下平章事爲正二品。

三年正月，[1]帝入覲。

[1]三年正月：中華書局本有校勘記：“本書卷一一二《周太祖紀三》繫其事於廣順三年閏正月。”見《輯本舊史》卷一一二《周太祖紀三》廣順三年（953）閏正月載“丙申，皇子澶州節度使榮來朝”，亦見《通鑑》卷二九一廣順三年閏正月丙申條。

三月，授開封尹兼功德使，封晋王。[1]

[1]開封尹：官名。即開封府尹。五代除後唐外均都汴州，升汴州爲開封府，置開封尹或知開封府事。執掌京師政務。從三品。功德使：官名。唐貞元四年（788）置左、右街大功德使、東都功德使、修功德使，總領僧尼之籍及功役。元和二年（807），以道士、女官隸左、右街功德使。五代沿置。

顯德元年正月庚辰，加開府儀同三司、檢校太尉、兼侍中，[1]依前開封尹兼功德使，判内外兵馬事。時太祖寢疾彌留，士庶憂沮，及聞帝總内外兵柄，咸以爲愜。[2]壬辰，太祖崩，祕不發喪。丙申，内出太祖遺制：“晋王榮可於樞前即位。”羣臣奉帝即皇帝位。[3]庚子，宰臣馮道率百僚上表請聽政，凡三上。壬寅，帝見羣臣於萬歲殿門之東廡下。[4]

[1]顯德：五代後周太祖郭威年號。世宗柴榮、恭帝柴宗訓沿用（954—960）。　開府儀同三司：官名。魏晋始置，隋唐時爲散官之最高官階。多授功勳重臣。從一品。《輯本舊史》之影庫本粘籤：“開府，原本作‘開封’，今據文改正。”　檢校太尉：官名。爲散官或加官，以示恩寵，無實際執掌。太尉，與司徒、司空並爲三公。　侍中：官名。秦始置。隋、唐前期爲門下省長官。唐後期多爲大臣加銜，不參與政務，實際職務由門下侍郎執行。正二品。

[2]“時太祖寢疾彌留”至“咸以爲愜”：《舊五代史考異》：“案《隆平集》：曹翰隸世宗幕下，世宗鎮澶淵，以爲牙校。及尹開封，翰猶在澶淵，聞周祖寢疾，不俟召來見世宗，密言曰：‘王爲冢嗣，不侍醫藥，何以副天下望？’世宗悟，入侍禁中，以府事命翰總決。”見《隆平集》卷一七《曹翰傳》。“聞周祖寢疾，不俟召來見世宗”，中華書局本有校勘記：“‘聞’‘召’，原作‘問’‘朝’，據殿本、劉本、《隆平集》卷一七改。”“不侍醫藥”，中華書局本有校勘記：“‘侍’，原作‘事’，據殿本、劉本、《隆平集》卷一七改。”

[3]“丙申”至“羣臣奉帝即皇帝位”：《通鑑》卷二九一顯德元年正月載：“乙未，宣遺制。丙申，晋王即皇帝位。”《舊五代史考異》曰：“《太祖實録》：‘乙未，宣遺制，晋王榮可於樞前即皇帝位。’《世宗實録》：‘丙申，内出太祖遺制，羣臣奉帝即皇帝位。’蓋以乙未宣遺制，丙申即位也。”乙未爲二十日，丙申爲二十一日。

[4]萬歲殿：後梁、後漢、後周開封城内宫殿。位於今河南開

封市。

　　二月庚戌，潞州奏，河東劉崇與契丹大將軍楊衮，[1]舉兵南指。壬戌，宰臣馮道率百僚上表，請御殿，凡三上，允之。丁卯，以中書令馮道充山陵使，[2]太常卿田敏充禮儀使，[3]兵部尚書張昭充鹵簿使，[4]御史中丞張煦充儀仗使，[5]開封少尹、權判府事王敏充橋道使。[6]河東賊將張暉率前鋒自團柏谷入寇，[7]帝召羣臣議親征。宰臣馮道等奏，以劉崇自平陽奔遁之後，[8]勢弱氣奪，未有復振之理，竊慮聲言自來，以誤於我。[9]陛下纂嗣之初，先帝山陵有日，人心易搖，[10]不宜輕舉，命將禦寇，深以爲便。帝曰：“劉崇幸我大喪，聞我新立，自謂良便，必發狂謀，[11]謂天下可取，謂神器可圖，此際必來，斷無疑耳！”馮道等以帝銳於親征，[12]因固諍之。帝曰：“昔唐太宗之創業，[13]靡不親征，朕何憚焉。”道曰：“陛下未可便學太宗。”帝又曰：“劉崇烏合之衆，苟遇王師，必如山壓卵耳。”道曰：“不知陛下作得山否？”[14]帝不悦而罷。詔諸道募山林亡命之徒有勇力者，送於闕下，仍目之爲強人。帝以趫捷勇猛之士，多出於羣盜中，故令所在招納，有應命者，即貸其罪，以禁衛處之，至有朝行殺奪，暮升軍籍，讎人遇之，不敢仰視。帝意亦患之，其後頗有不獲宥者。[15]

　　[1]潞州：州名。治所在今山西長治市。　河東：方鎮名。治所在太原（今山西太原市）。　劉崇：人名。即劉旻。太原（今山西太原市）人。後漢高祖劉知遠從弟。後漢時任太原尹，專制一

方。後周代漢，他稱帝於太原，國號漢，史稱北漢。傳見本書卷一三五、《新五代史》卷七〇。　契丹：古部族、政權名。公元4世紀中葉宇文部爲前燕攻破，始分離而成單獨的部落，自號契丹。唐貞觀中，置松漠都督府，以其首領爲都督。唐末強盛，916年迭剌部耶律阿保機建立契丹國（遼）。先後與五代、北宋並立，保大五年（1125）爲金所滅。參見張正明《契丹史略》，中華書局1979年版。　楊衮：人名。籍貫不詳。遼朝武將。事見本書卷一〇九、《新五代史》卷七〇。

[2]中書令：官名。漢代始置，隋、唐前期爲中書省長官，屬宰相之職，唐後期多爲授予元勳大臣的虛銜。正二品。　山陵使：官名。亦稱山陵儀仗使。唐貞觀中始置。掌議帝后陵寢制度、監造帝后陵寢。

[3]太常卿：官名。西漢置太常，南朝梁始置太常卿。爲太常寺長官。掌宗廟、祭祀、禮樂及教育等。正三品。　田敏：人名。淄州鄒平（今山東鄒平縣）人。五代、宋初大臣、學者。傳見《宋史》卷四三一。　禮儀使：官名。掌禮儀政令。

[4]兵部尚書：官名。尚書省兵部長官。掌兵衛、武選、車輦、甲械、厩牧之政令。正三品。　張昭：人名。世居濮州范縣（今河南范縣）。五代、宋初大臣。傳見《宋史》卷二六三。　鹵簿使：官名。掌帝后車駕儀仗事。

[5]御史中丞：官名。如不置御史大夫，則爲御史臺長官。掌司法監察。正四品下。　張煦：人名。籍貫不詳。後周時擔任散騎常侍、刑部尚書、兵部尚書等職。事見本書卷一一一至卷一一四。　儀仗使：官名。皇帝大駕出行時設置。非常設官，均由他官兼代。掌總儀仗事務。

[6]開封少尹：官名。協助開封府尹處理京城政務。　權：官員任用類別之一。與攝相近，是一種暫時的委任。唐、五代時，知、判、兼等類的任用，往往冠以“權”字，稱爲權知、權判、權兼，以表示其爲暫任。　王敏：人名。單州金鄉（今山東金鄉縣）

人。後周時曾任刑部侍郎、司農卿等職。傳見本書卷一二八。　橋道使：官名。《新五代史》卷一二作“橋道頓遞使”。大禮時置，以知開封府事充任，掌事先周知皇帝郊祀時所要經過的道路橋梁，安排皇帝居息之所，並運送郊祀需用之物至舉行郊祀之處。

　　[7]張暉：人名。籍貫不詳。北漢將領。事見本書本卷、《新五代史》卷七二。《輯本舊史》之影庫本粘籤：“張暉，《通鑑考異》引《晋陽見聞録》作張令徽，考《歐陽史》《十國春秋》俱同《薛史》作張暉，今附識於此。”《通鑑》卷二九一顯德元年（954）二月條《考異》引《晋陽見聞録》作“張元徽”，非“張令徽”。《新五代史》卷二九《景延廣傳》、卷七二《四夷附録一》，《十國春秋》卷一〇四《北漢一》皆作“張暉”。《舊五代史考異》：“案：《九國志》作張元徽乘勢復入，馬倒，爲周師所擒，殺之。與《薛史》異，《通鑑》從《薛史》。”見《九國志》卷八《張元徽傳》。中華書局本引孔本案語：“案《九國志·張元徽傳》：元徽爲前鋒，與周師遇于巴公，元徽以東師先登陷陣，擒監軍使一人，降其步卒千人而旋。劉崇大褒賞之。元徽乘勝復入，馬倒，爲周師所擒，殺之。考《薛史》作大將張暉戰于高平縣南，與《九國志》人名地名互異。《通鑑》從《薛史》。”　團柏谷：地名。位於今山西祁縣，是太原與上黨地區間交通要道。

　　[8]平陽：地名。位於今山西臨汾市。

　　[9]以誤於我：中華書局本有校勘記：“‘以’，《册府》卷五七作‘誘’。”見《宋本册府》卷五七《帝王部·英斷門》周世宗顯德元年二月條作“誘語於我”。

　　[10]纂嗣：繼承。　人心易搖：《宋本册府》卷五七作“人心搖動”。

　　[11]必發狂謀：該句後《宋本册府》卷五七有“誑惑人心，勾誘北虜”八字。

　　[12]馮道等以帝鋭於親征：該句後《宋本册府》卷五七有“恐非萬全之策”一句。

　　[13]唐太宗：即唐代第二位皇帝李世民。隴西成紀（今甘肅秦安縣）人。626年至649年在位。通過"玄武門之變"掌權。在位期間，虛心納諫，文治武功，開創"貞觀之治"。紀見《舊唐書》卷二至卷三、《新唐書》卷二。　昔唐太宗之創業：該句後《宋本冊府》卷五七有"天下草寇"四字。

　　[14]不知陛下作得山否：《輯本舊史》之影庫本粘籤："作得山否，原本作'昨待山否'，今從《通鑑》改正。"《通鑑》卷二九一顯德元年二月條作"未審陛下能爲山否"，《宋本冊府》卷五七作"不知陛下終作得山定否"。

　　[15]獲宥：獲得赦宥。

　　三月丁丑，潞州奏，河東劉崇入寇，兵馬監押穆令均部下兵士爲賊軍所襲，[1]官軍不利。詔天雄軍節度使符彥卿領兵自磁州固鎮路赴潞州，以澶州節度使郭崇副之。[2]詔河中節度使王彥超領兵取晉州路東向邀擊，以陝府節度使韓通爲副。[3]命宣徽使向訓、馬軍都指揮使樊愛能、步軍都指揮使何徽、滑州節度使白重贊、鄭州防禦使史彥超、前耀州團練使符彥能等，領兵先赴澤州。[4]辛巳，制："大赦天下，常赦所不原者，咸赦除之，諸貶降責授官，量與升陟敘用，應配流徒役人，並放逐便。諸道州府所欠去年夏秋租稅並放。內外見任文武職官並與加恩，父母在者並與恩澤，亡没者與封贈，其妻未敘封者，[5]特與敘封"云。前涇州節度使史懿卒。[6]癸未，詔以劉崇入寇，車駕取今月十一日親征。甲申，以樞密使鄭仁誨爲東京留守。[7]乙酉，車駕發京師。壬辰，至澤州。癸巳，王師與河東劉崇、契丹楊袞大戰於高平，[8]賊軍敗績。初，車駕行次河陽，[9]聞劉崇自潞而南，即倍程而進。是月十八日，至澤州，既晡，[10]帝御戎服，觀兵於東北郊，距州十五里，夜宿於村舍。十九日，前鋒與賊軍相遇，賊陣於高平縣南之高原。有賊中來者，云："劉崇自將騎三萬，并契丹萬餘騎，嚴陣以待官軍。"帝促兵以擊之，崇東西列陣，頗亦嚴整。乃令侍衛馬步軍都虞候李重進、滑州節度使白重贊將左，[11]居陣之西廂；侍衛馬軍都指揮使樊愛能、步軍都指揮使何徽將右，居陣之東廂；宣徽使向訓、鄭州防禦使史彥超，以精騎當其中；殿前都指揮使張永德以禁兵衛蹕。[12]帝介馬觀戰。兩軍交鋒，未幾，樊愛能、何徽望賊而遁，東廂騎軍亂，步軍解甲投賊。帝乃自率親騎，臨陣督戰。[13]今上馳騎於陣前，先犯其鋒，戰士皆奮命爭先，賊軍大敗。日暮，賊萬餘人阻澗而陣。會劉詞領兵至，[14]與大軍迫之，賊軍又潰，臨陣斬賊大將張暉及偽樞密使王延嗣。[15]諸將分兵追襲，殭尸棄甲，填滿山谷。初夜，官軍至高平，降賊軍數千人，所獲輜重、兵器、駝馬、偽乘輿器服等不可勝紀。其夕，殺降軍二千餘人，我軍之降敵者亦皆就戮。初，兩軍之未整也，風自東北起，不便於我，及與賊軍相遇，風勢陡迴，人情相悅。戰之前夕，有大星如日，流行數丈，墜於賊營之上。及戰，北人望見官軍之上，有雲氣如龍虎之狀，則天之助順，豈其然乎！[16]是日，危急之勢，頃刻莫保，賴帝英武果敢，親臨寇敵，不然則社稷幾若綴旒矣。是夕，帝宿於野次。甲午，次高平縣。詔賜河東降軍二千餘人各絹二匹，并給其衣裝，鄉兵各給絹一匹，放還本部。是日大雨。戊戌，車駕至潞州。[17]河南府上言，前青州節度使常思卒。[18]己亥，侍衛馬軍都指揮使、夔州節度使樊愛能，侍衛步軍都指揮使、壽州節度使何徽等并諸將校七十餘人，[19]並伏誅。高平之役，兩軍既成列，賊騎來挑戰，愛能望風而退，何徽以徒兵陣於後，爲奔騎所突，即時潰亂，二將南走。帝遣近臣宣諭止遏，莫肯從命，皆揚言曰："官軍大敗，餘衆已解甲矣。"至暮，以官軍克捷，方稍稍而迴。帝至潞州，録其奔遁者，自軍使以上及監押使臣並斬之，由是驕將墮兵，無不知懼。帝以何徽有平陽守禦之功，欲貸其罪，竟不可，與愛能俱殺之，皆給櫬車歸葬。[20]庚子，以侍衛馬步都虞候李重進爲許州節度使，以宣徽南院使向訓爲滑州節度使，以殿前都指揮使張永德爲武信軍節度使，[21]職並如故。以滑州節度使白重贊爲鄜州節度使，以鄭州防禦使史彦超爲華州節度使，[22]賞高平之功也。以晉州節度使藥元福爲同州節度使，以宣徽北院使楊廷璋爲晉州節度使，以同州節度使張鐸爲彰義軍節度使，以内客省使吴廷祚爲宣徽北院使，[23]以龍捷左厢都指揮使李千爲蔡州防禦使，[24]以龍捷右厢都指揮使康延沼爲萊州防禦使，以龍捷右厢都指揮使田瓊爲密州防禦使，[25]以虎捷右厢都指揮使張順爲登州防禦使，以龍捷左第二軍都指揮使孫延進爲鄭州防禦使，[26]以前耀州團練使符彦能爲澤州防禦使，以散員都指揮使李繼勳爲殿前都虞候，以殿前都虞候韓令坤爲龍捷左厢都指揮

使，[27]以鐵騎第一軍都指揮使趙弘殷爲龍捷右厢都指揮
使，[28]以散員都指揮使慕容延釗爲虎捷左厢都指揮使，
以控鶴第一軍都指揮使趙晁爲虎捷右厢都指揮使，[29]並
遙授團練使，其餘改轉有差。壬寅，以天雄軍節度使、
衛王符彥卿爲河東行營都部署，知太原行府事；[30]以澶
州節度使郭崇爲行營副部署；[31]以宣徽南院使向訓爲行
營兵馬都監；以侍衛都虞候李重進爲行營都虞候。[32]以
華州節度使史彥超爲先鋒都指揮使，[33]領步騎二萬，進
討河東。詔河中節度使王彥超、陝府節度使韓通，率兵
自陰地關討賊。[34]以河陽節度使劉詞爲隨駕都部署，以
鄜州節度使白重贊爲隨駕副部署。[35]

[1]兵馬監押：官名。軍隊統兵官，掌軍旅屯戍、營防、訓練
之政令。　穆令均：人名。又作“穆令鈞”。籍貫不詳。五代將領。
事見《通鑑》卷二九一、《宋史》卷四八四《李筠傳》。

[2]符彥卿：人名。陳州宛丘（今河南淮陽縣）人。五代後
周、宋初將領。周世宗宣懿皇后、宋太宗懿德皇后，皆符彥卿之
女。傳見《宋史》卷二五一。　磁州：州名。治所在今河北磁縣。
　固鎮：集鎮名。在河北武安市區西南部。　郭崇：人名。應州金
城（今山西應縣）人。五代、宋初將領。傳見《宋史》卷二五五。

[3]河中：府名。唐開元八年（720）改蒲州爲河中府，因地
處黃河中游而得名，其後名稱屢有改易。治所在今山西永濟市。
王彥超：人名。大名臨清（今河北臨西縣）人。五代、宋初將領。
傳見《宋史》卷二五五。　晉州：州名。治所在今山西臨汾市。
陝府：即陝州。治所在今河南三門峽市陝州區。　韓通：人名。并
州太原（今山西太原市）人。後周將領。傳見《宋史》卷四八四。

[4]宣徽使：官名。唐始置。宣徽南院使、北院使通稱宣徽使。

初用宦官，五代以後改用士人。通掌内諸司及三班内侍之名籍，郊祀、朝會、宴享供帳之儀，檢視内外進奉名物。參見王永平《論唐代宣徽使》，《中國史研究》1995 年第 1 期；王孫盈政《再論唐代的宣徽使》，《中華文史論叢》2018 年第 3 期。　向訓：人名。懷州河内（今河南沁陽市）人。五代、宋初將領。避周恭帝諱改名向拱。傳見《宋史》卷二五五。　馬軍都指揮使：官名。所部統兵將領。　樊愛能：人名。籍貫不詳。五代後周將領，高平之戰中不戰而逃，後被周世宗處死，以正軍法。傳見本書附録。　步軍都指揮使：官名。所部統兵將領。　何徽：人名。籍貫不詳。後周將領，高平之戰中不戰而逃，後被周世宗處死，以正軍法。傳見本書附録。　白重贊：人名。沙陀族，憲州樓煩（今山西婁煩縣）人。五代、宋初將領。傳見《宋史》卷二六一。　鄭州：州名。治所在今河南鄭州市。　防禦使：官名。唐代始置，設有都防禦使、州防禦使兩種。常由刺史或觀察使兼任，實際上爲唐代後期州或方鎮的軍政長官。　史彦超：人名。雲州（今山西大同市）人。後周將領。傳見本書卷一二四、《新五代史》卷三三。　耀州：州名。治所在今陝西銅川市耀州區。　團練使：官名。唐代中期以後，於不設節度使的地區設團練使，掌本區各州軍政。　符彦能：人名。籍貫不詳。五代將領，歷任耀州團練使、澤州防禦使。本書僅此一見。澤州：州名。治所在今山西澤州縣。

[5]其妻未敘封者：中華書局本有校勘記：“原作‘其母妻未敘者’，據《册府》卷九六改。按上文已敘父母與封贈，此不當復及母。”見《宋本册府》卷九六《帝王部・赦宥門一五》周世宗顯德元年（954）三月辛巳制。

[6]涇州：州名。治所在今甘肅涇川縣。此處指代彰義軍。史懿：人名。代郡（今山西大同市）人。五代將領。傳見本書卷一二四。

[7]鄭仁誨：人名。晉陽（今山西太原市）人。後周太祖時樞密使、宰相。傳見本書卷一二三、《新五代史》卷三一。

[8]高平：縣名。治所在今山西高平市。

[9]河陽：方鎮名。全稱"河陽三城"。治所在孟州（今河南孟州市）。

[10]既晡：《宋本册府》卷一一八《帝王部·親征門三》作"未晡"。

[11]侍衛馬步軍都虞候：官名。五代侍衛親軍馬步軍統兵官，位僅次於馬步軍都指揮使、副都指揮使。　李重進：人名。滄州（今河北滄縣舊州鎮）人。五代後周將領。北宋建立後起兵反叛，兵敗身死。傳見《宋史》卷四八四。

[12]殿前都指揮使：官名。五代後周世宗顯德中，選驍勇之士充殿前諸班。都指揮使爲殿前司長官之一，次於殿前都點檢、副都點檢。　張永德：人名。并州陽曲（今山西陽曲縣）人。五代、宋初大將。頗受宋太祖、宋太宗信用。傳見《宋史》卷二五五。

[13]帝乃自率親騎，臨陣督戰：《舊五代史考異》："案《隆平集·馬仁瑀傳》：從世宗親征劉崇，王師不利，仁瑀謂衆曰：'主辱臣死！'因躍馬大呼，引弓連斃將卒數十，士氣始振。"見《隆平集》卷一七《馬仁瑀傳》。

[14]劉詞：人名。元城（今河北大名縣）人。五代將領。傳見本書卷一二四、《新五代史》卷五〇。

[15]臨陣斬賊大將張暉及僞樞密使王延嗣：《輯本舊史》之影庫本粘籤"張暉，《通鑑考異》引《晋陽見聞録》作張令徽，考《歐陽史》、《十國春秋》俱同《薛史》作張暉，今附識於此。"《通鑑》卷二九一顯德元年二月條《考異》引《晋陽見聞録》作"張元徽"，非"張令徽"。《新五代史》卷二九《景延廣傳》、卷七二四夷附録一、《十國春秋》卷一〇四北漢一皆作"張暉"。《舊五代史考異》："案：《九國志》作張元徽乘勢復入，馬倒，爲周師所擒，殺之。與《薛史》異，《通鑑》從《薛史》。"見《九國志》卷八張元徽傳。中華書局本引孔本案語："案《九國志·張元徽傳》：元徽爲前鋒。與周師遇于巴公，元徽以東師先登陷陣，擒監

軍使一人，降其步卒千人而旋。劉崇大褒賞之。元徽乘勝復入，馬倒，爲周師所擒，殺之。考《薛史》作大將張暉戰于高平縣南，與《九國志》人名地名互異。《通鑑》從《薛史》。” 王延嗣：人名。籍貫不詳。曾任北漢副樞密使。事見《通鑑》卷二九一。

[16]“及戰”至“豈其然乎”：中華書局本引孔本案語：“案《九國志·張元徽傳》：前鋒兵將次巴公，一夕，營中刁斗皆嗄，元徽亟遣詣劉崇大營易之，凡易數十，皆嗄而不可擊，因以白崇。崇怒曰：‘故要吾金鉦耶?’遂止。是夜有大星墜元徽營中，明日果敗。”見《九國志》卷八《張元徽傳》。“元徽亟遣詣劉崇大營易之”，中華書局本有校勘記：“‘亟’，原作‘互’，據《九國志》卷八改。”“故要吾金鉦耶”，中華書局本有校勘記：“‘金鉦’，原作‘金鈿’，據《九國志》卷八改。”

[17]戊戌，車駕至潞州：《舊五代史考異》：“案：《歐陽史》作丁酉，幸潞州，與《薛史》異。《通鑑》從《歐陽史》，《五代春秋》作丙寅，誤。”見《新五代史》卷一二《世宗紀》、《通鑑》卷二九一顯德元年三月丁酉條、《五代春秋》卷下周世宗條。

[18]河南府：府名。治所在今河南洛陽市。 青州：州名。治所在今山東青州市。 常思：人名。太原（今山西太原市）人。五代將領。傳見本書卷一二九、《新五代史》卷四九。

[19]夔州：州名。治所在今重慶奉節縣。《輯本舊史》引影庫本粘籤：“夔州，原本作‘萱州’，今從《通鑑》改正。”《通鑑》卷二九一顯德元年三月丁丑條作“寧江節度使樊愛能”，寧江爲軍號，夔州爲治所，屬蜀，樊爲遥領。 壽州：州名。治所在今安徽壽縣。

[20]櫬車：運載棺柩的車子。 “帝以何徽有平陽守禦之功”至“皆給櫬車歸葬”：《舊五代史考異》：“案《東都事略》：世宗謂張永德曰：‘樊愛能及偏裨七十餘人，吾欲盡按軍法，何如？’對曰：‘必欲開拓疆宇，威加四海，安可已也。’世宗善其言，悉誅愛能等以徇，軍聲始振。”見《東都事略》卷二一《張永德傳》。

[21]許州：州名。治所在今河南許昌市。　宣徽南院使：官名。唐始置。宣徽南院長官。初用宦官，五代以後改用士人。與宣徽北院使通掌内諸司及三班内侍之名籍，郊祀、朝會、宴享供帳之儀，檢視内外進奉名物。參見王永平《論唐代宣徽使》，《中國史研究》1995 年第 1 期；王孫盈政《再論唐代的宣徽使》，《中華文史論叢》2018 年第 3 期。　武信軍：方鎮名。治所在遂州（今四川遂寧市）。

[22]鄜州：州名。治所在今陝西富縣。　華州：州名。治所在今陝西渭南市華州區。

[23]藥元福：人名。晉陽（今山西太原市）人。五代後唐至宋初將領。傳見《宋史》卷二五四。　同州：州名。治所在今陝西大荔縣。　宣徽北院使：官名。唐始置。宣徽北院的長官。初用宦官，五代以後改用士人。與宣徽南院使通掌内諸司及三班内侍之名籍，郊祀、朝會、宴享供帳之儀，檢視内外進奉名物。　楊廷璋：人名。鎮州真定（今河北正定縣）人。淑妃楊氏弟，五代、宋初將領。傳見《宋史》卷二五五。　張鐸：人名。河朔（今黃河以北）人。五代、宋初將領。傳見《宋史》卷二六一。　彰義軍：方鎮名。治所在涇州（今甘肅涇川縣）。　内客省使：官名。中書省内客省長官。　吳廷祚：人名。并州太原（今山西太原市）人。後周、宋初將領。傳見《宋史》卷二五七。　以内客省使吳廷祚爲宣徽北院使：中華書局本有校勘記：“‘内客省使’，原作‘客省使’，據《册府》卷一二八、《宋史》卷二五七《吳廷祚傳》、《吳廷祚墓志》（拓片刊《北京圖書館藏中國歷代石刻拓本匯編》第三十七册）改。”見明本《册府》卷一二八《帝王部·明賞門二》。

[24]龍捷左廂都指揮使：官名。所部統兵將領。龍捷爲部隊番號。　李千：人名。籍貫不詳。後周將領。本書僅此一見。　蔡州：州名。治所在今河南汝南縣。明本《册府》卷一二八作“遼州”。

[25]康延沼：人名。蔚州（今河北蔚縣）人。康福之子。五

代、宋初將領。事見《新五代史》卷五〇、《宋史》卷二五四。
萊州：州名。治所在今山東萊州市。　田瓊：人名。籍貫不詳。後
周將領。本書僅此一見。　密州：州名。治所在今山東諸城市。
以龍捷右厢都指揮使康延沼爲萊州防禦使，以虎捷左厢都指揮使田
瓊爲密州防禦使：中華書局本有校勘記："'康延沼爲萊州防禦使以
虎捷左厢都指揮使'十八字原闕，據《册府》卷一二八補。又
'康延沼'，《册府》卷一二八原作'康延治'，據本書卷九一《康
福傳》、《宋史》卷二五五《康延沼傳》改。按《通鑑》卷二九一：
'（顯德元年四月）帝遣萊州防禦使康延沼攻遼州，密州防禦使田
瓊攻沁州。''田瓊'，原作'田中'，據《册府》卷一二八改。"

[26]虎捷右厢都指揮使：官名。所部統兵將領。虎捷爲部隊番
號。　張順：人名。籍貫不詳。後周將領。曾任登州防禦使、楚州
防禦使。事見本書卷一一八。　登州：州名。治所在今山東蓬萊
市。　龍捷左第二軍都指揮使："第二軍"，明本《册府》卷一二八
作"第三軍"。　孫延進：人名。籍貫不詳。後周將領。本書僅此
一見。

[27]李繼勳：人名。大名元城（今河北大名縣）人。五代、
宋初將領，屢立戰功。傳見《宋史》卷二五四。　殿前都虞候：官
名。五代後周始置，爲殿前司屬官。宋代沿置，位在殿前副都指揮使
之下、正任防禦使之上。　韓令坤：人名。磁州武安（今河北武安
市）人。五代、宋初將領。傳見《宋史》卷二五一。　龍捷左厢都
指揮使："左厢"，明本《册府》卷一二八作"右厢"。

[28]鐵騎第一軍都指揮使：官名。所部統兵將領。鐵騎爲部隊
番號。　趙弘殷：人名。宋太祖、宋太宗之父。事見《宋史》卷一
《太祖紀》。"趙弘殷"，《輯本舊史》之案語："案：原本注'宣祖
廟諱'四字，今據《宋史》改作弘殷。"見《宋史》卷一《太祖
紀》。

[29]慕容延釗：人名。太原（今山西太原市）人。五代、北
宋將領。傳見《宋史》卷二五一。　控鶴第一軍都指揮使：官名。

所部統兵將領。控鶴爲部隊番號。　趙晁：人名。真定（今河北正定縣）人。五代、宋初將領。傳見《宋史》卷二五四。中華書局本有校勘記：“‘趙晁’，原作‘趙鼎’，據《册府》卷一二八改。按《宋史》卷二五四《趙晁傳》記晁時爲虎捷右廂都指揮使。”

[30]行營都部署：官名。凡行軍征討，掛帥率軍戰鬥，總管行營事務。　太原：府名。治所在今山西太原市。

[31]行營副部署：官名。即“行營副都部署”。行營都部署副手。中華書局本有校勘記：“‘都’字原闕，據《册府》卷一二〇補。按《宋史》卷二五五《郭崇傳》記崇時爲行營副都部署。”見明本《册府》卷一二〇《帝王部·選將門二》。

[32]行營兵馬都監：官名。唐代中葉命將出征，常以宦官爲監軍、都監。後爲臨時委任的統兵官，稱都監、兵馬都監。掌屯戍、邊防、訓練之政令。　行營都虞候：官名。五代時期出征軍隊高級統率官。

[33]先鋒都指揮使：官名。所部統兵將領。先鋒爲部隊番號。

[34]陰地關：關隘名。位於今山西靈石縣西南。

[35]隨駕都部署：官名。五代時皇帝親征時置，負責統領隨扈禁軍。　隨駕副部署：官名。即“隨駕副都部署”，爲隨駕都部署副手。

夏四月乙巳，太祖靈駕發東京。乙卯，葬於嵩陵。[1]河中節度使王彦超奏，僞汾州防禦使董希顔以城歸順。[2]丙辰，僞遼州刺史張漢超以城歸順。[3]丁巳，幸柏谷寺。[4]遣右僕射、平章事、判三司李穀赴河東城下，[5]計度軍儲。詔河東城下諸將，招撫户口，禁止侵掠，只令徵納當年租税，及募民入粟五百斛、草五百圍者賜出身，千斛、千圍者授州縣官。辛酉，符彦卿奏，嵐、憲二州歸順。[6]壬戌，制立衛國夫人符氏爲皇后，[7]仍令有司擇日備禮册命。王彦超奏，收下石州，獲僞刺史安彦進。[8]癸亥，僞沁州刺史李廷誨以城歸順。[9]甲子，皇妹壽安公主張氏進封晋國長公主。[10]乙丑，東京奏，太師、中書令馮道薨。[11]丙寅，太祖皇帝神主祔於太廟。庚午，曲赦潞州見禁罪人，除死罪外並釋放。是日，車駕發潞州，親征劉崇。癸酉，忻州僞監軍李勍殺刺史趙皋及契丹大將楊耨姑，[12]以城歸順。詔授李勍忻州刺史。

[1]嵩陵：後周太祖郭威陵墓，位於今河南新鄭市。

[2]汾州：州名。治所在今山西汾陽市。　董希顏：人名。籍貫不詳。北漢將領。事見《新五代史》卷一二。　“河中節度使王彦超奏”至“以城歸順”：《舊五代史考異》：“案《宋史·王彦超傳》：彦超自陰地關與符彦卿會兵圍汾州，諸將請急攻，彦超曰：‘城已危矣，旦暮將降，我士卒精銳，驅以先登，必死傷者衆，少待之。’翼日，州將董希顏果降。”見《宋史》卷二五五《王彦超傳》。《輯本舊史》之影庫本粘籤：“董希顏，原本作‘革希顏’，今從《通鑑》改正。”見《通鑑》卷二九一顯德元年四月條。

[3]遼州：州名。治所在今山西左權縣。　張漢超：人名。籍貫不詳。北漢將領。事見《新五代史》卷一二。

[4]柏谷寺：寺院名。位於今山西長治市潞州區百穀山。

[5]右僕射：官名。秦始置。隋、唐前期以左、右僕射佐尚書令總理六官，綱紀庶務，如不置尚書令，則總判省事，爲宰相之職；唐後期多爲大臣加衔。從二品。　判三司：官名。通掌鹽鐵、度支、户支三個部門事務。地位高於三司使。　李穀：人名。潁州汝陰（今安徽阜陽市）人。五代後周宰相。傳見《宋史》卷二

六二。

　　[6]嵐：州名。治所在今山西嵐縣。　　憲：州名。治所在今山西婁煩縣東北。

　　[7]符氏：即後周世宗宣懿皇后符氏。陳州宛丘（今河南淮陽縣）人。符彥卿女。傳見本書卷一二一、《新五代史》卷二〇。

　　[8]石州：州名。治所在今山西吕梁市離石區。　　安彥進：人名。籍貫不詳。北漢將領。事見《宋史》卷二五五《王彥超傳》。

　　王彥超奏，收下石州，獲偽刺史安彥進：《舊五代史考異》：“案《宋史·王彥超傳》：引兵趣石州，彥超親鼓士乘城，躬冒矢石，數日下之，擒其守將安彥進獻行在。”

　　[9]沁州：州名。治所在今山西沁源縣。　　李廷誨：人名。籍貫不詳。北漢官員。事見本書卷一三五。

　　[10]張氏：郭威第四女壽安公主。後降張永德，廣順元年（951）四月封，至顯德元年（954），封晉國長公主。事見本書卷一二〇。

　　[11]太師：官名。與太傅、太保合稱三師，唐後期、五代多爲大臣、勳貴加官。正一品。

　　[12]忻州：州名。治所在今山西忻州市。　　監軍：官名。爲臨時差遣，代表朝廷協理軍務、督察將帥。唐、五代時常以宦官爲監軍。　　李勍（qíng）：人名。籍貫不詳。北漢忻州監軍，後歸順後周，授忻州刺史。事見《新五代史》卷一二。　　趙皋：人名。籍貫不詳。北漢將領。事見《新五代史》卷一二。　　楊耨姑：人名。契丹將領。事見《通鑑》卷二九一、《宋史》卷二六一。

　　五月乙亥，以尚書右丞邊歸讜守本官，充樞密直學士；[1]以尚書户部侍郎陶穀守本官，充翰林學士。[2]丙子，車駕至太原城下。是日，偽代州防禦使鄭處謙以城歸順。[3]丁丑，觀兵於太原城下，帝親自慰勉，錫賚有差。升代州爲節鎮，以静塞軍爲額，以鄭處謙爲節度使。戊寅，斬僞命石州刺史安彦進於太原城下，以其拒王師也。庚辰，以前忠武軍節度使郭從義爲天平軍節度使。[4]遣符彦卿、郭從義、向訓、白重贊、史彦超等，率步騎萬餘赴忻州。[5]是夜大風，發屋拔樹。壬午，以宰臣李穀判太原行府事。辛丑，升府州爲節鎮，以永安軍爲軍額，以本州防禦使折德扆爲節度使。[6]

[1]尚書右丞：官名。尚書省佐貳官。唐中期以後，與尚書左丞實際主持尚書省日常政務，權任甚重。後梁開平二年（908）改爲右司侍郎，後唐同光元年（923）復舊爲右丞。唐時爲正四品下，後唐長興元年（930）升爲正四品。　邊歸讜：人名。幽州薊（今天津市薊州區）人。傳見《宋史》卷二六二。　樞密直學士：官名。五代後唐莊宗同光元年（923），改直崇政院置，選有政術、文學者充任。備顧問應對。

[2]尚書户部侍郎：官名。尚書省户部次官。協助户部尚書掌天下田户、均輸、錢穀之政令。正四品下。　陶穀：人名。邠州新平（今陝西彬縣）人。五代、宋初文官。傳見《宋史》卷二六九。翰林學士：官名。由南北朝始設之學士發展而來，唐玄宗改翰林供奉爲翰林學士，備顧問，代王言。掌拜免將相、號令征伐等詔令的起草。　以尚書户部侍郎陶穀守本官，充翰林學士：《舊五代史考異》：“案《宋史·陶穀傳》：從征太原，時魚崇諒迎母後至，穀乘間言曰：‘崇諒宿留不來，有顧望意。’世宗頗疑之。崇諒又表陳母病，詔許歸陝州就養，以穀爲翰林學士。”見《宋史》卷二六九《陶穀傳》。“世宗頗疑之”，中華書局本有校勘記：“‘頗’字原闕，據殿本、劉本、《宋史》卷二六九《陶穀傳》補。”

[3]代州：州名。治所在今山西代縣。　鄭處謙：人名。北漢防禦使，投降後周被授予静塞軍節度使。事見本書本卷、《通鑑》

卷二九二。　　是日，僞代州防禦使鄭處謙以城歸順：《舊五代史考異》：“案《遼史·穆宗紀》：四年五月乙亥，忻、代二州叛。據《薛史》，則忻州歸順在四月，代州歸順在五月丙子，與《遼史》月日互異。”見《遼史》卷六《穆宗紀上》。

[4]忠武軍：方鎮名。治所在許州（今河南許昌市）。　郭從義：人名。沙陀部人。五代、宋初大臣。傳見《宋史》卷二五二。

天平軍：方鎮名。治所在鄆州（今山東東平縣）。　以前忠武軍節度使郭從義爲天平軍節度使：中華書局本有校勘記：“‘忠武軍’，原作‘中武軍’，據殿本、劉本改。按本書卷一一一《周太祖紀二》，郭從義廣順元年（951）八月移鎮許州。又據本卷上文，顯德元年三月，從義爲李重進所代。影庫本粘籤：‘中武，疑當作“忠武”。考梁時忠武軍至後唐已改額宣武。又疑原本“中”字不誤，今無別本可校，姑仍其舊。’按許州，唐爲忠武軍，後梁改爲匡國軍，後唐同光元年復爲忠武軍。”

[5]遣符彥卿、郭從義、向訓、白重贊、史彥超等，率步騎萬餘赴忻州：《舊五代史考異》：“案《宋史·符彥卿傳》：彥卿之行也，世宗以并人雖敗，朝廷饋運不繼，未議攻擊，且令觀兵城下，徐圖進取。及周師入境，汾、晉吏民，望風款接，皆以久罹虐政，願輸軍需，以資兵力。世宗從之，而連下數州。彥卿等皆以芻糧未備，欲旋軍，世宗不之省，乃調山東近郡輓軍食濟之。”見《宋史》卷二五一《符彥卿傳》。

[6]府州：州名。治所在今陝西府谷縣。　永安軍：方鎮名。治所在府州（今陝西府谷縣）。　折德扆（yǐ）：人名。党項族。五代、宋初將領。折從阮之子。傳見《宋史》卷二五三。

六月癸卯朔，詔班師，車駕發離太原。時大集兵賦，及徵山東、懷、孟、蒲、陝丁夫數萬，[1]急攻其城，旦夕之間，期於必取。會大雨時行，軍士勞苦，復以忻口之師不振，[2]帝遂決旋師之意。指麾之間，頗傷忽遽，部伍紛亂，無復嚴整，不逞之徒，訛言相恐，隨軍資用，頗有遺失者，賊城之下，糧草數十萬，悉焚棄之。[3]乙巳，車駕至潞州。癸丑，帝發潞州。乙丑，幸新鄭縣。[4]丙寅，帝親拜嵩陵，祭奠而退，[5]賜守陵將吏及近陵户帛有差。庚午，帝至自河東。[6]

[1]懷：州名。治所在今河南沁陽市。　孟：州名。治所在今河南孟州市。　蒲：州名。治所在今山西永濟市。　陝：州名。治所在今河南三門峽市陝州區。

[2]忻口：地名。位於今山西忻州市北四十五里忻口村，兩山相夾，滹沱河流經其間。

[3]“指麾之間”至“悉焚棄之”：《舊五代史考異》：“案《通鑑考異》引《晋陽見聞録》云：六月旦，周師南轅返斾，惟數百騎，間之以步卒千人，長槍赤甲，銜趫捷跳梁于城隅，晡晚殺行而抽退。《宋史·藥元福傳》：詔令班師，元福上言曰：‘進軍甚易，退軍甚難。’世宗曰：‘一以委卿。’遂部分卒伍爲方陣而南，元福以麾下爲後殿。崇果出兵來追，元福擊走之。”見《通鑑》卷二九二顯德元年（954）六月《考異》、《宋史》卷二五四《藥元福傳》。

[4]新鄭縣：縣名。治所在今河南新鄭市。

[5]丙寅，帝親拜嵩陵，祭奠而退：《舊五代史考異》：“案《五代會要》云：顯德元年二月，車駕征太原回，親拜嵩陵，望陵號慟。至陵所，俯伏哀泣，感于左右，再拜訖，祭奠而退。”見《會要》卷四親謁陵條。

[6]帝至自河東：《輯本舊史》之影庫本粘籤：“帝至自河東，原本脱‘自’字，今據《五代春秋》增入。”見《五代春秋》卷下周世宗條。

　　秋七月癸酉朔，前河西軍節度使申師厚責授右監門
衛率府副率。[1]師厚在涼州歲餘，以所部艱食，蕃情反
覆，奏乞入朝，尋留其子爲留後，[2]不俟詔離任，故責
之。乙亥，天雄軍節度使、衛王符彥卿進位守太傅，改
封魏王；鄆州郭從義加兼中書令；河陽劉詞移鎮永興
軍，加兼侍中；[3]潞州李筠加兼侍中；[4]河中王彥超移鎮
許州，加兼侍中；許州節度使、侍衛都虞候李重進移鎮
宋州，[5]加同平章事兼侍衛親軍都指揮使；[6]以武信軍節
度使兼殿前都指揮使張永德爲滑州節度使，加檢校太
傅，典軍如故；同州藥元福移鎮陝州，加檢校太尉；[7]
鄜州白重贊移鎮河陽，加檢校太尉；陝州韓通移鎮曹
州，加檢校太傅。帝即位之初，覃慶於諸侯，且賞從征
之功也。丙子，以前禮部侍郎邊光範爲刑部侍郎，權判
開封府事。[8]丁丑，天下兵馬元帥、吳越國王錢俶加天
下兵馬都元帥；[9]襄州節度使、陳王安審琦加守太
尉。[10]戊寅，右散騎常侍張可復卒。[11]以前亳州防禦使
李萬金爲鄜州留後。[12]庚辰，幸南莊。[13]辛巳，荊南節
度使、南平王高保融加守中書令；[14]夏州節度使、西平
王李彝興加守太保；[15]西京留守武行德、徐州王晏、鄧
州侯章，[16]並加兼中書令。癸未，湖南王進逵加兼中書
令；[17]天德軍節度使郭勳、邠州折從阮、安州李洪
義，[18]並加兼侍中；以前華州節度使孫方諫爲同州節度
使，加兼中書令；以前永興軍節度使王仁鎬爲河中節度
使，[19]加檢校太尉。乙酉，滄州李暉、貝州王饒、鎮州
曹英，[20]並加兼侍中；涇州張鐸、相州王進、延州袁

羲，[21]並加檢校太尉。壬辰，百僚上表，請以九月二十四日誕聖日爲天清節，[22]從之。癸巳，以左僕射兼門下侍郎、平章事、監修國史范質爲守司徒兼門下侍郎、平章事、弘文館大學士；[23]以右僕射兼中書侍郎、平章事、集賢殿大學士、判三司李穀爲守司徒兼門下侍郎、平章事，監修國史；[24]以中書侍郎、平章事王溥爲中書侍郎兼禮部尚書、平章事、集賢殿大學士；[25]以樞密院直學士、工部侍郎景範爲中書侍郎、平章事，判三司；[26]樞密使、檢校太保、同平章事鄭仁誨加兼侍中；靈武馮繼業、定州孫行友、邢州田景咸，[27]並加檢校太傅；晉州楊廷璋加檢校太保；以太子詹事趙上交爲太子賓客。[28]乙未，以樞密副使、右監門衛大將軍魏仁浦爲樞密使、檢校太保。[29]丙申，以中書舍人、史館修撰、判館事劉溫叟爲禮部侍郎，[30]判館如故。丁酉，相州節度使王進卒。

[1]河西軍：方鎮名。治所在涼州（今甘肅武威市）。　申師厚：人名。籍貫不詳。曾任左衛將軍、河西軍節度使、檢校太保。傳見本書附錄。　右監門衛率府副率：官名。即"太子右監門率府副率"。掌諸門禁衛。凡財物、器用，出者有籍。

[2]涼州：州名。治所在今甘肅武威市。　留後：官名。原非正式命官，唐朝節度使入朝或宰相、親王遙領節度使不臨鎮則置。安史之亂後，節度使多以子弟或親信爲留後，以代行節度使職務，亦有軍士、叛將自立爲留後者。掌一州或數州軍政。北宋始爲朝廷正式命官。

[3]太傅：官名。三師之一。始設於周代。掌佐天子，理陰陽，經邦弘化。唐後期、五代多爲大臣、勳貴加官。正一品。　鄆州：

[4]李筠：人名。并州太原（今山西太原市）人。五代、宋初將領，歷仕後唐至宋。傳見《宋史》卷四八四。

[5]侍衛都虞候：官名。即“侍衛親軍都虞候”。五代時期侍衛親軍的高級統率官，判六軍諸衛事。中華書局本有校勘記：“‘侍’字原闕，據殿本、《册府》卷一二八、《宋史》卷四八四《李重進傳》補。”見明本《册府》卷一二八《帝王部·明賞門二》。

[6]侍衛親軍都指揮使：官名。五代時侍衛親軍長官。多由皇帝親信擔任。中華書局本有校勘記：“‘衛’字原闕，據殿本、彭校、《册府》卷一二八補。”

[7]同州藥元福移鎮陝州：《輯本舊史》之影庫本粘籤：“藥元福，原本作‘元祉’，今從《通鑑》改正。”見《通鑑》卷二九二顯德元年（954）六月乙巳條。

[8]禮部侍郎：官名。尚書省禮部次官。協助禮部尚書掌禮儀、祭享、貢舉之政。正四品下。 邊光範：人名。并州陽曲（今山西太原市）人。歷仕五代後唐、後晋至宋代。傳見《宋史》卷二六二。 刑部侍郎：官名。尚書省刑部次官。協助刑部尚書掌天下刑法及徒隸、勾覆、關禁之政令。正四品下。

[9]錢俶：人名。原名錢弘俶，錢元瓘第九子，五代十國吳越末代君主。傳見本書卷一三三、《新五代史》卷六七。

[10]襄州：州名。治所在今湖北襄陽市。 安審琦：人名。沙陀部人。五代將領。歷仕後唐、後晋、後漢、後周。傳見本書卷一二三。 太尉：官名。與司徒、司空並爲三公，唐後期、五代多爲大臣、勳貴加官。正一品。

[11]右散騎常侍：官名。中書省屬官。掌侍奉規諷，備顧問應對。正三品下。 張可復：人名。德州平原（今山東平原縣）人。五代官員。傳見本書卷一三一。

[12]亳州：州名。治所在今安徽亳州市。　李萬金：人名。籍貫不詳。五代將領。事見本書本卷、卷七七。

[13]南莊：地名。其地不詳，疑位於開封城外。

[14]荆南：又稱南平。五代十國之一。後梁開平元年（907）朱温命高季興爲荆南節度使，梁末帝時封季興爲渤海王。同光二年（924）受後唐封爲南平王。　高保融：人名。陝州硤石（今河南三門峽市陝州區硤石鄉）人。五代南平國王高從誨子，後漢乾祐元年（948）繼父位。傳見本書卷一三三《世襲列傳》、《新五代史》卷六九《南平世家》。

[15]夏州：州名。治所在今陝西靖邊縣。　李彝興：人名。本姓拓跋氏。原名李彝殷，因避宋宣祖諱，改名李彝興。党項人首領。嘗爲定難軍節度使。傳見《宋史》卷四八五。　太保：官名。與太師、太傅並爲三師。唐後期、五代多爲大臣、勳貴加官。正一品。

[16]西京留守：官名。唐代始置。皇帝出巡或親征時指定親王或大臣留守，綜理軍事、行政、民事、財政。　武行德：人名。并州榆次（今山西晋中市榆次區）人。五代、宋初將領。傳見《宋史》卷二五二。　徐州：州名。治所在今江蘇徐州市。　王晏：人名。徐州滕（今山東滕州市）人。五代、宋初將領。傳見《宋史》卷二五二。　鄧州：州名。治所在今河南鄧州市。　侯章：人名。并州榆次（今山西晋中市榆次區）人。五代、宋初將領。傳見《宋史》卷二五二。

[17]王進逵：人名。即王逵。武陵（今湖南常德市）人，郭威授之武平軍節度使。事見本書卷一三三、《新五代史》卷六六。

[18]天德軍：方鎮名。治天德軍城（今内蒙古烏拉特前旗烏梁素海土城子）。　郭勳：人名。籍貫不詳。五代將領。事見本書本卷及卷一〇二、卷一一一。　邠州：州名。治所在今陝西彬縣。折從阮：人名。雲中（今山西大同市）人，羌族折掘氏。五代後唐、後晋、後漢、後周將領。傳見本書卷一二五、《新五代史》卷

五〇。　安州：州名。治所在今湖北安陸市。　李洪義：人名。一作“李弘義”。并州晉陽（今山西太原市）人。李洪信弟，五代、宋初將領。傳見《宋史》卷二五二。

[19]孫方諫：人名。初名方簡，避後周太祖之父諱改名。中山（今河北定州市）人，一說莫州清苑（今河北保定市清苑區）人。五代後晉至後周將領。傳見本書卷一二五、《新五代史》卷四九。

王仁鎬：邢州龍岡（今河北邢臺市）人。五代、宋初將領。傳見《宋史》卷二六一。

[20]滄州：州名。治所在今河北滄縣舊州鎮。　李暉：人名。瀛州束城（今河北河間市）人。五代將領。傳見本書卷一二九。貝州：州名。治所在今河北清河縣。　王饒：人名。慶州華池（今甘肅華池縣）人。五代將領。傳見本書卷一二五。　鎮州：州名。治所在今河北正定縣。

[21]相州：州名。治所在今河南安陽市。　王進：人名。幽州良鄉（今北京房山區）人。五代將領。傳見本書卷一二四、《新五代史》卷四九。　延州：州名。治所在今陝西延安市。　袁襲：人名。袁象先之子。五代將領，歷任復州刺史、左龍武大將軍、左神武統軍、宣徽南院使、延州節度使等。事見本書卷一一一、卷一一二等。

[22]請以九月二十四日誕聖日爲天清節：《輯本舊史》之影庫本粘籤：“天清節，原本作‘本清’，今從《五代會要》改正。”見《會要》卷一二《雜録》。

[23]左僕射：官名。秦始置。隋、唐前期以左、右僕射佐尚書令總理六官，綱紀庶務，如不置尚書令，則總判省事，爲宰相之職。唐後期多爲大臣加銜。從二品。　門下侍郎：官名。門下省副長官。唐後期三省長官漸爲榮銜，中書侍郎、門下侍郎却因參議朝政而職位漸重，常常用爲以“同三品”或“同平章事”任宰相者的本官。正三品。　監修國史：官名。北齊始置史館，以宰相爲之。唐史館沿置，爲宰相兼職。　范質：人名。大名宗城（今河北

威縣）人。五代後周、宋初宰相。傳見《宋史》卷二四九。　司徒：官名。與太尉、司空並爲三公。唐後期、五代多爲大臣、勳貴加官。正一品。　弘文館大學士：官名。唐武德四年（621）始置修文館，以安置文學之士，典司書籍。唐太宗即位，改爲弘文館。掌詳正圖籍，教授生徒。　以左僕射兼門下侍郎、平章事、監修國史范質爲守司徒兼門下侍郎、平章事、弘文館大學士：《舊五代史考異》：“案《國老談苑》云：周太祖嘗令世宗詣范質，時爲親王，軒車高大，門不能容，世宗即下馬步入。及嗣位，從容語質曰：‘卿所居舊宅耶，門樓一何小哉！’因爲治第。”“因爲治第”，中華書局本有校勘記：“‘因’，原作‘遂’，據殿本、劉本、孔本、《國老談苑》卷一改。”

[24] 中書侍郎：官名。中書省副長官。唐後期三省長官漸爲榮銜，中書侍郎、門下侍郎却因參議朝政而職位漸重，常常用爲以“同三品”或“同平章事”任宰相者的本官。正三品。　集賢殿大學士：官名。唐中葉置，位在學士之上，以宰相兼。掌修書之事。　以右僕射兼中書侍郎：中華書局本有校勘記：“‘右’，原作‘左’，據本書卷一一三《周太祖紀四》、《宋史》卷二六二《李穀傳》改。據本卷上文，同時爲左僕射者係范質。”見《輯本舊史》卷一一三《周太祖紀四》顯德元年正月壬辰條。

[25] 王溥：人名。并州祁（今山西祁縣）人。後周、宋初宰相。傳見《宋史》卷二四九。　禮部尚書：官名。尚書省禮部長官。掌禮儀、祭享、貢舉之政。正三品。

[26] 樞密院直學士：官名。五代後唐同光元年改崇政院直學士置，選有政術、文學者充任。爲皇帝侍從，備顧問應對。“樞密院直學士”，中華書局本有校勘記：“原作‘樞密院學士’，據《册府》卷七四、《新五代史》卷一二《周本紀》、《通鑑》卷二九二改。按本書卷一一三《周太祖紀四》：‘（廣順三年三月）以左司郎中、充樞密直學士景範爲左諫議大夫充職。’《金石萃編》卷一二一《中書侍郎景範碑》：‘公爲左司郎中，充樞密直學士。’”見明

本《册府》卷七四《帝王部·命相門四》，《通鑑》卷二九二顯德元年七月癸巳條。　工部侍郎：官名。尚書省工部次官。協助尚書掌管百工、山澤、水土之政令，考其功以昭賞罰，總所統各司之事。正四品下。　景範：人名。淄州長山（今山東鄒平縣）人。後周宰相。傳見本書卷一二七。

[27]靈武：郡名。治所在今寧夏吳忠市。乾元元年（758），改名靈州。此處代指治所在靈州的方鎮朔方軍。　馮繼業：人名。大名（今河北大名縣）人。馮暉之子。五代、宋初將領。傳見《宋史》卷二五三。　定州：州名。治所在今河北定州市。　孫行友：人名。鄚州清苑（今河北保定市清苑區）人。孫方諫之弟。五代、宋初將領。傳見《宋史》卷二五三。　邢州：州名。治所在今河北邢臺市。　田景咸：人名。太原（今山西太原市）人。歷仕五代後漢、後周、宋。傳見《宋史》卷二六一。

[28]太子詹事：官名。掌領太子之詹事府，爲太子官屬之長。正三品。　趙上交：人名。涿州范陽（今河北涿州市）人。五代、宋初大臣。本名遠，字上交，避後漢高祖劉知遠諱，遂以字爲名。傳見《宋史》卷二六二。　太子賓客：官名。爲太子官屬。唐高宗顯慶元年（656）始置。掌侍從規諫、贊相禮儀。正三品。

[29]右監門衛大將軍：官名。唐置，掌宮禁宿衛。唐代十六衛之一。正三品。　魏仁浦：人名。後周、宋初宰相。衛州汲（今河南衛輝市）人。傳見《宋史》卷二四九。　乙未，以樞密副使、右監門衛大將軍魏仁浦爲樞密使、檢校太保：《舊五代史考異》：“案《東都事略》云：議者以仁浦不由科第進，世宗曰：‘顧才何如耳！’遂用之。”見《東都事略》卷一八《魏仁浦傳》。

[30]中書舍人：官名。中書省屬官。掌起草文書、呈遞奏章、傳宣詔命等。正五品上。　史館修撰：官名。唐天寶以後，他官兼領史職者，稱史館修撰。初入史館者稱爲直館。元和六年（811）宰相裴垍建議：登朝官領史職者爲修撰，以官階高的一人判館事；未登朝官均爲直館。　劉溫叟：人名。洛陽（今河南洛陽市）人。

五代後唐至宋初官員。傳見《宋史》卷二六二。

八月壬寅朔，以宣徽北院使吳延祚爲右監門衛大將軍充職，以樞密院直學士、尚書右丞邊歸讜爲尚書左丞充職。甲辰，幸南莊，賜從臣射。乙巳，以吏部侍郎顏衎爲工部尚書致仕。[1]丙午，同州節度使孫方諫卒。己酉，前澤州刺史李彥崇責授右司禦副率。[2]高平之役，帝與賊軍相遇，即令彥崇領兵守江猪嶺，以遏寇之歸路。[3]彥崇初見王師已卻，即時而退，及劉崇兵敗，果由兹嶺而遁，故有是責。壬子，以金州防禦使王暉爲同州留後。[4]癸丑，以吳越國内外都指揮使吳延福爲寧國軍節度使、檢校太尉，[5]從錢俶之請也。以太子少師宋彥筠爲太子太師致仕。[6]甲寅，以兵部郎中兼太常博士尹拙爲國子祭酒。[7]丙辰，皇姑故福慶長公主追封燕國大長公主，李重進之母也。[8]丁巳，以户部郎中致仕景初爲太僕卿致仕，[9]宰臣範之父也。己巳，華州鎮國軍宜停，[10]依舊爲郡。庚午，以給事中劉悦、康澄並爲右散騎常侍。[11]辛未，以左散騎常侍裴巽爲御史中丞，以御史中丞張煦爲兵部侍郎，[12]集賢殿學士、判院事司徒詡爲吏部侍郎，以左散騎常侍薛沖乂爲工部侍郎。[13]

[1]吏部侍郎：官名。尚書省吏部次官。協助吏部尚書掌文選、勳封、考課之政。正四品上。　顏衎（kàn）：人名。兗州曲阜（今山東曲阜市）人。自言爲顏回後裔。五代後梁至後周官員，仕至權知開封府。宋初卒於家。傳見《宋史》卷二七〇。　工部尚書：官名。尚書省工部長官。掌百工、屯田、山澤之政令。正

三品。

[2]李彥崇：人名。籍貫不詳。後周將領。事見《宋史》卷二五五《康延澤傳》。 右司禦副率：官名。隋文帝置太子左右宗衛率府，掌領宗室侍衛東宮，煬帝改左右武侍率府。唐沿置，歷改左右司禦衛、左右司禦率府、左右宗衛率府。景雲二年（711）始定名左右司禦率府，制比十二衛中左右領軍衛。統郊城等若干折衝府。從四品上。

[3]江豬嶺：地名。位於今山西長子縣南四十里，與高平縣接界。 以遏寇之歸路：《輯本舊史》之影庫本粘籤："以遏寇之歸路，原本脱'遏'字，今據《册府元龜》增入。"未見《册府》記載。

[4]金州：州名。治所在今陝西安康市。 王暉：人名。籍貫不詳。五代將領，曾以代州刺史而叛歸契丹。事見本書卷九九《漢高祖本紀上》。

[5]吳延福：人名。籍貫不詳。吳越國官員，曾任吳越國內外都指揮使、台州刺史、兩浙進奉使。事見本書卷一一九、《通鑑》卷二九一。 寧國軍：方鎮名。治所在宣州（今安徽宣城市）。

[6]太子少師：官名。與太子少傅、太子少保統稱太子三少。隋唐以後多作加官或贈官。從二品。 宋彥筠：人名。雍丘（今河南杞縣）人。五代後唐、後周將領。傳見本書卷一二三。 太子太師：官名。與太子太傅、太子太保統稱太子三師。隋唐以後多作加官或贈官。從一品。

[7]兵部郎中：官名。隋置兵曹郎，唐代改名爲兵部郎中，五代因之。掌武階官品、軍籍、禄賜等。從五品。 太常博士：官名。漢代始置。爲太常寺屬官。掌辨五禮，討論謚法，贊相導引。從七品上。 尹拙：人名。汝陽（今河南汝南縣）人。歷仕後梁、後唐、後晉、後漢、後周五代。傳見《宋史》卷四三一。 國子祭酒：官名。古代國子學或太學長官。晋武帝司馬炎始置。掌邦國儒學訓導之政令，領太學、國子學及國子監所屬各學。從三品。

[8]李重進之母也："李重進"，中華書局本有校勘記："原作'李從進'，據《通鑑》卷二九〇、《東都事略》卷二二、《宋史》卷四八四《李重進傳》改。"見《通鑑》卷二九〇廣順二年六月條、《宋史》卷四八四《李重進傳》、《東都事略》卷二二《李重進傳》改。"

[9]景初：人名。景範之父。五代官員。事見本書卷一二七《景範傳》。　太僕卿：官名。漢代始置，太僕寺長官，掌御用車馬及國家畜牧事宜。從三品。

[10]鎮國軍：方鎮名。後梁開平二年（908），改保義軍爲鎮國軍，治所在陝州（今河南三門峽市陝州區）。後唐同光元年（923）改感化軍爲鎮國軍，治所在華州（今陝西渭南市華州區）。

[11]給事中：官名。秦始置。隋唐以來，爲門下省屬官。掌讀署奏抄、駁正違失。正五品上。　劉悦：人名。籍貫不詳。五代後周官員。事見本書卷一一一、卷一三一。　康澄：人名。籍貫不詳。五代官員。事見本書卷四三。

[12]裴巽：人名。籍貫不詳。後周官員，曾任左散騎常侍、御史中丞、刑部侍郎、尚書左丞。事見本書卷一一五、卷一一八。張煦：人名。籍貫不詳。後周時擔任散騎常侍、刑部尚書、兵部尚書等職。事見本書卷一一一至一一四。

[13]司徒詡：人名。清河郡（今河北清河縣）人。五代後唐官員。傳見本書卷一二八。　左散騎常侍：官名。門下省屬官。掌侍奉規諷，備顧問應對。正三品下。　薛沖乂：人名。籍貫不詳。後唐長興中，任刑部員外郎。事見《册府》卷七〇七《令長部·貪黷門》。

九月壬申朔，以東京舊宅爲皇建禪院。[1]甲戌，以武安軍節度副使、知潭州軍府事周行逢爲鄂州節度使，[2]知潭州軍府事，加檢校太尉。丙戌，右屯衛將軍薛訓除名，流沙門島，坐監雍兵倉，[3]縱吏卒掊斂也。
己亥，以右僕射致仕韓昭胤、左僕射致仕楊凝式並爲太
子太保致仕，[4]以太子太傅致仕李肅爲太子太師致仕。[5]
辛丑，斬宋州巡檢供奉官、副都知竹奉璘於寧陵縣，[6]
坐盜掠商船不捕獲也。

[1]以東京舊宅爲皇建禪院：《輯本舊史》之影庫本粘籤：“皇
建，原本作‘皇逮’，今從《五代會要》改正。”不見《會要》記
載，明本《册府》卷五二《帝王部·崇釋氏門二》作“（顯德元
年）九月以潛龍宮爲皇建禪院，遣沙門清興主之”。

[2]武安軍：方鎮名。治所在潭州（今湖南長沙市）。　節度
副使：官名。唐、五代方鎮屬官。位在行軍司馬之下、判官之上。
　潭州：州名。治所在今湖南長沙市。　周行逢：人名。朗州武陵
（今湖南常德市武陵區）人。五代藩鎮軍閥。傳見《新五代史》卷
六六。　鄂州：州名。治所在今湖北武漢市武昌區。

[3]右屯衛將軍：官名。唐置，掌宮禁宿衛。從三品。“屯
衛”，原稱“威衛”，五代後周避郭威諱，改“威衛”爲“屯衛”。
　薛訓：人名。籍貫不詳。五代將領。本書僅此一見。　沙門島：
地名。在今山東長島縣西北廟島，一説大黑山島。　雍：地名。即
京兆府，治所在今陝西西安市。

[4]韓昭胤：人名。籍貫不詳。後唐、後晋、後周官員。事見
本書卷四六、卷四七、卷七六、卷四八、卷一一一。　楊凝式：人
名。華陰（今陝西華陰市）人。五代官員。傳見本書卷一二八、
《新五代史》卷三五。　太子太保：官名。與太子太師、太子太傅
統稱太子三師。隋唐以後多作加官或贈官。從一品。

[5]太子太傅：官名。與太子太師、太子太保統稱太子三師。
隋唐以後多作加官或贈官。從一品。　李肅：人名。籍貫不詳。五
代官員。事見本書卷一〇、卷三四、卷四二、卷四五、卷七六、卷

九三、卷一〇〇、卷一〇九、卷一一一。

[6]宋州：州名。治所在今河南商丘市睢陽區。　巡檢供奉官：官名。受皇帝之命巡檢地方。　副都知：官名。内侍高級官員。竹奉璘：人名。籍貫不詳。本書僅此一見。　寧陵縣：縣名。治所在今河南寧陵縣。

冬十月甲辰，左羽林大將軍孟漢卿賜死，坐監納厚取耗餘也。[1]丙午，以安州節度使李洪義爲青州節度使，以貝州節度使王饒爲相州節度使，以徐州節度使王晏爲西京留守，以西京留守武行德爲徐州節度使。戊申，以龍捷左厢都指揮使、泗州防禦使韓令坤爲洋州節度使，[2]充侍衛馬軍都指揮使；以虎捷右厢都指揮使、永州防禦使李繼勳爲利州節度使，[3]充侍衛步軍都指揮使。己酉，太子太保致仕楊凝式卒。詔安、貝二州依舊爲防禦州，其軍額並停。壬子，以今上爲永州防禦使，依前殿前都虞候。戊午，監修國史李穀等上言曰："竊以自古王者，咸建史官。君臣獻替之謀，皆須備載；家國安危之道，得以直書。歷代已來，其名不一。人君言動，則起居注創於累朝；輔相經綸，則時政記興於前代。然後採其事實，編作史書。蓋緣聞見之間，須有來處；記録之際，得以審詳。今之左右起居郎，[4]即古之左右史也。唐文宗朝，[5]命其官執筆，立於殿階螭頭之下，以紀政事。後則明宗朝，[6]命端明殿及樞密直學士，[7]皆輪修日歷，旋送史官，以備纂修。及近朝，此事皆廢，史官唯憑百司報狀，館司但取兩省制書，此外雖有訪聞，例非端的。伏自先皇帝創開昌運，及皇帝陛下纘嗣不基，其聖德武功，神謀睿略，皆係萬幾宥密，[8]丹禁深嚴，非外臣之所知，豈庶僚之可訪。此後欲望以諮詢之事，裁制之規，別命近臣，旋具抄錄，每當修撰日歷，即令封付史臣，庶國事無漏略之文，職業免疏遺之咎。”從之。因命樞密直學士，起今後於樞密使處，逐月抄錄事件，送付史館。己未，供奉官郝光庭棄市，坐在葉縣巡檢日，[9]挾私斷殺平人也。是日大閱，帝親臨之。帝自高平之役，覩諸軍未甚嚴整，遂有退却。至是命今上一概簡閱，選武藝超絶者，署爲殿前諸班，因是有散員、散指揮使、内殿直、散都頭、鐵騎、控鶴之號。復命總戎者，自龍捷、虎捷以降，一一選之，老弱羸小者去之，諸軍士伍，無不精當。由是兵甲之盛，近代無比，且減冗食之費焉。[10]

[1]左羽林大將軍：官名。羽林軍統帥，與右羽林大將軍共掌北衙禁兵。正三品。 孟漢卿：人名。籍貫不詳。後周將領，因監納厚取耗餘賜死。事見《新五代史》卷一二。

[2]泗州：州名。治所在今江蘇泗洪縣東南，今已没入洪澤湖中。 洋州：州名。治所在今陝西洋縣。

[3]虎捷右廂都指揮使：中華書局本有校勘記：“‘右’，《宋史》卷二五四《李繼勳傳》作‘左’。” 永州：治所在今湖南永州市。 利州：州名。治所在今四川廣元市。

[4]左右起居郎：官名。唐代始置，屬門下省。與中書省起居舍人同掌起居注，記皇帝言行。從六品上。

[5]唐文宗：即唐文宗李昂。唐穆宗之子。827年至840年在位。被宦官王守澄等擁立即位，後欲剷除宦官，任用李訓、鄭注，利用宦官間的派别鬥争，殺死王守澄。大和九年（835），發動甘露

之變，事敗，宦官大肆誅殺朝官，唐文宗亦被宦官鉗制。紀見《舊唐書》卷一七上至卷一七下、《新唐書》卷八。

[6]明宗：即後唐明宗李嗣源。沙陀部人。原名邈佶烈，李克用養子。五代後唐明宗，926 年至 933 年在位。紀見本書卷三五至卷四四、《新五代史》卷六。

[7]端明殿：宮殿名。位於今河南洛陽市。

[8]皆係萬幾宥密：中華書局本有校勘記：“‘皆係’，殿本、孔本、《通曆》卷一五作‘而皆’。”

[9]供奉官：官名。泛指侍奉皇帝左右的臣僚，亦爲東、西頭供奉官通稱。　郝光庭：人名。籍貫不詳。事見明本《册府》卷一五四《帝王部·明罰門三》。　棄市：古代刑法名。即在鬧市執行死刑，並陳屍街頭示衆。　葉縣：縣名。治所在今河南葉縣。

[10]散員、散指揮使、内殿直、散都頭、鐵騎、控鶴：皆爲五代部隊番號。　“帝自高平之役”至“且減冗食之費焉”：《舊五代史考異》：“案《五代會要》云：顯德元年，上謂侍臣曰：‘侍衛兵士，老少相半，强懦不分，蓋徇人情，不能選練。今春朕在高平，與劉崇及蕃軍相遇，臨敵有指使不前者，苟非朕親當堅陣，幾至喪敗。況百户農夫，未能贍一甲士，且兵在精不在衆，宜令一一點選，精鋭者升爲上軍，怯懦者任從安便，庶期可用，又不虚費。’先是，上按於高平，觀其退縮，慨然有懲革之志。又以驍勇之士，多爲外諸侯所占，如是召募天下豪傑，不以草澤爲阻，在于闕下，躬親試閱，選武藝超絶及有身首者，分署爲殿前諸班。”見《會要》卷一二京城諸軍條，見《通鑑》卷二九二顯德元年（954）十月癸亥條。

　　十一月戊寅，以太子賓客石光贊爲兵部尚書致仕。[1]壬午，鎮州節度使曹英卒。乙酉，以澶州節度使郭崇爲鎮州節度使。乙未，以荆南節度副使、歸州刺史高保勗爲寧江軍節度使、檢校太尉，充荆南節度行軍司馬。[2]戊戌，詔宰臣李穀監築河隄。先是，鄆州界河決，數州之地，洪流爲患，故命穀治之，役丁夫六萬人，三十日而罷。

[1]石光贊：人名。籍貫不詳。歷任滑州節度判官、宗正卿、太子賓客。事見本書本卷、卷七六、卷八四。

[2]歸州：州名。治所在今湖北秭歸縣。　高保勗：人名。高季興之子。事見本書卷一三三《高季興傳》、《新五代史》卷六九《高季興傳》。　寧江軍：方鎮名。治所在夔州（今重慶奉節縣）。

節度行軍司馬：官名。出征將領及節度使的屬官。掌軍籍符伍、號令印信，是藩鎮重要的軍政官員。

十二月己酉，太子太師侯益以本官致仕。[1]《永樂大典》卷八千九百八十四。[2]

[1]侯益：人名。汾州平遥（今山西平遥縣）人。五代後唐至宋初將領。傳見《宋史》卷二五四。

[2]《大典》卷八九八四“周”字韻“世宗（一）”事目。

舊五代史　卷一一五

周書六

世宗紀第二

　　顯德二年春正月辛未朔，帝不受朝賀。[1]辛卯，詔：
"在朝文班，各舉堪爲令錄者一人，雖姻族近親，亦無
妨嫌。授官之日，各署舉主姓名，若在官貪濁不任，懦
弱不理，並量事狀重輕，連坐舉主。"乙未，詔："應逃
戶莊田，並許人請射承佃，[2]供納稅租：如三周年内本
戶來歸者，其桑田不計荒熟，並交還一半；五周年内歸
業者，三分交還一分；如五周年外歸業者，[3]其莊田除
本戶墳塋外，不在交付之限。其近北地諸州，應有陷蕃
人戶，自蕃界來歸業者：五周年内來者，三分交還二
分；十周年内來者，交還一半；十五周年内來者，[4]三
分交還一分；十五周年外來者，不在交還之限。"

　　[1]顯德：五代後周太祖郭威年號（954）。世宗柴榮、恭帝柴
宗訓沿用（954—960）。　　顯德二年春正月辛未朔，帝不受朝賀：

明本《册府》卷一〇八《帝王部·朝會門二》作“二年春正月辛未朔，帝不御殿，宰臣率百官拜表稱賀”。

　　[2]並許人請射承佃：《輯本舊史》之影庫本粘籤：“請射，原本作‘請藉’，今從《五代會要》改正。”見《會要》卷二五逃户條周顯德二年（955）正月二十五日敕。顯德二年正月二十五日爲乙卯，與本紀同。

　　[3]如五周年外歸業者：中華書局本有校勘記：“‘如’字原闕，據殿本、孔本、《五代會要》卷二五、《册府》卷四九五補。”見《會要》卷二五逃户條周顯德二年正月二十五日敕、《宋本册府》卷四九五《邦計部·田制門》顯德二年五月乙未詔，明本《册府》卷四九五誤作正月，爲形近之誤。

　　[4]十五周年内來者：中華書局本有校勘記：“‘内’字原闕，據《五代會要》卷二五及本卷上文補。”見《會要》卷二五逃户條周顯德二年正月二十五日敕。

　　二月戊申，遣使赴西京，[1]賜太子太師致仕侯益、白文珂、宋彦筠等茶藥錢帛各有差，[2]仍降詔存問。壬戌，詔曰：“善操理者不能有全功，善處身者不能無過失，雖堯、舜、禹、湯之上聖，文、武、成、康之至明，尚猶思逆耳之言，求苦口之藥，何况後人之不逮哉！朕承先帝之靈，居至尊之位，涉道猶淺，經事未深，常懼昏蒙，不克負荷。自臨宸極，已過周星，至於刑政取捨之間，國家措置之事，豈能盡是，須有未周，朕猶自知，人豈不察。而在位者未有一人指朕躬之過失，食禄者曾無一言論時政之是非，豈朕之寡昧不足與言邪？豈人之循默未肯盡心邪？豈左右前後有所畏忌邪？豈高卑疏近自生間别邪？古人云：‘君子大言受大禄，小言受小禄。'又云：'官箴王闕。'則是士大夫之有禄位，無不言之人。然則爲人上者，不能感其心而致其言，此朕之過也，得不求骨鯁之辭，詢正直之議，共申裨益，庶洽治平。[3]朕於卿大夫，才不能盡知，面不能盡識，若不採其言而觀其行，審其意而察其忠，則何以見器略之淺深，知任用之當否？若言之不入，罪實在予，苟求之不言，咎將誰執！應內外文武臣僚，今後或有所見所聞，並許上章論諫。若朕躬之有闕失，得以盡言；時政之有瑕疵，勿宜有隱。方求名實，豈尚虛華，苟或素不工文，但可直書其事，辭有謬誤者，[4]固當捨短，言涉傷忤者，必與留中，所冀盡情，免至多慮。諸有司局公事者，各宜舉職，事有不便者，革之可也，理有可行者，舉之可也，勿務因循，漸成訛謬。臣僚有出使在外迴者，苟或知黎庶之利病，聞官吏之優劣，當具敷奏，以廣聽聞。班行職位之中，遷除改轉之際，即當考陳力之輕重，較言事之否臧，奉公切直者當議甄升，臨事蓄縮者須期抑退。翰林學士、兩省官，職居侍從，乃論思諫諍之司；御史臺官，任處憲綱，是擊搏糾彈之地；論其職分，尤異羣臣，如逐任官內，無所獻替啓發彈舉者，[5]至月限滿合遷轉時，宜令中書門下先奏取進止。"

[1]西京：地名。治所在今河南洛陽市。

[2]太子太師：官名。與太子太傅、太子太保統稱太子三師。隋唐以後多作加官或贈官。從一品。　致仕：官員告老辭官。　侯益：人名。汾州平遥（今山西平遥縣）人。五代後唐至宋初將領。

傳見《宋史》卷二五四。　白文珂：人名。太原（今山西太原市）人。五代後唐至後周將領。傳見本書卷一二四。　宋彥筠：人名。雍丘（今河南杞縣）人。五代後唐、後周將領。傳見本書卷一二三。

[3]庶洽治平：《輯本舊史》之影庫本粘籤："庶洽，原本作'書詒'，今從《册府元龜》改正。"見明本《册府》卷一〇三《帝王部·招諫門二》顯德二年（955）三月詔。

[4]辭有謬誤者：中華書局本有校勘記："'辭'，《册府》卷一〇三作'理'。"

[5]無所獻替啓發彈舉者：中華書局本有校勘記："'無'字原闕，據《册府》卷一〇三補。"

　　三月辛未，以李晏口爲静安軍，[1]其軍南距冀州百里，[2]北距深州三十里，[3]夾胡盧河爲壘。[4]先是，貝、冀之境，[5]密邇戎疆，居常敵騎涉河而南，馳突往來，洞無阻礙，北鄙之地，民不安居。帝乃按圖定策，遣許州節度使王彦超、曹州節度使韓通等領兵庀徒，[6]築壘於李晏口，以兵戍守，功未畢，契丹衆尋至，[7]彦超等擊退之。及壘成，頗扼要害，自是敵騎雖至，不敢涉河，邊民稍得耕牧焉。壬辰，尚書禮部貢院進新及第進士李覃等一十六人所試詩賦、文論、策文等。[8]詔曰："國家設貢舉之司，求英俊之士，務詢文行，方中科名。比聞近年以來，多有濫進，或以年勞而得第，或因媒勢以出身。今歲所放舉人，試令看驗，果見紕繆，須至去留。其李覃、何曬、楊徽之、趙鄰幾等四人，[9]宜放及第。其嚴説、武允成、王汾、閭丘舜卿、任惟吉、周度、張慎微、王壽、馬文、劉選、程浩然、李震等一十二人，[10]藝學未精，並宜勾落，且令苦學，以俟再來。禮部侍郎劉溫叟失於選士，[11]頗屬因循，據其過尤，合行譴謫，尚示寬恕，[12]特與矜容，劉溫叟放罪，其將來貢舉公事，仍令所司別具條理以聞。"

[1]李晏口：地名。李晏本有東、西兩口。周所置靜安軍，當在深州西李晏口。

[2]冀州：州名。治所在今河北衡水市冀州區。

[3]深州：州名。治所在今河北深州市。《輯本舊史》之影庫本粘籤："北距深州，原本作'恒州'，今從《通鑑注》所引《薛史》改正。"見《通鑑》卷二九二顯德二年（955）正月條胡注所引《薛史》。

[4]胡盧河：水名。即今河北南部之滏陽河。五代周至宋、金為衡水、寧晉間之漳水的別稱。《舊五代史考異》："案《通鑑》：浚胡盧河在正月，至三月始建軍額。"見《通鑑》卷二九二。

[5]貝：州名。治所在今河北清河縣。

[6]許州：州名。治所在今河南許昌市。　節度使：官名。唐時在重要地區所設掌握一州或數州軍事、民事、財政的長官。　王彥超：人名。大名臨清（今河北臨西縣）人。五代、宋初將領。傳見《宋史》卷二五五。　曹州：州名。治所在今山東曹縣西北。韓通：人名。并州太原（今山西太原市）人。後周將領。傳見《宋史》卷四八四。　庀徒：召集工匠、役夫。中華書局本有校勘記："'庀徒'，原作'他徒'，據《册府》卷九九四改。《通鑑》卷二九二敘其事云：'是月，詔忠武節度使王彥超、彰信節度使韓通將兵夫浚胡盧河。'"見《宋本册府》卷九九四《外臣部·備禦門七》。

[7]契丹：古部族、政權名。公元4世紀中葉宇文部為前燕攻破，始分離而成單獨的部落，自號契丹。唐貞觀中，置松漠都督

府，以其首領爲都督。唐末强盛，916 年迭剌部耶律阿保機建立契丹國（遼）。先後與五代、北宋並立，保大五年（1125）爲金所滅。參見張正明《契丹史略》，中華書局 1979 年版。

[8]李覃：人名。籍貫不詳。爲新及第進士。事見《宋史》卷二九六。　壬辰，尚書禮部貢院進新及第進士李覃等一十六人所試詩賦、文論、策文等：《宋本册府》卷六四二《貢舉部·條制門四》、卷六四四《貢舉部·考試門二》記十六人名"李覃、嚴説、何曠、武允成、王汾、閭丘舜卿、楊徽之、任惟吉、趙鄰幾、周度、張慎微、王壽、馬文、劉選、程浩然、李震"。

[9]何曠：人名。籍貫不詳。爲新及第進士。事見《宋史》卷二九六。　楊徽之：人名。建州浦城（今福建浦城縣）人。後周、宋初官員。傳見《宋史》卷二九六。　趙鄰幾：人名。鄆州須城（今山東東平縣）人。後周、宋初。傳見《宋史》卷四三九。　其李覃、何曠、楊徽之、趙鄰幾等四人：《輯本舊史》之影庫本粘籤："趙鄰幾，原本作'鄰其'，今從《五代會要》及《宋史》改正。"見《會要》卷二二進士條顯德二年三月敕、《宋史》卷四三九《趙鄰幾傳》。

[10]嚴説、武允成、王汾、閭丘舜卿、任惟吉、周度、張慎微、王壽、馬文、劉選、程浩然、李震：以上皆爲未及第者。事跡多不詳。"張慎微"，中華書局本有校勘記："原作'張慎徽'，據《五代會要》卷二二，《册府》卷六四二、卷六四四、卷六五一改。"見《會要》卷二二進士條顯德二年三月敕、《宋本册府》卷六五一《貢舉部·謬濫門》。今據改。

[11]禮部侍郎：官名。尚書省禮部次官。協助禮部尚書掌禮儀、祭享、貢舉之政。正四品下。　劉温叟：人名。洛陽（今河南洛陽市）人。五代後唐至宋初官員。傳見《宋史》卷二六二。

[12]尚示寬恕：中華書局本有校勘記："'示'，原作'視'，據邵本校，《五代會要》卷二二，《册府》卷四一、卷六四二改。"見《會要》卷二二進士條顯德二年三月敕、《宋本册府》卷四一

《帝王部·寬恕門》。

夏四月庚戌，以内客省使李彦頵爲延州留後。[1]辛亥，詔：“應自外新除御史，未經朝謝者,[2]行過州府，不得受館驛供給及所在公禮。”乙卯，詔於京城四面，別築羅城，期以來春興役。[3]戊午，以翰林學士、給事中竇儀爲禮部侍郎,[4]依前充職；以禮部侍郎劉温叟爲太子詹事,[5]癸亥，以翰林學士、中書舍人楊昭儉爲御史中丞。[6]是月，詔翰林學士承旨徐台符已下二十餘人，各撰《爲君難爲臣不易論》《平邊策》各一首，帝親覽之。[7]

[1]内客省使：官名。中書省内客省長官。　李彦頵：人名。太原（今山西太原市）人。後周官員。傳見本書卷一二九。　延州：州名。治所在今陝西延安市。　留後：官名。原非正式命官，唐朝節度使入朝或宰相、親王遥領節度使不臨鎮則置。安史之亂後，節度使多以子弟或親信爲留後，以代行節度使職務，亦有軍士、叛將自立爲留後者。掌一州或數州軍政。北宋始爲朝廷正式命官。

[2]御史：御史臺執掌監察官員的泛稱。　應自外新除御史，未經朝謝者：中華書局本有校勘記：“‘者’字原闕，據《五代會要》卷一七補。”見《會要》卷一七雜録條周顯德二年（955）四月三日敕。

[3]羅城：古代爲加强防守，在城牆外加建的凸出形小城圈。

[4]翰林學士：官名。由南北朝始設之學士發展而來，唐玄宗改翰林供奉爲翰林學士，備顧問，代王言。掌拜免將相、號令征伐等詔令的起草。　給事中：官名。秦始置。隋唐以來，爲門下省屬

官。掌讀署奏抄，駁正違失。正五品上。　竇儀：人名。薊州漁陽（今天津市薊州區）人。五代、宋初大臣。傳見《宋史》卷二六三。

[5]太子詹事：官名。掌領太子之詹事府，爲太子官屬之長。正三品。

[6]中書舍人：官名。中書省屬官。掌起草文書、呈遞奏章、傳宣詔命等。正五品上。　楊昭儉：人名。京兆長安（今陝西西安市）人。五代後周、宋初大臣。傳見《宋史》卷二六九。　御史中丞：官名。如不置御史大夫，則爲御史臺長官。掌司法監察。正四品下。

[7]翰林學士承旨：官名。爲翰林學士之首。掌拜免將相、號令征伐等詔令的起草。《舊唐書》卷四三《職官志二·翰林院》：“例置學士六人，内擇年深德重者一人爲承旨，所以獨承密命故也。”　徐台符：人名。鎮州獲鹿（今河北石家莊市鹿泉區）人。五代大臣。傳見本書附録。　“是月”至“帝親覽之”：《舊五代史考異》：“案《宋史·陶穀傳》：世宗謂宰相曰：‘朕觀歷代君臣治平之道，誠爲不易，又念唐、晉失德之後，亂臣黠將，潛竊者多。今中原甫定，吴、蜀、幽、并尚未平附，聲教未能遠被，宜令近臣各爲論策，宣導經濟之略。’乃命承旨徐台符已下二十餘人，各撰《爲君難爲臣不易論》《平邊策》以進。其略率以修文德、來遠人爲意，惟穀與竇儀、楊昭儉、王朴以封疆密邇江、淮，當用師取之。世宗自克高平，常訓兵講武，思混一天下，及覽其策，欣然聽納，由是平南之意益堅矣。”見《宋史》卷二六九《陶穀傳》。

　　五月辛未，迴鶻遣使貢方物。鳳翔節度使王景上言：“奉詔攻收秦、鳳二州，已於今月一日領軍由大散關路進軍次。”[1]先是，晉末契丹入晉，[2]秦州節度使何建以秦、成、階三州入蜀，[3]蜀人又取鳳州。至是，秦、

鳳人户怨蜀之苛政，相次詣闕，乞舉兵收復舊地，乃詔
景與宣徽南院使向訓率師以赴焉。[4]甲戌，詔曰：“釋氏
貞宗，聖人妙道，助世勸善，其利甚優。前代以來，累
有條貫，近年已降，頗紊規繩。近覽諸州奏聞，繼有緇
徒犯法，蓋無科禁，遂至尤違，私度僧尼，日增猥雜，
創修寺院，漸至繁多，鄉村之中，其弊轉甚。漏網背軍
之輩，苟剃削以逃刑；行奸爲盜之徒，託住持而隱惡。
將隆教法，須辨否臧，宜舉舊章，用革前弊。諸道州府
縣鎮村坊，應有敕額寺院，一切仍舊，其無敕額者，並
仰停廢，所有功德佛像及僧尼，並騰併於合留寺院内安
置。天下諸縣城郭内，若無敕額寺院，祇於合停廢寺院
内，選功德屋宇最多者，或寺或院僧尼各留一所，[5]若
無尼住，祇留僧寺院一所。諸軍鎮坊郭及二百户已上
者，亦依諸縣例指揮。如邊遠州郡無敕額寺院處，於停
廢寺院内僧尼各留兩所。今後並不得創造寺院蘭若。[6]
王公戚里諸道節刺已下，[7]今後不得奏請創造寺院及請
開置戒壇。男子女子如有志願出家者，並取父母、祖父
母處分，已孤者取同居伯叔兄處分，候聽許方得出家。
男年十五已上，念得經文一百紙，或讀得經文五百紙，
女年十三已上，念得經文七十紙，或讀得經文三百紙
者，經本府陳狀乞剃頭，委録事參軍本判官試驗經
文。[8]其未剃頭間，須留髮髻，如有私剃頭者，却勒還
俗，其本師主決重杖、勒還俗，仍配役三年。兩京、大
名府、京兆府、青州各處置戒壇，[9]候受戒時，兩京委
祠部差官引試，其大名府等三處，祇委本判官、録事參

軍引試。如有私受戒者，其本人、師主、臨壇三綱、知事僧尼，並同私剃頭例科罪。應合剃頭受戒人等，逐處聞奏，候敕下，委祠部給付憑由，方得剃頭受戒。應男女有父母、祖父母在，[10]別無兒息侍養，不聽出家。曾有罪犯，遭官司刑責之人，及棄背父母、逃亡奴婢、姦人細作、惡逆徒黨、山林亡命、未獲賊徒、負罪潛竄人等，並不得出家剃頭。如有寺院輒容受者，其本人及師主、三綱、知事僧尼、鄰房同住僧，並仰收捉禁勘，申奏取裁。僧尼俗士，自前多有捨身、燒臂、鍊指、釘截手足、帶鈴掛燈、諸般毀壞身體、戲弄道具、符禁左道、妄稱變現還魂坐化、聖水聖燈妖幻之類，皆是聚眾眩惑流俗，今後一切止絕。如有此色人，仰所在嚴斷，遞配邊遠，仍勒歸俗，其所犯罪重者，準格律處分。每年造僧帳兩本，其一本奏聞，一本申祠部，逐年四月十五日後，勒諸縣取索管界寺院僧尼數目申州，州司攢賬，至五月終以前文帳到京，僧尼籍帳內無名者，並勒還俗。其巡禮行脚，出入往來，一切取便。”是歲，諸道供到帳籍，所存寺院凡二千六百九十四所，廢寺院凡三萬三百三十六，[11]僧尼係籍者六萬一千二百人。[12]戊寅，以刑部侍郎邊光範爲户部侍郎，以前御史中丞裴巽爲刑部侍郎。[13]己卯，刑部員外郎陳渥賜死，坐檢齊州臨邑縣民田失實也。[14]渥爲人清苦，臨事有守，以微累而當極刑，時論惜之。戊子，以沙州留後曹元忠爲沙州節度使、檢校太尉、同平章事。[15]丙申，禮部侍郎竇儀奏，請廢童子、明經二科及條貫考試次第，從之。

[1]鳳翔：方鎮名。治所在鳳翔府（今陝西鳳翔縣）。　王景：人名。萊州掖縣（今山東萊州市）人。五代、宋初將領。傳見《宋史》卷二五二。　秦：州名。治所在今甘肅秦安縣。　鳳：州名。治所在今陝西鳳縣。　大散關：關隘名。位於今陝西寶雞市大散嶺上。

[2]晋末契丹入晋："入晋"，明本《册府》卷二〇《帝王部·功業門》作"犯關"，卷一二三《帝王部·征討門三》作"犯闕"。

[3]何建：人名。回鶻人。五代將領、藩鎮軍閥。後投於孟昶。傳見本書卷九四。　成：州名。治所在今甘肅成縣。　階：州名。治所在今甘肅隴南市武都區。　秦州節度使何建以秦、成、階三州入蜀：《輯本舊史》之影庫本粘籤："何建，原本作'賀建'，今從《通鑑》及《歐陽史》改正。"見《新五代史》卷六四《孟昶傳》、明本《册府》卷一二三。

[4]宣徽南院使：官名。唐始置。宣徽南院的長官。初用宦官，五代以後改用士人。與宣徽北院使通掌内諸司及三班内侍之名籍，郊祀、朝會、宴享供帳之儀，檢視内外進奉名物。參見王永平《論唐代宣徽使》，《中國史研究》1995年第1期；王孫盈政《再論唐代的宣徽使》，《中華文史論叢》2018年第3期。"宣徽南院使"，中華書局本有校勘記："'使'字原闕，據殿本、《新五代史》卷一二《周本紀》及本卷下文補。"見《新五代史》卷一二《周世宗紀》顯德二年（955）五月辛未條。《舊五代史考異》："案《東都事略·王溥傳》：世宗將討秦、鳳，溥薦向拱，遂平之。世宗因宴，酌巵酒賜之，曰：'成吾邊功，卿擇帥之力也。'"見《東都事略》卷一八《王溥傳》。　向訓：人名。懷州河内（今河南沁陽市）人。五代、宋初將領。避周恭帝諱改名向拱。傳見《宋史》卷二五五。

[5]或寺或院僧尼各留一所："或寺或院"，中華書局本有校勘記："下一'或'字原闕，據《五代會要》卷一二補。"《會要》卷一二寺條周顯德二年五月六日敕。

［6］蘭若：佛寺。　今後並不得創造寺院蘭若：《輯本舊史》之影庫本粘籤："蘭若，原本作'蘭著'，今從《五代會要》改正。"見《會要》卷一二寺條周顯德二年五月六日敕。

［7］王公戚里諸道節刺已下：中華書局本有校勘記："'王公'，原作'公王'，據殿本、《五代會要》卷一二乙正。"見《會要》卷一二寺條。"已下"，《會要》作"已上"。

［8］録事參軍：官名。州府屬官。總掌諸曹事務。官品爲從六品至從八品不等。

［9］大名府：府名。治所在今河北大名縣。　京兆府：府名。治所在今陝西西安市。　青州：州名。治所在今山東青州市。

［10］應男女有父母、祖父母在："應男女有父母"，中華書局本有校勘記："'男女'，《五代會要》卷一二作'男子'。"見《會要》卷一二雜録條顯德二年五月六日敕。

［11］廢寺院凡三萬三百三十六：《會要》卷一六祠部條周顯德二年五月六日敕作"三萬三十六"。

［12］僧尼係籍者六萬一千二百人：《會要》卷一六祠部條周顯德二年五月六日敕作"見在僧四萬二千四百四十四，尼一萬八千七百五十六"。總數與《輯本舊史》同。

［13］刑部侍郎：官名。尚書省刑部次官。協助刑部尚書掌天下刑法及徒隸、勾覆、關禁之政令。正四品下。　邊光範：人名。并州陽曲（今山西太原市）人。歷仕五代後唐、後晋至宋代。傳見《宋史》卷二六二。　户部侍郎：官名。尚書省户部次官。協助户部尚書掌天下田户、均輸、錢穀之政令。正四品下。　裴巽：人名。籍貫不詳。後周官員，曾任左散騎常侍、御史中丞、刑部侍郎、尚書左丞。事見本書卷一一四、卷一一八。

［14］刑部員外郎：官名。刑部郎中的副職。協助負責刑部諸司事務。從六品上。　陳渥：人名。籍貫、事跡不詳。本書僅此一見。　齊州：州名。治所在今山東濟南市。　臨邑縣：縣名。治所在今山東東阿縣。

[15]沙州：州名。治所在今甘肅敦煌市。　曹元忠：人名。祖籍亳州（今安徽亳州市），世居敦煌。五代歸義軍節度使曹議金第三子，後繼兄曹元深之位爲歸義軍節度使。參見榮新江《歸義軍史研究——唐宋時代敦煌歷史考索》，上海古籍出版社 2015 年版。檢校太尉：官名。爲散官或加官，以示恩寵，無實際執掌。太尉，與司徒、司空並爲三公。　同平章事：官名。"同中書門下平章事"之簡稱。唐高宗以後，凡實際任宰相之職者，常在其本官後加同平章事的職銜。後成爲宰相專稱。後晉天福五年（940），升中書門下平章事爲正二品。

六月己酉，以曹州節度使韓通充西南面行營都虞候。[1]丙辰，以亳州防禦使陳思讓爲邢州留後。[2]庚申，詔："兩京及諸道州府，不得奏薦留守判官、兩使判官、少尹、防禦團練軍事判官，[3]如是隨幕已曾任此職者聽奏。防禦團練刺史州，各置推官一員。"[4]辛酉，廢景州爲定遠軍。[5]癸亥，以前延州節度使袁顗爲滄州節度使，[6]以前邢州節度使田景咸爲鄧州節度使。[7]

[1]西南面行營都虞候：官名。五代時期出征軍隊高級統率官。

[2]亳州：州名。治所在今安徽亳州市。　防禦使：官名。唐代始置，設有都防禦使、州防禦使兩種。常由刺史或觀察使兼任，實際上爲唐代後期州或方鎮的軍政長官。　陳思讓：人名。幽州盧龍（今河北盧龍縣）人。五代、宋初將領。傳見《宋史》卷二六一。　邢州：州名。治所在今河北邢臺市。

[3]留守判官：官名。留守司僚屬，分掌留守司各曹事，並協助留守通判陪都事。　兩使判官：節度判官、觀察判官連稱。節度判官，唐末、五代藩鎮僚佐，位行軍司馬下。觀察判官，唐肅宗以

後置，五代沿置。觀察使屬官，參理田賦事，用觀察使印、署狀。

少尹：官名。唐、五代於三京、鳳翔等府均置少尹，爲尹的副職。協助尹通判列曹諸務。從四品下。　防禦團練：官名。即防禦團練使。唐代置。《舊唐書》卷四四《職官志三》：“上元後，改防禦使爲團練守捉使，又與團練兼置防禦使，名前使，各有副使、判官。”　軍事判官：官名。唐中期節度使、觀察使及設團練使、防禦使之州皆置爲幕職，由各使自行辟舉。五代後唐明宗時設刺史之州亦改防禦判官而置，不得兼録事參軍。

[4]推官：官名。唐肅宗以後置，五代沿置。爲節度、觀察、團練、防禦等使的屬官。度支、鹽鐵等使也置推官掌理刑案之事。

[5]景州：州名。治所在今河北東光縣。

[6]袁羲：人名。袁象先之子。五代將領，歷任復州刺史、左龍武大將軍、左神武統軍、宣徽南院使、延州節度使等。事見本書卷一一一、卷一一二等。　滄州：州名。治所在今河北滄縣舊州鎮。

[7]田景咸：人名。太原（今山西太原市）人。歷仕五代後漢、後周、宋。傳見《宋史》卷二六一。　鄧州：州名。治所在今河南鄧州市。

秋七月丁卯朔，以鳳翔節度使王景兼西南面行營都招討使，以宣徽南院使、鎮安軍節度使向訓兼西南面行營都監。[1]戊辰，太子太傅、魯國公和凝卒。[2]

[1]西南面行營都招討使：官名。自後梁至後周均設此職，掌同招討使，負責某一路、某一道或某一方征討、招撫之事。掌管區域較大而且長官資深者，則委以諸道行營都招討使和副都招討使，否則爲行營招討使和副招討使。　鎮安軍：方鎮名。治所在陳州（今河南淮陽縣）。故屬忠武軍節度。後晉開運二年（945）置鎮安

軍。漢初，軍廢。周廣順二年（952）復之。　西南面行營都監：
官名。唐代中葉命將出征，常以宦官爲監軍、都監。後爲臨時委任
的統兵官，稱都監、兵馬都監。掌屯戍、邊防、訓練之政令。

[2]太子太傅：官名。與太子太師、太子太保統稱太子三師。
隋唐以後多作加官或贈官。從一品。　和凝：人名。鄆州須昌（今
山東東平縣）人。五代後晋宰相。傳見本書卷一二七、《新五代
史》卷五六。　戊辰，太子太傅、魯國公和凝卒：《輯本舊史》之
影庫本粘籤：“魯國，原本作‘路國’，今從和凝本傳改正。”見
《輯本舊史》卷一二七《和凝傳》、《新五代史》卷五六《和凝傳》。

八月癸卯，兵部尚書張昭、太常卿田敏等奏，[1]議
減祠祭所用犧牲之數，由是圜丘、方澤及太廟即用太
牢，[2]餘皆以羊代之。丁未，中書侍郎、平章事、判三
司景範罷判三司，加銀青光禄大夫，[3]依前中書侍郎、
平章事，進封開國伯；以樞密院承旨張美權判三司。[4]
辛亥，詔：“今後應有病患老弱馬，並送同州沙苑監、
衞州牧馬監，[5]就彼水草，以盡飲齕之性。”庚子，太子
太師致仕趙暉卒。[6]乙丑，詔曰：“今後諸處祠祭，應有
牲牢、香幣、饌料、供具等，仰委本司官吏躬親檢校，
務在精至。行事儀式，依附禮經，大祠祭合用樂者，仍
須祀前教習。凡關祀事，宜令太常博士及監察御史用心
點檢，[7]稍或因循，必行朝典。”

[1]兵部尚書：官名。尚書省兵部長官。掌兵衞、武選、車輦、
甲械、廄牧之政令。正三品。　張昭：人名。世居濮州范縣（今河
南范縣）。五代、宋初大臣。傳見《宋史》卷二六三。　太常卿：
官名。太常寺長官。掌宗廟禮儀。正三品。　田敏：人名。淄州鄒

平（今山東鄒平縣）人。五代、宋初大臣、學者。傳見《宋史》卷四三一。

[2]圜丘：南面郊區之祭天場所。　方澤：亦稱“方丘”，古代帝王祭地神的祭壇。　太廟：古代帝王的祖廟。供奉、祭祀皇帝先祖。　太牢：又作“大牢”。古代帝王祭祀或宴會時並用牛、羊、豕三牲，爲太牢。

[3]中書侍郎：官名。中書省副長官。唐後期三省長官漸爲榮銜，中書侍郎、門下侍郎却因參議朝政而職位漸重，常常用爲以“同三品”或“同平章事”任宰相者的本官。正三品。　判三司：官名。通掌鹽鐵、度支、户部三個部門事務。爲三司使之起始。景範：人名。淄州長山（今山東鄒平縣）人。後周宰相。傳見本書卷一二七。　銀青光禄大夫：官名。唐、五代散官。從三品。

[4]樞密院承旨：官名。五代樞密院置，主管承旨司之事。張美：人名。貝州清河（今河北清河縣）人。五代、宋初大臣。傳見《宋史》卷二五九。

[5]同州：州名。治所在今陝西大荔縣。　沙苑監：官署名。唐朝太僕寺置於馮翊縣南十二里（今陝西大荔縣南），掌儲存、牧養隴右群牧牛羊，以供宴享、祭祀及尚食局取用，每歲與典牧署分月供給。玄宗開元二十三年（735）廢，旋復，以養馬爲主，爲重要育馬場之一。　衛州：州名。治所在今河南衛輝市。　牧馬監：官署名。負責養馬事宜。清人徐松《宋會要輯稿·兵二一》之五：“衛州淇水二監，周顯德中置牧馬監，建隆初增葺，復改東西牧龍坊。”

[6]趙暉：人名。澶州（今河南濮陽市）人。五代後唐至後周將領。傳見本書卷一二五。　庚子，太子太師致仕趙暉卒：按《二十史朔閏表》，顯德二年（955）八月丁酉朔。此條前爲癸卯（七日）、丁未（十一日）、辛亥（十五日）記事，後爲乙丑（二十九日）記事，庚子爲初四日，庚子當在本月記事之首。有兩種可能：一爲《輯本舊史》誤置於此，一爲庚子爲壬子（十六日）或庚申

（二十四日）之誤。因無其他證據，今仍其舊。

　　[7]太常博士：官名。漢代始置。爲太常寺屬官。掌辨五禮，討論謚法，贊相導引。從七品上。　　監察御史：官名。唐代屬御史臺之察院，掌監察中央機構、州縣長官及祭祀、庫藏、軍旅等事。唐中期以後，亦作爲外官所帶之銜。正八品下。

　　九月丙寅朔，詔禁天下銅器，始議立監鑄錢。[1]癸未，以太子賓客趙上交爲吏部侍郎，[2]以吏部侍郎于德辰、司徒詡並爲太子賓客。[3]乙酉，詔文武百僚，今後遇天清節，[4]依近臣例各賜衣服。辛卯，西南面招討使王景部送所獲西川軍校姜暉已下三百人至闕。[5]甲午，潞州部送先擒到河東僞兵馬監押程交等二百人至闕。[6]詔所獲西川、河東軍校已下並釋之，各賜錢帛有差。

　　[1]九月丙寅朔，詔禁天下銅器，始議立監鑄錢：《舊五代史考異》：“案《五代會要》：顯德二年九月，敕云：‘今採銅興冶，立監鑄錢，冀便公私，宜行條制。今後除朝廷法物、軍器、官物及鏡，并寺觀内鐘磬、鈸、相輪、火珠、鈴鐸外，其餘銅器，一切禁斷。’”對《舊五代史考異》所引之《會要》卷二七泉貨條文中“今採銅興冶，立監鑄錢，冀便公私”，中華書局本有校勘記：“‘冶’，原作‘治’，‘便’，原作‘使’，據邵本校、《五代會要》卷二七改。”“相輪”，中華書局本有校勘記：“原作‘相輪’，據邵本校、《五代會要》卷二七改。”見《會要》卷二七泉貨條所載周顯德二年（955）九月一日敕。九月一日爲丙辰，與本紀同。

　　[2]太子賓客：官名。爲太子官屬。唐高宗顯慶元年（656）始置。掌侍從規諫、贊相禮儀。正三品。　　趙上交：人名。涿州范陽（今河北涿州市）人。五代、宋初大臣。本名遠，字上交，避後

漢高祖劉知遠諱，遂以字爲名。傳見《宋史》卷二六二。　吏部侍郎：官名。尚書省吏部次官。協助吏部尚書掌文選、勳封、考課之政。正四品上。

　　[3]于德辰：人名。元城（今河北大名縣東）人。五代大臣。傳見本書卷一三一。　司徒詡：人名。清河郡（今河北清河縣）人。五代後唐官員。傳見本書卷一二八。

　　[4]天清節：端午節的別稱。

　　[5]西川：方鎮名。治所在成都府（今四川成都市）。　軍校：即牙校，爲低級武職。　姜暉：人名。籍貫、事跡不詳。本書僅此一見。

　　[6]潞州：州名。治所在今山西長治市。　河東：方鎮名。治所在太原府（今山西太原市）。　兵馬監押：官名。軍隊統兵官，掌軍旅屯戍、營防、訓練之政令。　程交：人名。籍貫、事跡不詳。本書僅此一見。　潞州部送先擒到河東僞兵馬監押程交等二百人至闕：中華書局本有校勘記："'僞'字原闕，據《册府》卷一六七補。'程交'，殿本、劉本作'程支'，《册府》卷一六七作'程友'。"見明本《册府》卷一六七《帝王部·招懷門五》顯德二年九月甲午條。

　　閏月壬子，西南面招討使王景奏，大破西川賊軍於黃花谷，擒僞命都監王巒、孫韜等一千五百餘人。[1]癸丑，秦州僞命觀察判官趙玭以本城降，詔以玭爲郢州刺史。[2]先是，帝以西師久次，[3]艱於糧運，命今上乘驛赴軍前，以觀攻戰之勢。及迴，具以事勢上奏，帝甚悅，至是果成功焉。甲子，祕書少監許遜責授蔡州別駕，[4]坐先假竇氏圖書隱而不還也。[5]

[1]黄花谷：地名。位於今陝西鳳縣東北。《輯本舊史》之影
庫本粘籤："黄花，原本作'黄化'，今從《通鑑》改正。"見《通
鑑》卷二九二顯德二年（955）九月條。　王巒：人名。籍貫不詳。
事見《九國志》卷七《李廷珪傳》。　孫韜：人名。籍貫、事跡不
詳。本書僅此一見。　"閏月壬子"至"孫韜等一千五百餘人"：
此事見《舊五代史考異》："案《九國志·李廷珪傳》：周師攻秦、
鳳，以廷珪爲北路行營都統，高彦儔、吕彦珂爲招討。廷珪遣先鋒
指揮使李進以兵據馬嶺，分兵出斜谷，營於白澗，將腹背以攻周
師；又遣染院使王巒領兵出唐倉，與周師遇，我師敗走，王巒死
之。而馬嶺、斜谷之兵聞之皆退奔，高彦儔與諸將謀退守青泥嶺。
由是秦、鳳、階、成之地，皆陷於周矣。"見《九國志》卷七《李
廷珪傳》。《九國志》該卷録自《大典》卷一八一三六"將"字韻
"後蜀將（一）"事目。

[2]觀察判官：官名。唐肅宗以後置，五代沿置。觀察使屬官，
參理田賦事，用觀察使印、署狀。　趙玭：人名。澶州（今河南濮
陽市）人。五代、宋初將領。傳見《宋史》卷二七四。　郢州：
州名。治所在今湖北鍾祥市。　刺史：官名。州一級行政長官。漢
武帝時始置，總掌考核官吏、勸課農桑、地方教化等事。唐中期以
後，節度使、觀察使轄州而設，刺史爲其屬官，職任漸輕。從三品
至正四品下。　癸丑，秦州僞命觀察判官趙玭以本城降，詔以玭爲
郢州刺史：《舊五代史考異》："案《宋史·趙玭傳》：高彦儔出師救
援，未至，聞軍敗，因潰歸。玭閉門不納，召官屬諭之曰：'今中
朝兵甲無敵于天下，自用師西征，戰無不勝，蜀中所遣將皆武勇
者，卒皆驍健者，然殺戮遁逃之外，幾無孑遺。我輩安忍坐受其
禍，去危就安，當在今日。'衆皆俯伏聽命，玭遂以城歸順。世宗
欲命以藩鎮，宰相范質不可，乃授郢州刺史。"見《宋史》卷二七
四《趙玭傳》。

[3]久次：長期擔任官職。

[4]祕書少監：官名。唐承隋制，置秘書省，設秘書少監二人

協助秘書監工作。從四品上。　　許遜：人名。又作"許愻"。籍貫不詳。後周官員。清泰二年（935），爲右拾遺。事見明本《册府》卷四八〇《臺省部·奸邪門二》。　　蔡州：州名。治所在今河南汝南縣。　　別駕：官名。唐代別駕，秩高俸厚，無具體職務。五代因唐制，府、州均置別駕。時以特恩授士人，時以犯過失的官員充任。上州從四品下，中州正五品下，下州從五品上。

[5]竇氏：其人不詳。

　　冬十月庚午，召近臣射於苑中，賜金器鞍馬有差。辛未，成州歸順。[1]癸酉，以給事中王敏爲工部侍郎。[2]戊寅，高麗國遣使朝貢。丁丑，[3]右散騎常侍康澄責授環州別駕，[4]左司郎中史又玄責授商州長史，[5]左驍衛大將軍元霸責授均州別駕，[6]右驍衛將軍林延提責授登州長史。[7]澄等奉使浙中，迴日以私便停留，逾時復命，故有是責。右諫議大夫李知損配流沙門島，[8]坐安貢章疏，斥讟貴近，及求使兩浙故也。己丑，前太常卿邊蔚卒。[9]是月始議南征。

[1]成州：州名。治所在今甘肅成縣。
[2]王敏：人名。單州金鄉（今山東金鄉縣）人。後周時曾任刑部侍郎、司農卿等職。傳見本書卷一二八。　　工部侍郎：官名。尚書省工部次官。協助尚書掌管百工、山澤、水土之政令，考其功以昭賞罰，總所同各司之事。正四品下。
[3]丁丑：《輯本舊史》之影庫本粘籤："丁丑，以《長曆》推之當作'丁亥'，今無別本可校，姑仍其舊。"顯德二年（955）十月乙丑朔，丁丑爲十三日，但其前條戊寅爲十四日，丁丑條爲誤置，或爲丁亥之誤，因無他證，姑存疑。

[4]右散騎常侍：官名。中書省屬官。掌侍奉規諷，備顧問應對。正三品下。　康澄：人名。籍貫不詳。五代後唐官員。事見本書卷四三。　環州：州名。即威州，周廣順二年（952）改曰環州。治所在今甘肅環縣。

[5]左司郎中：官名。爲尚書左丞副貳，協掌尚書都省事務，監管吏、户、禮部諸司政務。位在諸司郎中上。從五品上。　史又玄：人名。籍貫、事跡不詳。本書僅此一見。　商州：州名。治所在今陝西商洛市商州區。　長史：官名。州府屬官。協助處理州府公務。正四品上至正六品上。　左司郎中史又玄責授商州長史：中華書局本有校勘記：“‘授’字原闕，據殿本、劉本、邵本校補。”

[6]左驍衞大將軍：官名。唐置十六衞之一，掌宮禁宿衞。正三品。　元霸：人名。籍貫、事跡不詳。本書僅此一見。　均州：州名。治所在今湖北丹江口市。

[7]右驍衞將軍：官名。唐置十六衞之一，掌宮禁宿衞。從三品。　林延禔：人名。籍貫、事跡不詳。本書僅此一見。　登州：州名。治所在今山東蓬萊市。

[8]右諫議大夫：官名。隸中書省。唐代置左、右諫議大夫各四人，分隸門下省、中書省。掌諫諭得失，侍從贊相。正四品下。　李知損：人名。大梁（今河南開封市北）人。五代後晋、後漢、後周官員。傳見本書卷一三一。　配流：亦稱流配。中國古代的一種刑罰。將犯人流放到一定地點，强制服役。　沙門島：地名。在今山東長島縣西北廟島，一説大黑山島。《輯本舊史》之影庫本粘籤：“沙門，原本作‘河門’，今從李知損本傳改正。”見《輯本舊史》卷一三一《李知損傳》。

[9]邊蔚：人名。京兆長安（今陝西西安市）人。五代大臣。傳見本書卷一二八。

十一月乙未朔，以宰臣李穀爲淮南道前軍行營都部署，知廬壽等州行府事；[1]以許州節度使王彦超爲行營副部署；[2]命侍衛馬軍都指揮使韓令坤等一十二將，[3]各帶征行之號以從焉。己亥，諭淮南州縣，詔曰："朕自纘承基構，統御寰瀛，方當恭己臨朝，[4]誕修文德，豈欲興兵動衆，專耀武功。顧兹昏亂之邦，須舉弔伐之義。蠢爾淮甸，[5]敢拒大邦，因唐室之陵遲，接黄寇之紛亂，[6]飛揚跋扈，垂六十年，盜據一方，僭稱僞號。幸數朝之多事，與北虜以交通，[7]厚啓戎心，誘爲邊患。晋、漢之代，寰海未寧，而乃招納叛亡，朋助凶慝，李金全之據安陸，[8]李守貞之叛河中，[9]大起師徒，來爲應援，攻侵高密，殺掠吏民，迫奪閩、越之封疆，塗炭湘、潭之士庶。以至我朝啓運，東魯不庭，發兵而應接叛臣，[10]觀釁而憑凌徐部。沭陽之役，[11]曲直可知，尚示包荒，猶稽問罪。邇後維揚一境，[12]連歲阻飢，我國家念彼災荒，大許糴易。前後擒獲將士，皆遣放還；自來禁戢邊兵，不令侵撓。我無所負，彼實多姦，勾誘契丹，至今未已，結連并寇，[13]與我爲讎，罪惡難名，人神共憤。今則推輪命將，鳴鼓出師，徵浙右之樓船，下朗陵之戈甲，[14]東西合勢，水陸齊攻。吴孫皓之計窮，[15]自當歸命；陳叔寶之數盡，[16]何處偷生。應淮南將士軍人百姓等，久隔朝廷，莫聞聲教，雖從僞俗，應樂華風，必須善擇安危，早圖去就。如能投戈獻款，舉郡來降，具牛酒以犒師，納圭符而請命，車服玉帛，豈吝旌酬，土地山河，誠無愛惜。刑賞之令，信若丹青，苟或執迷，寧免後悔。王師所至，軍政甚明，不犯秋毫，有如時雨，百姓父老，各務安居，剽擄焚燒，必令禁止云。”高麗國王王昭加開府儀同三司、檢校太尉，[17]依前使持節玄莬州都督、大義軍使，[18]王如故。辛亥，以前滄州節度使李暉爲邠州節度使。[19]壬子，潞州奏，破河東賊軍於祁縣。[20]癸丑，西南面行營都部署王景奏，收復鳳州，獲僞命節度使王環。[21]乙卯，曲赦秦、鳳、階、成等州管内罪人，自顯德二年十一月已前，凡有罪犯，無問輕重，一切釋放。丁巳，前邠州節度使折從阮卒。[22]己未，邢州奏，河東劉崇死。[23]壬戌，淮南前軍都部署李穀奏，先鋒都指揮使白延遇破淮賊於來遠鎮。[24]

[1]李穀：人名。潁州汝陰（今安徽阜陽市）人。後周宰相。傳見《宋史》卷二六二。　淮南道：道名。唐貞觀十道、開元十五道之一。唐貞觀元年（627）置，轄境相當於今淮河以南，長江以北，東至海，西至今湖北中部。開元二十一年（733）置淮南道採訪處置使，治所在揚州（今江蘇揚州市）。乾元元年（758）廢。但作爲地理區劃一直沿用至五代。　前軍行營都部署：官名。凡行軍征討、掛帥率軍戰鬥，總管行營事務。　廬：州名。治所在今安徽合肥市。　壽：州名。治所在今安徽壽縣。

[2]行營副部署：官名。即“行營副都部署”。爲行營都部署副手。

[3]侍衛馬軍都指揮使：官名。爲侍衛親軍馬軍司長官。後梁始置侍衛親軍，爲禁軍的一支，後唐沿置並成爲禁軍主力，下設馬軍、步軍。　韓令坤：人名。磁州武安（今河北武安市）人。五代、宋初將領。傳見《宋史》卷二五一。　命侍衛馬軍都指揮使韓令坤等十二將：“馬軍”，明本《册府》卷一二三《帝王部·征討

門三》同，卷三二三《宰輔部·總兵門》李轂條作"馬步軍"。

[4]方當恭己臨朝：中華書局本有校勘記："'恭'，原作'躬'，據殿本、《册府》卷一二三改。"

[5]淮甸：後周世宗三次親征南唐，取江淮十四州。

[6]黄寇：即黄巢領導的農民起義。黄巢，曹州冤句（今山東菏澤市）人。唐末農民起義領袖。傳見《舊唐書》卷二〇〇下、《新唐書》卷二二五下。 按黄寇之紛亂：《册府》卷一二三作"接廣寇之喪亂"。

[7]北虜：《輯本舊史》作"北境"，乃忌清諱，中華書局本沿而未改。明本《册府》卷一二三作"北虜"，據改。 "以"，明本《册府》卷一二三作"而"。

[8]李金全：人名。吐谷渾族，早年爲後唐明宗李嗣源奴僕，驍勇善戰，因功升遷。後晋時封安遠軍節度使，後投奔南唐。傳見本書卷九七、《新五代史》卷四八。 安陸：縣名。治所在今湖北安陸市。

[9]李守貞：人名。河陽（今河南孟州市）人。五代藩鎮軍閥。傳見本書卷一〇九、《新五代史》卷五二。 河中：府名。唐開元八年改蒲州爲河中府，因地處黄河中游而得名，其後名稱屢有改易。治所在今山西永濟市。

[10]發兵而應接叛臣："叛臣"，明本《册府》卷一二三作"慕容"。

[11]沭陽：縣名。治所在今江蘇沭陽縣。

[12]維揚：舊揚州及揚州府別稱。

[13]并：州名。治所在今山西太原市。

[14]朗陵：縣名。治所在今河南確山縣西南。

[15]孫皓：人名。即三國吳末帝孫皓。吳郡富春（今浙江杭州市富陽區）人。孫權之孫，孫和之子。264年至280年在位。傳見《三國志》卷四八。

[16]陳叔寶：人名。即陳後主。南朝陳皇帝。582年至589年

在位。禎明三年（589）隋兵入建康被俘，陳亡。紀見《陳書》卷六、《南史》卷一〇。

[17]王昭：人名。高麗王朝第四任君主。高麗太祖王建第四子、惠宗王武弟。乾祐二年（949）受禪即位，廣順三年（953）被後周册封爲高麗國王。死後廟號光宗。參見〔朝〕鄭麟趾等《高麗史》卷二，西南師範大學出版社2014年版。

[18]玄菟州：唐渤海國置，屬新城州都督府。治所在玄菟城（今遼寧瀋陽市東上柏官屯）。　大義軍使：官名。掌領本軍軍務，兼理地方政務。

[19]李暉：人名。瀛州束城（今河北河間市）人。五代將領。傳見本書卷一二九。　邠州：州名。治所在今陝西彬縣。

[20]祁縣：縣名。治所在今山西祁縣。

[21]王環：人名。真定（今河北正定縣）人。五代後周將領。傳見本書卷一二九、《新五代史》卷五〇。　癸丑，西南面行營都部署王景奏，收復鳳州，獲僞命節度使王環：《舊五代史考異》：“案《歐陽史》作戊申。”《新五代史》卷一二《周世宗紀》顯德二年（955）十一月戊申條作“王景克鳳州”。癸丑爲十九日，戊申爲十四日。

[22]折從阮：人名。雲中（今山西大同市）人，羌族折掘氏。五代後唐、後晋、後漢、後周將領。傳見本書卷一二五、《新五代史》卷五〇。

[23]劉崇：人名。即劉旻。太原（今山西太原市）人。後漢高祖劉知遠從弟。後漢時任太原尹，專制一方。後周代漢，他稱帝於太原，國號漢，史稱北漢。傳見本書卷一三五、《新五代史》卷七〇。　己未，邢州奏，河東劉崇死：《舊五代史考異》：“案：《通鑑》作顯德元年十一月，北漢主殂，遣使告於契丹。《考異》引王保衡《見聞要録》《劉繼顒神道碑》爲據，疑《薛史》作二年爲誤。今考《遼史·穆宗紀》，應曆五年十一月，漢主崇殂，應曆五年即周廣順二年也，與《薛史》合，蓋《薛史》《遼史》皆以實録

爲據也。《五代春秋》亦作二年。”見《通鑑》卷二九二顯德元年十一月條《考異》、《遼史》卷六《穆宗紀上》、《五代春秋》周世宗條。《舊五代史考異》所引《遼史》之“漢主崇殂”，中華書局本有校勘記：“‘主’，原作‘王’，據殿本、劉本、《遼史》卷六《穆宗紀上》改。”此條記事，多書有誤。《通鑑》繫劉崇卒於顯德元年十一月，大誤。其《考異》明引劉恕所云“《世宗實錄》、《薛史·帝紀》《僭僞傳》皆云顯德二年十一月，劉崇卒”而不採，誤採王保衡書。《舊五代史考異》駁《通鑑》顯德元年說，本不誤，但云“應曆五年即周廣順二年也，與《薛史》合”。顯德二年誤廣順二年，亦誤。《五代春秋》卷下周世宗條記此事作“晋王崇薨”。

[24]先鋒都指揮使：官名。先鋒，即先鋒部隊。都指揮使，爲所部統兵將領。　白延遇：人名。太原（今山西太原市）人。五代將領。歷仕後晋、後周。傳見本書卷一二四。　來遠鎮：古鎮名。位於今安徽省壽縣西南。

十二月丙寅，以左金吾大將軍蓋萬爲右監門上將軍。[1]丁卯，淄州奏，[2]前中書侍郎、同平章事景範卒。庚午，右金吾衛上將軍王守恩卒。[3]辛未，安州奏，盜殺防禦使張穎。[4]是日，翰林學士承旨徐台符卒。甲戌，李穀奏，破淮賊二千人於壽州城下。[5]丙子，以左諫議大夫、權知開封府事王朴爲左散騎常侍，充端明殿學士，[6]依前權知開封府事。永興軍奏，節度使劉詞卒。[7]己卯，李穀奏，破淮賊千餘人於山口鎮。[8]丙戌，樞密使鄭仁誨卒。[9]辛卯，西南面行營都部署王景差人部送所獲僞鳳州節度使王環至闕。[10]詔釋之，仍賜鞍馬衣服，尋授右驍衛大將軍。[11]是冬，命起居郎陶文舉徵殘租於宋州。[12]文舉本酷吏也，宋民被其刑者凡數千，冤號之聲，聞於道路，有悼耄之輩，不勝其刑而死者數人，物議以爲不允。《永樂大典》卷八千九百八十四。[13]

[1]左金吾大將軍：官名。唐置，掌宮禁宿衛。正三品。　蓋萬：人名。籍貫不詳。五代將領。事見本書卷九九。　右監門上將軍：官名。即“右監門衛上將軍”。唐代置十六衛，掌宮禁宿衛。從二品。

[2]淄州：州名。治所在今山東淄博市。

[3]右金吾衛上將軍：官名。唐代置十六衛，掌宮禁宿衛。從二品。　王守恩：人名。太原（今山西太原市）人。後晋潞州節度使王建立子，後漢時曾任宰相。傳見本書卷一二五。

[4]安州：州名。治所在今湖北安陸市。　張穎：人名。太原人（今山西太原人），一說并州陽曲（山西陽曲縣）人。張永德之父。後周將領。傳見本書卷一二九。

[5]壽州：州名。治所在今安徽壽縣。

[6]左諫議大夫：官名。隸門下省。唐代置左、右諫議大夫各四人，分隸門下省、中書省。掌諫諭得失、侍從贊相。正四品下。　開封府：府名。後梁都城。治所在今河南開封市。　王朴：人名。東平（今山東東平縣）人。後周大臣，官至樞密使。曾獻《平邊策》，提出了統一全國先易後難之戰略方針，被周世宗採納。傳見本書卷一二八、《新五代史》卷三一。　左散騎常侍：官名。門下省屬官。掌侍奉規諷，備顧問應對。正三品下。　端明殿學士：官名。五代後唐天成元年（926）明宗初即位，每有四方書奏，多令樞密使安重誨進讀，重誨不曉文義。於是孔循獻議，設端明殿學士，命馮道等爲之，位在翰林學士之上。此後沿置。

[7]永興軍：方鎮名。治所在京兆府（今陝西西安市）。　劉詞：人名。元城（今河北大名縣）人。五代將領。傳見本書卷一二四、《新五代史》卷五〇。

［8］山口鎮：鎮名。位於今安徽淮南市西。

［9］樞密使：官名。樞密院長官。唐代宗時始以宦官掌機密，至昭宗時借朱溫之力盡誅宦官，始改以士人任樞密使。備顧問，參謀議，出納詔奏，權侔宰相。參見李全德《唐宋變革期樞密院研究》，國家圖書館出版社 2009 年版。　鄭仁誨：人名。晋陽（今山西太原市）人。後周太祖時樞密使、宰相。傳見本書卷一二三、《新五代史》卷三一。

［10］西南面行營都部署王景差人部送所獲僞鳳州節度使王環至闕：中華書局本有校勘記：“‘鳳州’，原作‘鳳翔’，據《册府》卷一六七改。按《册府》卷九六、《通鑑》卷二九二皆記時獲蜀鳳州節度使王環。”見明本《册府》卷九六《帝王部·赦宥門一五》、卷一六七《帝王部·招懷門五》則載十二月辛卯，右領衛將軍王繼清押僞鳳州節度使王環以下四十三人到闕，《通鑑》卷二九二亦記十一月戊申王景克鳳州，擒王環。

［11］尋授右驍衛大將軍：中華書局本有校勘記：“本書卷一二九《王環傳》作‘授右驍衛大將軍’，《通鑑》卷二九二作‘以王環爲右驍衛大將軍’，‘驍衛’下疑脱‘大’字。”見《通鑑》卷二九二顯德三年（956）正月丙午條，今據補。

［12］起居郎：官名。唐代始置，屬門下省。與中書省起居舍人同掌起居注，記皇帝言行。從六品上。　陶文舉：人名。籍貫、事跡不詳。本書僅此一見。　宋州：州名。治所在今河南商丘市睢陽區。

［13］《大典》卷八九八四“周”字韻“世宗（一）”事目。

舊五代史　卷一一六

周書七

世宗紀第三

顯德三年春正月乙未朔，[1]帝不受朝賀。前司空蘇禹珪卒。[2]丁酉，李穀奏，破淮賊於上窰。[3]戊戌，發丁夫十萬城京師羅城。[4]庚子，詔取此月八日幸淮南。[5]殿中監馬從斌免所居官，[6]坐乾没外孫女霍氏之貲産，[7]爲人所訟故也。辛丑，以宣徽南院使向訓爲權東京留守，以端明殿學士王朴爲副留守。[8]壬寅，車駕發京師。丁未，李穀奏，自壽州引軍退守正陽。[9]辛亥，李重進奏，大破淮賊於正陽，斬首二萬餘級，伏尸三十里，臨陣斬賊大將劉彦貞，生擒偏將咸師朗已下，獲戎甲三十萬副、馬五百匹。先是，李穀駐軍於壽春城下，以攻其城，既而淮南援軍大至，乃與將佐謀曰：“賊軍舟棹將及正陽，我師無水戰之備，萬一橋梁不守，則大軍隔絶矣。不如全師退守正陽浮橋，以俟鑾輅。”諸將皆以爲然，遂燔其糧草而退。軍迴之際，無復嚴整，公私之間，頗多亡失，淮北役夫，亦有陷於賊境者。帝聞之，急詔侍衛都指揮使李重進率師赴之。[10]時淮賊乘李穀退軍之勢，發戰棹數百艘，沿淮而上，且張斷橋之勢，彥貞以大軍列陣而進。李重進既至正陽，聞淮軍在近，率諸將渡橋而進，與賊軍遇，重進等合勢擊之，一鼓而敗之。殺獲之外，降者三千餘人，皆爲我將趙晁所殺。[11]甲寅，車駕至正陽。以侍衛都指揮使李重進爲淮南道行營都招討使，[12]命宰臣李穀判壽州行府事。乙卯，車駕渡淮。丙辰，至壽州城下，營於州西北淝水之陽，[13]詔移正陽浮橋於下蔡。[14]庚申，耀兵於城下。[15]壬戌，今上奏，破淮賊萬餘衆於渦口，斬僞兵馬都監何延錫等，[16]獲戰船五十艘。

[1]顯德：五代後周太祖郭威年號（954）。世宗柴榮、恭帝柴宗訓沿用（954—960）。

[2]司空：官名。與太尉、司徒並爲三公。唐後期、五代多爲大臣、勳貴加官。正一品。　蘇禹珪：人名。高密（今山東高密市）人。劉知遠爲河東節度時的屬官，後漢初任宰相。傳見本書卷一二七。

[3]李穀：人名。潁州汝陰（今安徽阜陽市）人。後周宰相。傳見《宋史》卷二六二。　上窰：地名。位於今安徽淮南市東北上窰鎮。《輯本舊史》之影庫本粘籤："上窰，原本作'上黨'，其地與淮南殊遠。考《通鑑》作上窰，胡三省注云：壽州南有地名上窰。今改正。"見《通鑑》卷二九二顯德三年正月丁酉條。《通鑑》正文丁酉條載李穀奏，但此條胡注祇注"窰"之音，並言："又作窯"。未見"壽州南有地名上窰"條。

[4]羅城：古代爲加强防守，在城墻外加建的凸出形小城圈。

[5]淮南：方鎮名。治所在揚州（今江蘇揚州市）。此處代指
南唐。南唐地處東南，據有揚、楚、潤、滁等數十州，其領地多在
淮河以南，故而得名。

[6]殿中監：官名。殿中省長官。掌宮廷供奉之事。從三品。
馬從斌：人名。籍貫不詳。五代後晉官員。事見本書卷七七。
“馬從斌”，中華書局本有校勘記：“原作‘馬從贇’，據本書卷一一
二《周太祖紀三》、《册府》卷九四二改。”《輯本舊史》卷一一二
《周太祖紀三》廣順二年（952）十一月庚申條載：“以前少府監馬
從斌爲殿中監”，《宋本册府》卷九四二《總録部·黷貨門》馬從
斌條載“世宗顯德中爲殿中監”。

[7]乾没：指私吞公有或私人的財物。

[8]宣徽南院使：官名。唐始置。宣徽南院的長官。初用宦官，
五代以後改用士人。與宣徽北院使通掌内諸司及三班内侍之名籍，
郊祀、朝會、宴享供帳之儀，檢視内外進奉名物。參見王永平《論
唐代宣徽使》，《中國史研究》1995 年第 1 期；王孫盈政《再論唐
代的宣徽使》，《中華文史論叢》2018 年第 3 期。　向訓：人名。
懷州河内（今河南沁陽市）人。五代、宋初將領。避周恭帝諱改名
向拱。傳見《宋史》卷二五五。　端明殿學士：官名。後唐明宗始
置，以翰林學士充任，負責誦讀四方書奏。　王朴：人名。東平
（今山東東平縣）人。後周大臣，官至樞密使。曾獻《平邊策》，
提出了統一全國先易後難之戰略方針，被周世宗採納。傳見本書卷
一二八、《新五代史》卷三一。　副留守：官名。古代在都城、陪
都或軍事重鎮所設留守，由地方行政長官兼任。副留守爲留守
之貳。

[9]壽州：州名。治所在今安徽壽縣。　正陽：地名。位於今
安徽壽縣西南、淮河南岸正陽關。《輯本舊史》之影庫本粘籤：“正
陽，原本作‘上陽’，考《歐陽史》《五代春秋》《通鑑》俱作正
陽，今改正。”見《新五代史》卷一二《周世宗紀》顯德三年
（956）正月辛亥條、《五代春秋》卷下周世宗條，《通鑑》卷二九

二顯德三年正月庚子條載："命李重進將兵先赴正陽。"

　　[10]李重進：人名。滄州（今河北滄縣舊州鎮）人。五代後周將領。北宋建立後起兵反叛，兵敗身死。傳見《宋史》卷四八四。　劉彥貞：人名。兗州中都（今山東汶上縣）人。五代十國南唐將領。傳見陸游《南唐書》卷九、馬令《南唐書》卷一七。咸師朗：人名。籍貫不詳。五代十國將領。事見《通鑑》卷二九〇、卷二九二。中華書局本有校勘記："原作'成師朗'，據陸游《南唐書》卷九改。"但秘册彙函本及張校汲古閣本作成師朗。壽春：縣名。治所在今安徽壽縣。　鑾輅：天子之車。　侍衛都指揮使：官名。即侍衛親軍都指揮使。五代時侍衛親軍之長官，多爲皇帝親信。　"辛亥"至"一鼓而敗之"：《舊五代史考異》："案《南唐書·劉彥貞傳》：彥貞生長富貴，不練兵事，裨將武彥暉、張廷翰、咸師朗皆鬭將，無籌略，見周師退，以爲怯，惟恐不得速戰，士未及朝食，即督以進，遇周將李重進于正陽東。彥貞置陣，橫布拒馬，聯貫利刃，以鐵繩維之，刻木爲猛獸攫拏狀，飾以丹碧，立陣前，號捷馬牌，又以革囊貯鐵蒺藜布于地。周師望而笑其怯，銳氣已增。一戰我師大敗，師朗等皆被擒，彥貞殁于陣。"見陸游《南唐書》卷九《劉彥貞傳》。"我師大敗"，中華書局本有校勘記："'我'字原闕，據陸游《南唐書》卷九補。"《輯本舊史》之殿本案語："馬令《南唐書》：世宗親征，行至圉鎮，聞穀軍却，意唐兵必追之，遣李重進急趨正陽，曰：'唐兵且至，宜急擊之。'彥貞等聞穀退軍，皆以爲怯，裨將咸師朗曰：'追之可大獲。'劉仁贍使人喻之曰：'君來赴援，未交戰而敵人退，不可測也，慎勿追逐。君爲大將，安危以之，脱有不利，大事去矣。'前軍張全約亦曰：'不可追。'彥貞曰：'軍容在我，汝輩何知？沮吾事者斬！'比至正陽，而重進先至，未及食而戰。彥貞施利刃于拒馬，又刻木爲獸，號捷馬牌，以皮囊布鐵蒺藜于地。周兵見而知其怯，一鼓而敗之，彥貞死于陣。"見馬令《南唐書》卷一七《義死傳》下《劉彥貞傳》。

[11]趙晁：人名。籍貫不詳。五代後周將領。事見本書本卷、卷一一七。

[12]淮南道：道名。唐貞觀十道、開元十五道之一。唐貞觀元年（627）置，轄境相當於今淮河以南，長江以北，東至海，西至今湖北中部。開元二十一年（733）置淮南道採訪處置使，治所在揚州（今江蘇揚州市）。乾元元年（758）廢。但作爲地理區劃一直沿用至五代。　行營都招討使：官名。自後梁至後周均設此職，掌同招討使，負責某一路、某一道或某一方征討、招撫之事。掌管區域較大而且長官資深者，則委以諸道行營都招討使和副都招討使，否則爲行營招討使和副招討使。　以侍衛都指揮使李重進爲淮南道行營都招討使：“侍衛都指揮使”，《通鑑》同，明本《册府》卷一二〇《帝王部·選將門二》顯德三年正月條作“侍衛馬步軍都指揮使”。

[13]淝水：水名。發源於肥西縣、壽縣之間的將軍嶺，分爲二支：向西北流者，出壽縣而入淮河；向東南流者，注入巢湖。

[14]下蔡：縣名。治所在今安徽鳳臺縣。《輯本舊史》之影庫本粘籤：“下蔡，原本脱‘下’字，今從《通鑑》增入。”見《通鑑》卷二九二顯德三年正月丙辰條。

[15]庚申，耀兵於城下：《舊五代史考異》：“案《春明退朝録》云：家有范魯公《雜録》，記世宗親征忠正，駐蹕城下，中夜有白虹自淝水起，亘數丈，下貫城中，數刻方没。”見《春明退朝録》卷下。

[16]渦口：地名。渦水入淮河之處。位於今安徽懷遠縣東北。　兵馬都監：官名。唐代中葉命將出征，常以宦官爲監軍、都監。後爲臨時委任的統兵官，稱都監、兵馬都監。掌屯戍、邊防、訓練之政令。　何延錫：人名。籍貫不詳。五代十國南唐將領。事見本書本卷、卷一三四。

　　二月丙寅，幸下蔡。斬前濟州馬軍都指揮使康儼於路左，[1] 坐橋道不謹也。朗州節度使王進逵奏，[2] 領兵入淮南界。戊辰，廬壽巡檢使司超奏，破淮賊三千於盛唐，獲都監偽吉州刺史高弼以獻。[3] 詔釋之。兵部尚書張昭奏，[4] 準詔撰集兵法，分爲十卷，凡四十二門，目之爲《制旨兵法》，上之。優詔褒美，仍以器幣賜之。壬申，今上奏，破淮賊萬五千人於清流山，乘勝攻下滁州，擒偽命江州節度使、充行營應援使皇甫暉，常州團練使、充應援都監姚鳳以獻。[5] 甲戌，江南國主李景遣泗州牙將王知朗齎書一函至滁州，[6] 本州以聞，書稱“唐皇帝奉書於大周皇帝”，其略云：“願陳兄事，永奉鄰歡，設或俯鑒遠圖，下交小國，悉班卒乘，俾乂蒼黔，慶雞犬之相聞，奉瓊瑤以爲好，必當歲陳山澤之利，少助軍旅之須。虔俟報章，以聽高命，道塗朝坦，禮幣夕行”云。書奏不答。乙亥，今上縶送所獲江南二將皇甫暉、姚鳳至行在，詔釋之。壬午，江南國主李景遣其臣偽翰林學士户部侍郎鍾謨、偽工部侍郎文理院學士李德明等，[7] 奉表來上，敘願依大國稱臣納貢之意，仍進金器千兩，錦綺綾羅二千匹及御衣、犀帶、茶茗、藥物等，又進犒軍牛五百頭，酒二千石。是日，賜謨等錦綺綾羅二百匹，銀器一百兩，襲衣、金帶、鞍馬等。丙戌，侍衛馬軍都指揮使韓令坤奏，收下揚州。[8] 丁亥，壽州城內偽左神衛軍使徐象等一十八人來奔。[9] 庚寅，朗州節度使王進逵上言，領兵入鄂州界，攻下長山砦，[10] 殺賊軍三千餘衆。辛卯，今上表偽命天長軍制置使耿謙以本軍降，[11]獲糧草二十餘萬。侍衛馬軍都指揮使韓令坤上言，泰州降。[12]癸巳，荆南上言，朗州節度使王進逵爲部將潘叔嗣所殺，[13]遣人詣潭州，請周行逢爲帥，[14]行逢至朗州，斬叔嗣於市。

[1]濟州：州名。治所在今山東巨野縣。　馬軍都指揮使：官名。馬軍統兵將領。　康儼：人名。籍貫不詳。本書僅此一見。

[2]朗州：州名。治所在今湖南常德市。　節度使：官名。唐時在重要地區所設掌握一州或數州軍事、民事、財政的長官。　王進逵：人名。即王逵。武陵（今湖南常德市）人，郭威授之武平節度使。事見本書卷一三三、《新五代史》卷六六。

[3]廬：州名。治所在今安徽合肥市。　巡檢使：官名。五代始設巡檢於京師、陪都、重要的州及邊防重鎮。　司超：人名。後周、宋初官員，歷任廬壽巡檢使、黄州刺史。傳見《宋史》卷二七二。　盛唐：縣名。治所在今安徽六安市。梁開平二年（908）八月，改爲霍山縣。後唐同光元年（923）十月，復爲盛唐。　吉州：州名。治所在今江西吉安市吉州區。　刺史：官名。州一級行政長官。漢武帝時始置，總掌考核官吏、勸課農桑、地方教化等事。唐中期以後，節度使、觀察使轄州而設，刺史爲其屬官，職任漸輕。從三品至正四品下。　高弼：人名。籍貫、事跡不詳。本書僅此一見。

[4]兵部尚書：官名。尚書省兵部長官。掌兵衛、武選、車輦、甲械、厩牧之政令。正三品。　張昭：人名。世居濮州范縣（今河南范縣）。五代、宋初大臣。傳見《宋史》卷二六三。

[5]清流山：山名。位於今安徽滁州市。　滁州：州名。治所在今安徽滁州市。　江州：州名。治所在今江西九江市。　行營應援使：官名。五代十國時設置的臨時軍事職務，掌隨軍救援，事畢即罷。　皇甫暉：人名。魏州（今河北大名縣）人，五代藩鎮將

領。傳見本書附録、《新五代史》卷四九。　　常州：州名。治所在今江蘇常州市。　　團練使：官名。唐代中期以後，於不設節度使的地區設團練使，掌本區各州軍事。　　應援都監：官名。爲臨時委任的統兵官，掌應援事宜。　　姚鳳：人名。籍貫不詳。五代十國時期南唐將領，爲後周所擒。事見本書本卷。　　"壬申"至"充應援都監姚鳳以獻"：《輯本舊史》之影庫本粘籤："清流，原本作'青琉'，今從《歐陽史》改正。"《新五代史》卷四九《皇甫暉傳》作清流關，《通鑑》卷二九二顯德三年（956）正月辛亥條胡注："梁置南譙州於桑根山之陽，在滁州清流縣西南八十里。隋始置清流縣，唐爲滁州治所。清流關在縣西南二十餘里，南唐所置也。"《舊五代史考異》："案歐陽脩《豐樂亭記》，太祖以周師破李景兵十五萬于清流關下，與《薛史》作萬五千人異。考《國老談苑》云：太祖提周師甚寡，當李景兵十五萬于清流山下，臨陣親斬驍將皇甫暉。疑《豐樂亭記》即本于此。第皇甫暉以傷重被擒，而《談苑》云臨陣親斬，小説家多傅會之詞，恐不足信。"對《舊五代史考異》所引之《國老談苑》，"太祖提周師甚寡"，中華書局本有校勘記："'提'，原作'捷'，據殿本《考證》、劉本《考證》、《國老談苑》卷一改。"《舊五代史考異》："案王銍《默記》：李景聞世宗親至淮上，而滁州其控扼，且援壽州，命大將皇甫暉、監軍姚鳳提兵十萬扼其地。太祖以周師數千與暉遇于清流關隘路，周師大敗，暉整全師入憩滁州城下，會翊日再出。太祖兵聚關下，且虞暉兵再至，問諸村人，云有鎮州趙學究在村中教學，多智計，村民有爭訟者，多請以決曲直。太祖往訪之，學究曰：'我有奇計，所謂因敗爲勝，輔禍爲福。今關下有徑路，人無行者，雖牌軍亦不知之，乃山之背也，可以直抵城下。方值西澗水大漲之時，彼必謂我既敗之後，無敢躡其後者，誠能由山背小路率兵浮西澗水至城下，斬關而入，可以得志。'太祖大喜，且命學究以指其路。學究亦不辭，而遣人前導，即下令誓師，夜從小徑行，三軍跨馬浮西澗以迫城，暉果不爲備。奪門以入，暉始聞之，率親兵擐甲與太祖巷戰，三縱而三擒之，遂下滁州。"見《默記》卷上。對《舊五代史考異》所引之《默記》，"問諸村人"，中華書局本有校勘記："'問'，原作'聞'，據殿本、劉本、《默記》卷上改。"

[6]李景：人名。即南唐元宗李璟。徐州（今江蘇徐州市）人。南唐烈祖李昇長子，南唐第二位皇帝。後削去帝號，改稱國主。傳見本書卷一三四、《新五代史》卷六二。 泗州：州名。治所在今江蘇泗洪縣東南，今已没入洪澤湖中。 牙將：官名。古代軍隊中的中低級軍官。 王知朗：人名。五代十國南唐官員。事見《新五代史》卷三三、卷六二。 江南國主李景遣泗州牙將王知朗齎書一函至滁州：明本《册府》卷一一八《帝王部·親征門三》顯德三年二月甲戌條作"徐州遣牙將王喦，押泗州牙校王知朗齎江南國主李景書一函來"。

[7]翰林學士：官名。由南北朝始設之學士發展而來，唐玄宗改翰林供奉爲翰林學士，備顧問，代王言，掌拜免將相、號令征伐等詔令的起草。 户部侍郎：官名。尚書省户部次官。協助户部尚書掌天下田户、均輸、錢穀之政令。正四品下。 郎鍾謨：人名。籍貫不詳。歷任户部侍郎、禮部侍郎。事見《通鑑》卷二九二、卷二九四。 工部侍郎：官名。尚書省工部次官。協助尚書掌管百工、山澤、水土之政令，考其功以昭賞罰，總所同各司之事。正四品下。 文理院學士：官名。文理院官員。南唐設。 李德明：人名。五代十國南唐官員。事見《新五代史》卷六二。《輯本舊史》之影庫本粘籤："李德明，原本作'德名'，今從《通鑑》改正。"見《通鑑》卷二九二顯德三年二月壬午條。

[8]侍衛馬軍都指揮使：官名。爲侍衛親軍馬軍司長官。後梁始置侍衛親軍，爲禁軍的一支，後唐沿置並成爲禁軍主力，下設馬軍、步軍。中華書局本有校勘記："'都'字原闕，據本書卷一一五《周世宗紀二》及本卷下文補。'使'字原闕，據邵本校、本書卷一一五《周世宗紀二》及本卷下文補。"見《輯本舊史》卷一一五《周世宗紀二》顯德二年十一月乙未條云"命侍衛馬軍都指揮使韓

令坤等一十二將”。 韓令坤：人名。磁州武安（今河北武安市）人。五代、宋初將領。傳見《宋史》卷二五一。《輯本舊史》之影庫本粘籤：“韓令坤，原本作‘全坤’，今從《通鑑》及《宋史》改正。”見《通鑑》卷二九二顯德三年二月己卯條、《宋史》卷二五一《韓令坤傳》。《舊五代史考異》：“案《東都事略·韓令坤傳》：率兵襲揚州，將吏開門以迎之，令坤整衆而入，市不易肆，人甚悅。”見《東都事略》卷一九《韓令坤傳》。 揚州：州名。治所在今江蘇揚州市。

[9]左神衛軍使：官名。所部統兵將領。“神衛”爲部隊番號。徐象：人名。籍貫、事跡不詳。本書僅此一見。 壽州城內僞左神衛軍使徐象等一十八人來奔：中華書局本有校勘記：“‘僞’字原闕，據《册府》卷一六七補。按本書書南唐官吏例用‘僞’字。”見明本《册府》卷一六七《帝王部·招懷門五》顯德三年二月丁亥等條。

[10]鄂州：州名。治所在今湖北武漢市武昌區。 攻下長山砦：長山砦，地名。五代南唐置，位於今湖北通城縣南。中華書局本有校勘記：“‘下’字原闕，據《册府》卷四三五、《通鑑》卷二九二《考異》引《世宗實録》、《新五代史》卷六六《楚世家》改。按《通鑑》卷二九二敘其事作‘王逵奏拔鄂州長山寨’。”見明本《册府》卷四三五《將帥部·獻捷門二》，《通鑑》卷二九二顯德三年二月癸巳條《考異》引《世宗實録》作“長山寨”。

[11]天長軍制置使：《通鑑》卷二九二、《十國春秋》卷一六作“天長制置使”。天長軍，即南唐建武軍。天長軍爲異名。治天長縣（今安徽天長市）。制置使，官名。唐後期臨時差遣官，爲地方用兵時控制當地秩序而設。 耿謙：人名。籍貫不詳。南唐將領。事見《通鑑》卷二九二、《十國春秋》卷一六。

[12]泰州：州名。治所在今江蘇泰州市。

[13]荊南：又稱南平。五代十國之一。五代後梁開平元年朱温命高季興爲荊南節度使，梁末帝時封其爲渤海王。同光二年受後唐

封爲南平王。　潘叔嗣：人名。籍貫不詳。五代十國藩鎮軍閥。後爲周行逢所殺。事見本書本卷及《新五代史》卷六六。　朗州節度使王進逵爲部將潘叔嗣所殺：《舊五代史考異》：“案《九國志·王逵傳》：領衆逼宜春，道出長沙，耀兵金波亭，有蜜蜂集纛蓋中，占者以爲不利，遂留長沙。今行營副使毛立領兵南下，以潘叔嗣、張文表爲前鋒。叔嗣怒，至灃陵擁衆而還。逵聞兵叛，乃乘輕舸奔歸武陵，叔嗣追殺之于朗州城外。”見《九國志》卷一《楚·王逵傳》。對《舊五代史考異》所引之《九國志》，“領衆逼宜春”，中華書局本有校勘記：“‘逼’，原作‘適’，據殿本、劉本、《九國志》卷一一改。”

[14]潭州：州名。治所在今湖南長沙市。　周行逢：人名。朗州武陵（今湖南常德市武陵區）人。五代藩鎮軍閥。傳見《新五代史》卷六六。

三月丙申，行光州刺史何超奏，光州僞命都監張承翰以城歸順，尋授承翰集州刺史。[1]庚子，文武百僚再上表請聽樂，詔允之。行舒州刺史郭令圖奏，收下舒州。[2]江南國主李景表送先隔過朝廷兵士一百五十人至行在。其軍即蜀軍也，秦、鳳之役，爲王師所擒，配隸諸軍，及渡淮，輒復南逸。帝怒其奔竄，盡戮之。[3]丙午，江南國主李景遣其臣僞司空孫晟、僞禮部尚書王崇質等奉表來上，[4]仍進金一千兩，銀十萬兩，羅綺二千匹，又進賞給將士茶絹金銀羅帛等。庚戌，兩浙奏，遣大將率兵攻常州。延州留後李彥頵奏，[5]蕃衆與部民爲亂，尋與兵司都監閻綰掩殺，獲其酋帥高闑兒等十人，磔於市。[6]彥頵本賈人也，貪而好利，蕃漢之民怨其侵刻，故至於是。辛亥，賜江南李景書曰：

頃自有唐失御，天步方艱，巢、蔡喪亂之餘，朱、李戰爭之後，[7]中夏多故，六紀於茲，海縣瓜分，英豪鼎峙，自爲聲教，各擅烝黎，連衡而交結四夷，乘釁而憑凌上國。華風不競，否運所鍾，凡百有心，孰不興憤？

朕猥承先訓，恭荷永圖，德不迨於前王，道不方於往古。然而擅一百州之富庶，握三十萬之甲兵，[8]農戰交修，士卒樂用，[9]思欲報累朝之宿怨，刷萬姓之包羞。是以踐位已來，懷安不暇，破幽、并之巨寇，[10]收秦、鳳之全封，兵不告疲，民有餘力。一昨迴軍隴上，問罪江干，我實有辭，咎將誰執？朕親提金鼓，尋渡淮湄，上順天心，下符人欲，前鋒所向，彼衆無遺，[11]棄甲僵屍，動盈川谷。收城徇地，已過滁陽，[12]豈有落其爪牙，折其羽翼，潰其心腹，扼其吭喉而不亡者哉！

早者，泗州主將遞送到書一函；尋又使人鍾謨、李德明至，齎所上表及貢奉衣服腰帶、金銀器幣、茶藥牛酒等，今又使人孫晟等並到行朝。觀其降身聽命，引咎告窮，所謂君子見機，不俟終日，苟非達識，孰能若斯？但以奮武興戎，所以討不服；惇信明義，所以懷遠人，五帝三王，[13]盛德大業，恒用此道，以正萬邦。

朕今躬統戎師，龔行討伐，告於郊廟社稷，詢於將相公卿，天誘其衷，國無異論。苟不能恢復內地，[14]申畫邊疆，便議班旋，真同戲劇，則何以光祖宗之烈，厭士庶之心，匪獨違天，兼且咈衆。但以淮南部内，已定六州，廬、壽、濠、黃，[15]大軍悉集，指期剋日，拉朽焚枯，其餘數城，非足介意。[16]必若盡淮甸之土地，爲大國之提封，[17]猶是遠圖，豈同迷復。[18]如此則江南吏卒，悉遣放還；江北軍民，並當留住，免違物類之性，俾安鄉土之情。至於削去尊稱，願輸臣禮，非無故事，實有前規。蕭詧奉周，[19]不失附庸之道；孫權事魏，[20]自同藩國之儀。古也雖然，今則不取，但存帝號，何爽歲寒。儻堅事大之心，終不迫人於險，事資真愨，[21]辭匪枝游，俟諸郡之悉來，即大軍之立罷。質於天地，信若丹青，我無彼欺，爾無我詐，言盡於此，更不煩云，苟曰未然，請自兹絶。

切以陽春在候，庶務繁思，願無廢於節宣，更自期於愛重。音塵非遠，風壤猶殊，翹想所深，勞於夢寐。

又賜其將佐書曰：

朕自類禡出師，麾旄問罪，絶長淮而電擊，指建業以鷹揚，[22]旦夕之間，克捷相繼。至若兵興之所自，釁起之所來，勝負之端倪，戎甲之次第，不勞盡諭，必想具知。

近者金陵使人，[23]繼來行闕，追悔前事，委質大朝，非無謝咎之辭，亦有罷軍之請。但以南邦之土地，本中夏之封疆，苟失克復之期，大辜朝野之望，已興是役，固不徒還。[24]必若自淮以南，盡江爲界，盡歸中國，猶是遠圖。所云願爲外臣，乞比湖、浙，彼既服義，朕豈忍人，必當別議封崇，待以殊禮。凡爾將佐，各盡乃心，善爲國家之謀，勉擇恒久之利。

初，李景遣鍾謨、李德明奉表至行闕，使人面奏云：「本國主願割壽、濠、泗、楚、光、海六州之地，[25]歸於大朝。」帝志在盡取江北諸郡，不允其請。使人見王師急攻壽陽，[26]李德明奏曰：「願陛下寬臣數日之誅，容臣自往江南，取本國表，盡獻江北之地。」帝許之，乃令李德明、王崇質齎此書以賜李景。

[1]光州：州名。治所在今河南潢川縣。　何超：人名。籍貫不詳。後周將領。歷任光州刺史、軍校。事見本書本卷、卷一二九。　張承翰：人名。籍貫不詳。五代十國南唐官員。事見《新五代史》卷六二。　集州：州名。治所在今四川南江縣。

[2]舒州：州名。治所在今安徽潛山縣。　郭令圖：人名。籍貫不詳。後周將領。歷任舒州刺史、虢州教練使。事見本書本卷。　行舒州刺史郭令圖奏，收下舒州：《舊五代史考異》：「案《隆平集·王審琦傳》：世宗征淮，舒州堅壁不下，以郭令圖爲刺史，命審琦、司超將兵攻城。一夕拔之。令圖入，復見逐于郡人。審琦方進軍援黃州，聞令圖被逐，乃選騎銜枚襲城，夜敗其衆而復納之。」見《隆平集》卷一六《王審琦傳》。

[3]秦：州名。治所在今甘肅秦安縣。　鳳：州名。治所在今陝西鳳縣。　「江南國主李景表送先隔過朝廷兵士一百五十人至行在」至「盡戮之」：《通鑑》卷二九三顯德三年（956）三月癸卯條載：「唐主表獻百五十人，上悉命斬之。」

[4]孫晟：人名。即孫忌。高密（今山東高密市）人，一説齊

郡（今山東濟南市）人。五代十國南唐大臣。傳見本書卷一三一。

　　禮部尚書：官名。尚書省禮部長官。掌禮儀、祭享、貢舉之政。正三品。　　王崇質：人名。籍貫不詳。五代十國南唐大臣。事見《新五代史》卷三三及卷六二。

　　[5]延州：州名。治所在今陝西延安市。　　留後：官名。原非正式命官，唐朝節度使入朝或宰相、親王遙領節度使不臨鎮則置。安史之亂後，節度使多以子弟或親信爲留後，以代行節度使職務，亦有軍士、叛將自立爲留後者。掌一州或數州軍政。北宋始爲朝廷正式命官。　　李彥頵：人名。太原（今山西太原市）人。後周官員。傳見本書卷一二九。

　　[6]兵司都監：官名。唐代中葉命將出征，常以宦官爲監軍、都監。後爲臨時委任的統兵官，亦稱都監、兵馬都監。掌屯戍、邊防、訓練之政令。　　閻縉：人名。籍貫、事跡不詳。本書僅此一見。　　高閬兒：人名。蕃部首領。本書僅此一見。　　磔：古代刑罰的一種。將犯人開膛斬殺。

　　[7]朱、李戰爭之後：《輯本舊史》之影庫本粘籤："朱、李，原本作'朱子'，今據文改正。"明本《册府》卷一六七《帝王部‧招懷門五》即作"朱李"。

　　[8]握三十萬之甲兵：中華書局本有校勘記："'三十'，原作'三十一'，據殿本、劉本、彭校、《册府》卷一六七、《新五代史》卷六二《南唐世家》改。"見明本《册府》卷一六七、《新五代史》卷六二《南唐世家》保大十四年（956）三月條。

　　[9]士卒樂用：明本《册府》卷一六七作"士卒樂甲"。

　　[10]幽：州名。治所在今北京市。　　幷：州名。治所在今山西太原市。

　　[11]彼衆無遺：明本《册府》卷一六七作"彼寇無遺"。

　　[12]滁陽：地名。位於今安徽合肥東北。

　　[13]五帝：指伏羲、神農、黃帝、堯、舜。　　三王：指夏、商、周三代開國君主，即夏禹、商湯、周文王。

[14]苟不能恢復内地：明本《册府》卷一六七作“苟不能恢復外地”。

[15]濠：州名。治所在今安徽鳳陽縣。　黄：州名。治所在今湖北黄岡市黄州區。

[16]非足介意：中華書局本有校勘記：“‘介’，原作‘屆’，據殿本、劉本、彭校、《册府》卷一六七改。”

[17]提封：原指諸侯封地。後引申爲領地、疆土。中華書局本有校勘記：“‘提封’，原作‘隄封’，據殿本、劉本、彭校、《册府》卷一六七改。”

[18]豈同迷復：《輯本舊史》之影庫本粘籤：“‘豈同迷復’下疑原本有脱誤，今無別本可校，姑仍其舊，附識于此。”《册府》卷一六七同。

[19]蕭詧：人名。亦作蕭察。蘭陵武進（今江蘇丹陽市）人。南北朝時梁武帝蕭衍之孫，西梁政權建立者。傳見《周書》卷四八。　周：指北周。事見《周書》卷四八、《北史》卷九三。

[20]孫權：人名。吴郡富春縣（今浙江杭州市富陽區）人。三國孫吴建立者，229年至252年在位。傳見《三國志》卷四七。　魏：指魏國。魏文帝曹丕稱帝後，孫權遣使稱藩屬，曹丕賜九錫，册封其爲吴王。

[21]事資真愨：中華書局本有校勘記：“‘資’，《册府》卷一六七作‘實’。”

[22]建業：指南京。《輯本舊史》之影庫本粘籤：“建業，原本作‘逮業’，今據《册府元龜》改正。”見明本《册府》卷一六七。

[23]金陵：地名。中國古代對今江蘇南京市的稱呼。

[24]固不徒遷：中華書局本有校勘記：“‘遷’，原作‘遷’，據殿本、劉本、邵本校、彭校、《册府》卷一六七改。”

[25]楚：州名。治所在今江蘇淮安市。　海：州名。治所在今江蘇連雲港市海州區。

[26]壽陽：即壽州。

　　夏四月甲子，以徐州節度使武行德爲濠州城下行營都部署，[1]以前鄧州節度使侯章爲壽州城下水砦都部署。[2]己巳，車駕發壽春，循淮而東。辛未，揚州奏，江南大破兩浙軍於常州。初，兩浙錢俶承詔遣部將率兵攻常州，[3]爲江南大將陸孟俊所敗，[4]將佐陷没者甚衆，李景亦以表聞。乙亥，駐蹕於濠州城下。[5]丁丑，揚州韓令坤破江南賊軍於州之東境，獲大將陸孟俊。今上表大破江南軍於六合，[6]斬首五千級。時李景乘常州之捷，遣陸孟俊領兵迫泰州，王師不守，韓令坤欲棄揚州而迴。帝怒，急遣殿前都指揮使張永德帥親兵往援之，[7]又命今上領步騎二千人屯於六合。俄而陸孟俊領其徒自海陵抵揚州，令坤迎擊，敗之，生擒孟俊。[8]李景遣其弟齊王達率大衆由瓜步濟江，[9]距六合一舍而設柵。居數日，乃棄柵來迫官軍，今上麾兵以擊之，賊軍大敗，餘衆赴江溺死者不可勝紀。己卯，韓令坤奏，敗楚州賊將馬在貴萬餘衆於灣頭堰，[10]獲漣州刺史秦進崇。[11]丙戌，以宣徽南院使向訓爲權淮南節度使，充沿江招討使；以侍衛馬軍都指揮使韓令坤充沿江副招討使。[12]丁亥，車駕發濠州，幸渦口。己丑，以前湖南節度使馬希崇爲左羽林統軍。[13]

　　[1]徐州：州名。治所在今江蘇徐州市。　武行德：人名。并州榆次（今山西晋中市榆次區）人。五代、宋初將領。傳見《宋史》卷二五二。　城下行營都部署：官名。凡行軍征討，掛帥率軍戰鬥，總管行營事務。

　　[2]鄧州：州名。治所在今河南鄧州市。　侯章：人名。并州

榆次（今山西晉中市榆次區）人。五代、宋初將領。傳見《宋史》卷二五二。　城下水砦都部署：官名。部署掌攻取賊城水砦事。

［3］錢俶：人名。原名錢弘俶，錢元瓘第九子，五代十國吳越末代君主。傳見本書卷一三三、《新五代史》卷六七。

［4］陸孟俊：人名。籍貫不詳。五代十國藩鎮將領。事見本書卷一一二、《新五代史》卷六六。《輯本舊史》之影庫本粘籤：“陸孟俊，原本作‘孟後’，今從《十國春秋》改正。”見《十國春秋》卷二二《南唐書‧何敬洙傳》，亦見《通鑑》卷二九三顯德三年四月甲子條。《通鑑》所載韓令坤擒陸孟俊事在世宗駐蹕濠州前(乙亥)。

［5］乙亥，駐蹕於濠州城下：明本《册府》卷一一八《帝王部‧親征門三》作“四月乙亥，帝至濠州，駐蹕於其城南”。

［6］六合：縣名。治所在今江蘇南京市六合區。

［7］殿前都指揮使：官名。五代後周世宗顯德中，選驍勇之士充殿前諸班。都指揮使爲殿前司長官之一，次於殿前都點檢、副都點檢。　張永德：人名。并州陽曲（今山西陽曲縣）人。五代、宋初大將。頗受宋太祖、宋太宗信用。傳見《宋史》卷二五五。

［8］海陵：縣名。治所在今江蘇泰州市。

［9］達：即李達。李景之弟。事見本書本卷、卷一一七。　瓜步：地名。位於今江蘇省南京市六合區東南瓜步山下。

［10］馬在貴：人名。籍貫不詳。事見本書本卷、《宋史》卷二五一。《宋史》作“馬貴”。　灣頭堰：地名。又作彎頭鎮。即今江蘇揚州市東北灣頭鎮。

［11］漣州：州名。治所在今江蘇漣水縣。中華書局本有校勘記：“‘漣州’，原作‘連州’，據殿本、劉本、孔本、《册府》卷四三五、《通鑑》卷二九三、《宋史》卷二五一《韓令坤傳》改。按《通鑑》胡注：‘唐蓋置漣州於漣水縣。《九域志》：漣水西南至楚州六十里。’”見《通鑑》卷二九三顯德三年（956）四月己卯條，明本《册府》卷四三五《將帥部‧獻捷門二》顯德三年四月條作

“獲僞漣州刺史秦進崇等”。　秦進崇：人名。籍貫不詳。事見《通鑑》卷二九三、《宋史》卷二五一《韓令坤傳》。

[12]沿江招討使：官名。唐貞元始置。戰時任命，兵罷則省。常以大臣、將帥或地方軍政長官兼任。掌招撫、討伐等事務。“丙戌”至“以侍衛馬軍都指揮使韓令坤充沿江副招討使”：《舊五代史考異》：“案《宋史·向拱傳》：揚州初平，南唐令境上出師謀收復，韓令坤有棄城之意，即驛召拱赴行在，拜淮南節度使，依前宣徽使兼沿江招討使，以令坤爲副。時周師久駐淮陽，都將趙晁、白延遇等驕恣橫暴，不相稟從，惟務貪濫，至有劫人婦女者。及拱至，戮其不法者數輩。軍中肅然。”見《宋史》卷二五五《向拱傳》。

[13]馬希崇：人名。五代十國南楚君主，南楚武穆王馬殷之子。因馬希萼不恤政事，爲衆將擁立取而代之，後以國政紊亂降於南唐。事見《新五代史》卷六六。　左羽林統軍：官名。唐代左羽林軍統兵官。唐置六軍，分左、右羽林，左、右龍武，左、右神武等，即“北衙六軍”。興元元年（784），六軍各置統軍，以寵功勳臣。其品秩，《唐會要》卷七一、《舊唐書》卷一二記載爲“從二品”，《通鑑》卷二二九記載爲“從三品”。

　　五月壬辰朔，以渦口爲鎮淮軍。戊戌，車駕還京，發渦口。[1]乙卯，上至自淮南，詔赦都下見禁罪人。丁巳，前陳州節度使王令溫卒。[2]戊午，以江南僞命東都副留守、工部侍郎馮延魯爲太府卿。[3]己未，太子賓客于德辰卒。[4]辛酉，詔：“天下公私織造布帛及諸色匹段，幅尺斤兩，並須依向來制度，不得輕弱假僞，犯者擒捉送官。”

[1]戊戌，車駕還京，發渦口：《舊五代史考異》："案馬令《南唐書》：天子駐于渦口，猶欲再幸揚州，宰相范質以師老泣諫，乃班師。"見《南唐書》卷四《嗣主書》保大十四年（956）夏條。

[2]陳州：州名。治所在今河南淮陽縣。　王令溫：人名。瀛州河間（今河北河間市）人。五代後晉將領。傳見本書卷一二四。

前陳州節度使王令溫卒：中華書局本有校勘記："郭武雄《證補》：'據本書卷一二四《王令溫傳》，溫前已罷鎮歸朝，"陳州節度使"上當加一"前"字。'"但未加。《輯本舊史》卷一二四《王令溫傳》載"世宗嗣位，遷鎮安軍節度使，罷鎮歸闕"，則此時王令溫已罷此職位，"陳州節度使"前當加"前"字，今據加。

[3]工部侍郎：官名。尚書省工部次官。協助尚書掌管百工、山澤、水土之政令，考其功以昭賞罰，總所統各司之事。正四品下。　馮延魯：人名。壽春（今安徽壽縣）人，五代十國南唐大臣。後周世宗南征時被俘，後放歸南唐。事見本書卷一一七，《新五代史》卷三二、卷六二。　太府卿：官名。南朝梁始置。太府寺長官。掌國家財帛庫藏出納、關市稅收等務。從三品。

[4]太子賓客：官名。爲太子官屬。唐高宗顯慶元年（656）始置。掌侍從規諫、贊相禮儀。正三品。　于德辰：人名。元城（今河北大名縣東）人。五代大臣。傳見本書卷一三一。

六月甲子，以鳳翔節度使王景爲秦州節度使，兼西面沿邊都部署；[1]以宣徽南院使、陳州節度使向訓爲淮南節度使，依前南院宣徽使，加檢校太尉；[2]以曹州節度使韓通爲許州節度使，[3]加檢校太尉；以亳州防禦使王全斌爲隴州防禦使，遥領利州昭武軍兩使留後。[4]丙寅，許州王彦超移鎮永興軍，鄧州田景咸移鎮鄜州。[5]御史中丞楊昭儉、知雜侍御史趙礪、侍御史張糺並停任，[6]坐鞫獄失實也。丁卯，以翰林學士、户部侍郎陶穀爲兵部侍郎，充翰林學士承旨；[7]以水部員外郎知制誥扈載、度支員外郎王著，[8]並本官充翰林學士。以給事中高防爲右散騎常侍；[9]以前都官郎中、知制誥薛居正爲左諫議大夫，充昭文館學士，[10]判館事。壬申，曲赦淮南道諸州見禁罪人，自今年六月十一日已前，凡有違犯，無問輕重，並不窮問。先屬江南之時，應有非理科徭，無名配率，一切停罷云。戊寅，以右衛上將軍扈彦珂爲太子太師致仕。[11]庚辰，以西京留守王晏爲鳳翔節度使。[12]戊子，升贍國軍爲濱州。[13]淮南道招討使李重進奏，壽州賊軍攻南砦，王師不利。先是，詔步軍都指揮使李繼勳營於壽州之南，[14]攻賊壘。是日，賊軍出城來攻我軍，破柵而入，其攻城之具並爲賊所焚，將士死者數百人。李重進在東砦，亦不能救。時城堅未下，師老於外，加之暑毒，糧運不繼。李繼勳喪失之後，軍無固志，諸將議欲退軍，賴今上自六合領兵歸闕，過其城下，因爲駐留旬日，王師復振。

[1]鳳翔：方鎮名。治所在鳳翔府（今陝西鳳翔縣）。　王景：人名。萊州掖縣（今山東萊州市）人。五代、宋初將領。傳見《宋史》卷二五二。　西面沿邊都部署：官名。凡行軍征討，總管西面沿邊戰爭事務。

[2]檢校太尉：官名。爲散官或加官，以示恩寵，無實際執掌。太尉，與司徒、司空並爲三公。

[3]曹州：州名。治所在今山東曹縣西北。　韓通：人名。并州太原（今山西太原市）人。後周將領。傳見《宋史》卷四八四。

許州：州名。治所在今河南許昌市。

[4]亳州：州名。治所在今安徽亳州市。 防禦使：官名。唐代始置，設有都防禦使、州防禦使兩種。常由刺史或觀察使兼任，實際上爲唐代後期州或方鎮的軍政長官。 王全斌：人名。并州太原（今山西太原市）人。五代、北宋將領。傳見《宋史》卷二五五。 隴州：州名。治所在今陝西隴縣。 利州：州名。治所在今四川廣元市。 昭武軍：方鎮名。治所在利州（今四川廣元市）。

[5]王彦超：人名。大名臨清（今河北臨西縣）人。五代、宋初將領。傳見《宋史》卷二五五。 永興軍：方鎮名。治所在京兆府（今陝西西安市）。 田景咸：人名。太原（今山西太原市）人。歷仕五代後漢、後周、宋。傳見《宋史》卷二六一。 鄜州：州名。治所在今陝西富縣。

[6]御史中丞：官名。如不置御史大夫，則爲御史臺長官。掌司法監察。正四品下。 楊昭儉：人名。京兆長安（今陝西西安市）人。五代後周、宋初大臣。傳見《宋史》卷二六九。 知雜侍御史：官名。“侍御史知雜事”的別稱。以年深御史充任，總管御史臺庶務。 趙礪：人名。籍貫不詳。五代官員。事見本書卷八八、卷一〇二、卷一一八、卷一二七、卷一四七。 侍御史：官名。秦始置。掌糾舉百官、推鞫獄訟。從六品下。 張糺：人名。籍貫不詳。後周官員。歷任侍御史、太常博士。事見本書本卷、卷一一七。

[7]陶穀：人名。邠州新平（今陝西彬縣）人。五代、宋初文官。傳見《宋史》卷二六九。 兵部侍郎：官名。尚書省兵部次官。協助兵部尚書掌武官銓選、勳階、考課之政。正四品下。 翰林學士承旨：官名。爲翰林學士之首。掌拜免將相、號令征伐等詔令的起草。《舊唐書》卷四三《職官志二·翰林院》：“例置學士六人，内擇年深德重一人爲承旨，所以獨承密命故也。”

[8]水部員外郎：官名。水部郎中的副職。從六品上。 知制誥：官名。掌起草皇帝的詔、誥之事，原爲中書舍人之職。唐開元

末置學士院，翰林學士入院一年，則加知制誥銜，專掌任免宰相、冊立太子、宣布征伐等特殊詔令，稱爲内制。而中書舍人所撰擬的詔敕稱爲外制。兩種官員總稱兩制。 扈載：人名。北燕人。後周官員。傳見本書一三一、《新五代史》卷三一。 度支員外郎：官名。"尚書省户部度支司員外郎"的簡稱。爲郎中的副職，協助負責度支司事務。從六品上。 王著：人名。單州單父（山東單縣）人。後周官員。歷任度支員外郎、金部郎中、知制誥。傳見《宋史》卷二六九。《輯本舊史》之引影庫本粘籤："王著，原本作'王署'，今從《宋史》改正。"見《宋史》卷二六九《王著傳》。亦見《輯本舊史》卷一二〇《周恭帝紀》顯德六年（959）九月甲子條，"以翰林學士、尚書度支員外郎王著爲金部郎中、知制誥充職，仍賜金紫"。

[9]給事中：官名。秦始置。隋唐以來，爲門下省屬官。掌讀署奏抄、駁正違失。正五品上。 高防：人名。并州壽陽（今山西壽陽縣）人。五代、宋初將領。傳見《宋史》卷二七〇。 右散騎常侍：官名。中書省屬官。掌侍奉規諷，備顧問應對。正三品下。"右散騎常侍"，《宋史》卷二七〇《高防傳》作"三年，改左散騎常侍"，但《輯本舊史》卷一一八《周世宗紀五》顯德五年秋七月癸未載"以右散騎常侍高防爲户部侍郎"。

[10]都官郎中：官名。尚書省刑部都官司長官。掌徒刑流放配隸等事。從五品上。 薛居正：人名。開封浚儀（今河南開封市）人。五代、宋初大臣。傳見《宋史》卷二六四。 左諫議大夫：官名。隸門下省。唐代置左、右諫議大夫各四人，分隸門下省、中書省。掌諫諭得失、侍從贊相。正四品下。 昭文館學士：官名。學士無員數，自武德已來，皆妙簡賢良爲學士。掌詳正圖籍，教授生徒，參議朝廷制度沿革、禮儀輕重。五品以上。

[11]右衛上將軍：官名。唐置十六衛之一，掌宫禁宿衛。從二品。中華書局本有校勘記："'右'，《宋史》卷二五四《扈彦珂傳》作'左'。" 扈彦珂：人名。代州雁門（今山西代縣）人。五代

後晉至宋朝將領。傳見《宋史》卷二五四。　太子太師：官名。與太子太傅、太子太保統稱太子三師。隋唐以後多作加官或贈官。從一品。　致仕：官員告老辭官。

[12]王晏：人名。徐州滕（今山東滕州市）人。五代、宋初將領。傳見《宋史》卷二五二。

[13]濱州：州名。治所在今山東濱州市。

[14]步軍都指揮使：官名。五代時侍衞親軍之長官。多爲皇帝親信。　李繼勳：人名。大名元城（今河北大名縣）人。五代、宋初將領，屢立戰功。傳見《宋史》卷二五四。

秋七月辛卯朔，以武清軍節度使、知潭州軍府事周行逢爲朗州大都督，充武平軍節度使，加檢校太尉、兼侍中。[1]丁酉，以太子賓客盧價爲禮部尚書致仕，[2]以給事中李明爲大理卿。[3]庚子，盧州行營都部署劉重進奏，[4]破淮賊千餘人於州界。[5]丁未，濠州行營都部署武行德奏，敗淮賊二千餘人於界。[6]庚戌，太子少保王仁裕卒。[7]辛亥，皇后符氏薨。[8]淮南節度使向訓自揚州班師，迴駐壽春。時王師攻壽春，經年未下，江淮盜賊充斥，舒、蘄、和、泰等州復爲吳人所據，故棄揚州，併力於壽春焉。[9]

[1]武清軍：方鎮名。治所在衡州（今湖南衡陽市）。　大都督：官名。三國時始設，戰時統領地方軍政大權，後漸成常設，位高而權重。正二品。　武平軍：方鎮名。治所在朗州（今湖南常德市）。　侍中：官名。秦始置。隋、唐前期爲門下省長官。唐後期多爲大臣加銜，不參與政務，實際職務由門下侍郎執行。正二品。

[2]盧價：人名。祖籍范陽（今河北涿州市），世居懷州河內

（今河南沁陽市）。五代大臣。事見羅火金《五代時期盧價墓志考》，《中國歷史文物》2009年第2期。

［3］李明：人名。籍貫、事跡不詳。本書僅此一見。　大理卿：官名。爲大理寺長官。負責大理寺的具體事務，掌邦國折獄詳刑之事。從三品。

［4］盧州：州名。治所在今安徽合肥市。　行營都部署：官名。凡行軍征討，掛帥率軍戰鬥，總管行營事務。　劉重進：人名。本名晏僧。幽州人（今北京市）。五代、宋初將領。傳見《宋史》卷二六一。　盧州行營都部署劉重進奏：中華書局本有校勘記：“‘行’字原闕，據殿本、劉本、邵本校、彭校、《册府》卷四三五及本卷下文補。”見本卷下文十月癸亥條、明本《册府》卷四三五《將帥部·獻捷門二》。

［5］破淮賊千餘人於州界：明本《册府》卷四三五作“敗淮賊千五百人於盧州”。

［6］敗淮賊二千餘人於州界：中華書局本有校勘記：“‘餘’字原闕，據孔本、《册府》卷四三五補。”明本《册府》卷四三五作“敗淮賊二千餘人於其界”。

［7］太子少保：官名。與太子少師、太子少傅統稱太子三少。隋唐以後多作加官或贈官。從二品。中華書局本有校勘記：“‘太子少保’，原作‘太子太保’，據本書卷一二八《王仁裕傳》，《册府》卷八四一、卷八九三，《王仁裕神道碑》，《王仁裕墓志》（拓片俱刊《玉堂閒話評注》）改。”《輯本舊史》卷一二八《王仁裕傳》爲殘傳，所述之仁裕爲太子少保卒，即錄自明本《册府》卷八九三《總録部·夢徵門二》，又見《宋本册府》卷八四一《總録部·文章門五》。　王仁裕：人名。天水（今甘肅天水市）人。五代大臣。傳見本書卷一二八、《新五代史》卷五七。

［8］符氏：周世宗宣懿皇后符氏妹，符彦卿女。宋初遷西宮，號周太后。傳見《新五代史》卷二〇《周世宗家人傳》。

［9］舒：州名。治所在今安徽潜山縣。　蘄：州名。治所在今

湖北蘄春縣。　和：州名。治所在今安徽和縣。　泰：州名。治所在今江蘇泰州市。　"淮南節度使向訓自揚州班師"至"併力於壽春焉"：《舊五代史考異》："案馬令《南唐書》：向訓請棄揚州，併力以攻壽春，乃封府庫付主者，遣淮南舊將按巡城中，秋毫不犯而去。淮人大悅，皆負糗糧以送周師。"見馬令《南唐書》卷四《嗣主書》保大十四年（956）夏條。

八月壬戌，河陽白重贊移鎮涇州，張鐸移鎮河中。[1]甲子，以前鄧州節度使侯章復爲鄧州節度使，以侍衛步軍都指揮使、彰信軍節度使李繼勳爲河陽節度使。[2]乙丑，太僕卿劇可久停任，[3]坐爲舉官累也。戊辰，端明殿學士王朴撰成新曆上之，[4]命曰《顯德欽天曆》，上親爲製序，仍付司天監行用。[5]殿前都指揮使張永德奏，破淮賊於下蔡。先是，江南李景以王師猶在壽州，遣其將林仁肇、郭廷謂率水陸軍至下蔡，[6]欲奪浮梁，以舟實薪芻，乘風縱火，永德禦之。有頃，風勢倒指，賊衆稍却，因爲官軍所敗。己卯，工部侍郎王敏停任，坐薦子壻陳南金爲河陽記室也。[7]

[1]河陽：方鎮名。全稱"河陽三城"。治所在孟州（今河南孟州市）。　白重贊：人名。沙陀族，憲州樓煩（今山西婁煩縣）人。五代、宋初將領。傳見《宋史》卷二六一。　涇州：州名。治所在今甘肅涇川縣。　張鐸：人名。河朔人。五代、宋初將領。傳見《宋史》卷二六一。中華書局本有校勘記："'張鐸'，原作'張澤'，據劉本改。《宋史》卷二六一有《張鐸傳》。按本書卷一一四《周世宗紀一》：'同州節度使張鐸爲彰義軍節度使。'又顯德六年《棲巖寺修舍利殿記》（拓片刊《北京圖書館藏中國歷代石刻拓本

匯編》第三十六冊）：'丙辰秋八月，詔令府主太尉移北庭節度鎮於蒲。'末題'輸忠保節功臣、河中護國軍節度管內觀察處置等使、光禄大夫、檢校太尉、行河中尹、兼御史大夫、上柱國、清河郡開國侯、食邑一千户張鐸建'。彰義軍及北庭皆指涇州，蒲即指河中節度使，句上疑脱'涇州'二字。"但未補。《輯本舊史》卷一一四《周世宗紀一》顯德元年三月庚子條載："以同州節度使張鐸爲彰義軍節度使（治涇州）"，且本條前文爲"河陽白重贊移鎮涇州"。今據上述諸點補。　河中：府名。治所在今山西永濟市。

[2]侍衛步軍都指揮使：官名。皇帝侍衛親軍步軍司最高長官。彰信軍：方鎮名。治所在曹州（今山東曹縣西北）。

[3]太僕卿：官名。太僕寺長官。漢代始置，掌御用車馬及國家畜牧事宜。從三品。　劇可久：人名。涿州范陽（今河北涿州市）人。五代官員。事見本書卷四二、卷一一二、卷一四七。

[4]戊辰，端明殿學士王樸撰成新曆上之：《輯本舊史》卷一四〇《曆志》詳載王樸上曆之表。《通鑑》卷二九三顯德三年八月戊辰條作"端明殿學士王樸、司天少監王處訥撰《顯德欽天曆》，上之"。

[5]司天監：官（署）名。其長官稱司天監，掌天文、曆法以及占候等事。參見趙貞《唐宋天文星占與帝王政治》，北京師範大學出版社 2016 年版。

[6]林仁肇：人名。建陽（今福建南平市建陽區）人，五代十國南唐將領。本書僅此一見。　郭廷謂：人名。彭城（今江蘇徐州市）人。五代十國南唐官員。後入仕北宋。傳見《宋史》卷二七一。

[7]王敏：人名。單州金鄉（今山東金鄉縣）人。後周時曾任刑部侍郎、司農卿等職。傳見本書卷一二八。　陳南金：人名。籍貫不詳。王敏之婿。事見本書本卷、卷一二八。《輯本舊史》之影庫本粘籤："南金，原本作'南僉'，今從王敏本傳改正。"見《輯本舊史》卷一二八《王敏傳》，《宋本冊府》卷九二五《總録部·

謙累門》作"敏嘗薦子婿陳南生爲曹、孟二鎮掌記，南金奉職有闕，遂連坐焉"。　記室：官名。"記室令史"的簡稱。東漢置，掌章表書記文檄。位卑秩下，不參官品。

　　九月丙午，以端明殿學士、左散騎常侍、權知開封府事王朴爲尚書戶部侍郎，充樞密副使。[1]以右羽林統軍焦繼勳爲左屯衛上將軍，以左衛上將軍楊信爲右羽林統軍，[2]以左監門上將軍宋延渥爲右神武統軍。[3]

　　[1]左散騎常侍：官名。門下省屬官。掌侍奉規諷，備顧問應對。正三品下。　開封府：府名。後梁都城。治所在今河南開封市。　樞密副使：官名。樞密院副長官。

　　[2]右羽林統軍：官名。唐代右羽林軍統兵官。唐置六軍，分左、右羽林，左、右龍武，左、右神武等，即"北衙六軍"。興元元年（784），六軍各置統軍，以寵功勳臣。其品秩，《唐會要》卷七一、《舊唐書》卷一二記載爲"從二品"，《通鑑》卷二二九記載爲"從三品"。　左衛上將軍：官名。唐置十六衛之一，掌宮禁宿衛。從二品。　楊信：人名。即楊承信。沙陀部人。五代將領楊光遠第三子。五代後晉至宋朝官員。傳見《宋史》卷二五二。《舊五代史考異》："楊信本名承信，在隱帝時，避御名去'承'字。"見《宋史》卷二五二《楊承信傳》。

　　[3]左監門上將軍：官名。即"左監門衛上將軍"。唐置十六衛之一，掌宮禁宿衛。從二品。　宋延渥：人名。洛陽（今河南洛陽市）人。五代、宋初將領，後漢高祖劉知遠婿。入宋後改名偓。傳見《宋史》卷二五五《宋偓傳》。　右神武統軍：官名。唐代右神武軍統兵官。唐置北衙六軍之一。其品秩，《唐會要》卷七一、《舊唐書》卷一二記載爲"從二品"，《通鑑》卷二二九記載爲"從三品"。

冬十月辛酉，葬宣懿皇后於懿陵。[1]癸亥，以右神武統軍宋延渥爲廬州行營副部署。乙丑，舒州刺史郭令圖責授虢州教練使，[2]坐棄郡逃歸也。丙寅，詔曰："諸司職員，皆係奏補，當執役之際，悉藉公勤，及聽選之時，[3]尤資幹敏，苟非慎擇，漸致因循。應諸司寺監，今後收補職役人，[4]並須人材俊利，身言可採，書札堪中，自前行止，委無訛濫，勒本司關送吏部，引驗人材，考校筆札。其中選者，連所試書跡及正身引過中書，[5]餘從前後格敕處分，仍每年祇得一度奏補。"丁卯，宣懿皇后神主入廟，時有司請爲后立別廟，禮也。己巳，詔："漳河已北郡縣，並許鹽貨通商，逐處有鹹鹵之地，一任人戶煎鍊。"[6]壬申，以武平軍節度副使、知潭州軍府事宇文瓊爲武清軍節度使，[7]知潭州軍府事。癸酉，淮南招討使李重進奏，破淮賊於盛唐，斬二千級。太子賓客致仕薛仁謙卒。[8]丙子，襄州節度使、守太尉、兼中書令、陳王安審琦加守太師。[9]審琦鎮漢上十餘年，至是來朝，故以命寵之。癸未，右拾遺趙守微杖一百，配沙門島。守微本村民也，形貌樸野，粗學爲文。前年徒步上書，帝以急於取士，授右拾遺，聞者駭其事。至是爲妻父所訟，彰其醜行，故逐之。[10]甲申，宣授今上同州節度使兼殿前都指揮使；[11]宣授內外馬步軍都軍頭袁彥爲曹州節度使兼侍衛步軍都指揮使。[12]戊子，右神武統軍張彥超卒。[13]

[1]懿陵：周世宗宣懿皇后符氏陵墓。位於今河南新鄭市。

[2]虢州：州名。治所在今河南靈寶市。　教練使：官名。唐、

五代方鎮使府軍將，選善兵法武藝者充任，掌教練兵法及武藝，亦或領兵出戰。

[3] 及聽選之時：《通曆》卷一五周世宗條同。《宋本册府》卷六三四《銓選部·條制門六》作"及任事之時"。本條《册府》較《輯本舊史》更詳。

[4] 今後收補職役人：中華書局本有校勘記："'職'字原闕，據《通曆》卷一五、《册府》卷六三四、《五代會要》卷一七補。"見《通曆》卷一五、《宋本册府》卷六三四顯德三年（956）十月詔、《會要》卷一七致仕官條後之雜録條所載顯德三年十月敕。

[5] 連所試書跡及正身引過中書：《輯本舊史》之影庫本粘籤："正身引過，原本似有脱落，考《册府元龜》所引《薛史》與《永樂大典》同，今仍其舊。"《通曆》卷一五同。《宋本册府》卷六三四及《會要》卷一七"引過中書"作"引送中書"。

[6] 漳河：又作"漳水"。即今漳河。有清漳水（今清漳河）、濁漳水（今濁漳河）兩支上源，分別出自今山西長子縣和沁縣，二源至今河南林州市相合，流入河南安陽市北，下游河道屢有變化。

"漳河已北郡縣"至"一任人户煎鍊"：中華書局本有校勘記："'漳河'，原作'彰河'，據劉本、邵本校、本書卷一四六《食貨志》、《通曆》卷一五、《册府》卷四九四改。"見《通曆》卷一五、《會要》卷二六鹽條、《輯本舊史》卷一四六《食貨志》，《食貨志》在"一任人户煎鍊"後并有"興販則不得踰越漳河，入不通商地界"之語，《宋本册府》卷四九四《邦計部·山澤門》顯德三年十月詔同《食貨志》，但漏"三年"二字。

[7] 節度副使：官名。唐、五代方鎮屬官。位於行軍司馬之下、判官之上。 宇文瓊：人名。籍貫不詳。後周將領。事見《通鑑》卷二九一。

[8] 薛仁謙：人名。開封浚儀（今河南開封市）人，祖籍河東。宋初宰相薛居正之父。歷仕五代後唐至後周。傳見本書卷一二八。

[9]襄州：州名。治所在今湖北襄陽市。　太尉：官名。與司徒、司空並爲三公，唐後期、五代多爲大臣、勳貴加官。正一品。　中書令：官名。漢代始置。隋、唐前期爲中書省長官，屬宰相之職；唐後期多爲授予元勳大臣的虛銜。正二品。　安審琦：人名。沙陀部人。五代將領。歷仕後唐、後晉、後漢、後周。傳見本書卷一二三。　太師：官名。與太傅、太保合稱三師，唐後期、五代多爲大臣、勳貴加官。正一品。

[10]右拾遺：官名。唐武則天於垂拱元年（685）置拾遺，分左、右。左拾遺隸門下省，右拾遺隸中書省，與左、右補闕共掌諷諫，大事廷議，小事則上封事。從八品上。　趙守微：人名。本村民，因獻策擢拾遺，有妻復娶，又言涉指斥，坐決杖配流，邊歸讜語："陛下何不決殺趙守微。"翌日，伏閤請罪，詔釋之，仍於閤門復飲數爵，以愧其心。五年秋，歸讜與百官班廣德殿門外，忽厲聲聞於帝，詔奪一季奉。事見《宋史》卷二六二《邊歸讜傳》。　沙門島：地名。在今山東長島縣西北廟島，一説大黑山島。　"癸未"至"故逐之"：《舊五代史考異》："案《東都事略·張昭傳》：世宗好拔奇取俊，有自布衣上書、下僚言事者，多不次進用。昭諫曰：'昔唐初劉洎、馬周起徒步，太宗擢用爲相，其後朱朴、柳璨在下僚，昭宗亦以大用，然則太宗用之於前而國興，昭宗用之於後而國亡，士之難知也如此。臣願陛下存舊法而用人，以劉、馬爲鑑，朱、柳爲戒，則善矣。'"見《東都事略》卷三〇《張昭傳》。對《舊五代史考異》所引《東都事略》文，"其後朱朴、柳璨在下僚"，中華書局本有校勘記："原作'柳燦'，據殿本、劉本、《東都事略》卷三〇改。按《舊唐書》卷一七九、《新唐書》卷二二三下有《柳璨傳》。""臣願陛下存舊法而用人"，中華書局本有校勘記："'存'，原作'在'，據殿本、劉本、孔本、邵本校、《東都事略》卷三〇改。"

[11]同州：州名。治所在今陝西大荔縣。

[12]內外馬步軍都軍頭：官名。禁軍軍職，掌宿衛。　袁彥：

人名。河中河東（今山西永濟市）人。五代、宋初將領。傳見《宋史》卷二六一。

[13]張彥超：人名。沙陀部人。五代將領，後唐明宗養子。傳見本書卷一二九。《輯本舊史》之影庫本粘籤：“張彥超，原本作‘彥起’，今從《通鑑》改正。”見《通鑑》卷二七八長興三年（932）十一月條、卷二八六天福十二年（947）正月條、卷二八九乾祐三年（950）十一月丁丑、甲申條，《輯本舊史》卷一二九《張彥超傳》載“廣順中，授神武統軍”，《宋史》卷二五五《宋偓傳》載周世宗征淮南時，彥超爲右神武統軍。

十一月己丑朔，詔廢天下無名祠廟。[1]庚子，日南至，帝不受朝賀，以宣懿皇后遷祔日近也。乙巳，江南進奉使孫晟下獄死，江南進奉使鍾謨責授耀州司馬。[2]戊申，放華山隱者陳摶歸山。[3]帝素聞摶有道術，徵之赴闕，月餘放還舊隱。庚戌，殿前都指揮使張永德奏，敗濠州送糧軍二千人於下蔡，奪米船十餘艘。宰臣李穀以風痹請告十旬，三上表求解所任，不允。

[1]十一月己丑朔，詔廢天下無名祠廟：《新五代史》卷一二《周世宗紀》載“顯德四年十一月庚寅，廢諸祠不在祀典者”。

[2]進奉使：蕃國派遣向朝廷進奉的使者。　耀州：州名。治所在今陝西銅川市耀州區。　司馬：官名。州軍佐官，名義上紀綱衆務，通判列曹，品高俸厚，實際上無具體職事，多用以安置貶謫官員，或用作遷轉官階。上州從五品下，中州正六品下，下州從六品上。

[3]華山：山名。五嶽之一，位於今陝西華陰市。　陳摶：人名。亳州真源（河南鹿邑縣）人。五代、宋初學者。傳見《宋史》

卷四五七。《宋史·陳摶傳》云："周世宗好黃白術，有以摶名聞者，顯德三年，命華州送至闕下。留止禁中月餘，從容問其術，摶對曰：'陛下爲四海之主，當以致治爲念，奈何留意黃白之事乎？'世宗不之責，命爲諫議大夫，固辭不受。既知其無他術，放還所止，詔本州長吏歲時存問。"

十二月己未朔，以給事中張鑄爲光禄卿。[1]鑄訴以官名與祖諱同，[2]尋改祕書監，判光禄寺事。[3]辛酉，以許州節度使韓通兼侍衛馬步軍都虞候。[4]壬戌，以右領軍大將軍、權判三司張美領三司使。[5]壬申，以滑州節度使兼殿前都指揮使、駙馬都尉張永德爲殿前都點檢。[6]發陳、蔡、宋、亳、潁、曹、單等州丁夫城下蔡。[7]辛巳，故襄邑令劉居方贈右補闕，男士衡賜學究出身，[8]獎廉吏也。癸亥，[9]詔兵部尚書張昭纂修太祖實錄及梁均王、唐清泰帝兩朝實錄。[10]又詔曰："史館所少書籍，宜令本館諸處求訪補填。如有收得書籍之家，並許進納。其進書人據部帙多少等第，[11]各與恩澤；如是卷帙少者，量給資帛。如館內已有之書，不在進納之限。仍委中書門下，於朝官內選差三十人，據見在書籍，各求真本校勘，署校官姓名，逐月具功課申報中書門下。"戊子，淮南道招討使李重進奏，破淮賊二千人塌山北。[12]《永樂大典》卷八千九百八十四。[13]

[1]張鑄：人名。河南洛陽（今河南洛陽市）人。五代後梁進士，歷仕五代至宋初。傳見《宋史》卷二六二。　　光禄卿：官名。南朝梁天監七年（508）改光禄勳置，隋唐沿置。掌宮殿門户、帳

幕器物、百官朝會膳食等。從三品。

[2]鑄訴以官名與祖諱同：中華書局本有校勘記："'鑄'字原闕，據殿本、孔本補。《册府》卷八六三敘其事作'鑄以'卿'字與祖名同，援令式上訴'。"《宋本册府》卷八六三《總録部·名諱門》，在此句後有"援令式上訴"五字。

[3]祕書監：官名。秘書省長官。東漢始置，掌圖書秘記等。從三品。

[4]侍衞馬步軍都虞候：官名。五代侍衞親軍馬步軍統兵官，位僅次於馬步軍都指揮使、副都指揮使。

[5]右領軍大將軍：唐置十六衞之一，掌宫禁宿衞。正三品。張美：人名。貝州清河（今河北清河縣）人。五代、宋初大臣。傳見《宋史》卷二五九。　三司使：官名。五代後唐明宗天成元年（926）將晚唐以來的户部、度支、鹽鐵三部合爲一職，設三司使統之。主管國家財政。

[6]滑州：州名。治所在今河南滑縣。　駙馬都尉：漢武帝始置，魏、晋以後公主夫婿多加此稱號。從五品下。　殿前都點檢：官名。五代後唐始置大内都點檢，凡車駕行幸及出征則置。後周世宗顯德中選驍勇之士充殿前諸班，改稱殿前都點檢。

[7]陳：州名。治所在今河南淮陽縣。　蔡：州名。治所在今河南汝南縣。　宋：州名。治所在今河南商丘市睢陽區。　潁：州名。治所在今安徽阜陽市。　單：州名。治所在今山東單縣。

[8]襄邑：縣名。位於今河南睢縣。　令：官名。即縣令。爲縣的行政長官，掌治本縣。唐代之縣，分赤（京）、次赤、畿、次畿、望、緊、上、中、中下、下十等。縣令分六等，正五品上至從七品下。　劉居方：人名。籍貫、事跡不詳。本書僅此一見。　右補闕：官名。唐代諫官。武則天時始置。分爲左右，左補闕隸於門下省，右補闕隸於中書省。掌規諫諷諭，大事可以廷議，小事則上封奏。從七品上。　士衡：即劉士衡。事跡不詳。本書僅此一見。學究出身：未經科舉恩賜此稱，或特蒙重用，或係名望高的大臣

之子。

[9]癸亥：《輯本舊史》之影庫本粘籤："癸亥，以《長曆》推之，當作'癸未'，今無別本可校，姑仍其舊。"癸亥爲五日，但其前條記事爲辛巳二十三日，後條爲戊子三十日，癸未則爲二十五日，影庫本粘籤之推論有理，但因未見他證，存疑。

[10]梁均王：即五代後梁末帝朱友貞。後梁太祖朱温之子。913年至923年在位。紀見本書卷八至卷一〇、《新五代史》卷三。

清泰帝：即五代後唐廢帝李從珂。鎮州平山（今河北平山縣）人。本姓王，後唐明宗李嗣源擄其母魏氏，遂養爲己子。應順元年（934）四月，李從珂入洛陽即帝位。清泰三年（936）五月，石敬瑭謀反，以出賣燕雲十六州、自稱兒臣的條件求得契丹援助，石敬瑭攻入洛陽，廢帝自焚死，後唐亡。紀見本書卷四六至卷四八、《新五代史》卷七。　詔兵部尚書張昭纂修太祖實錄及梁均王、唐清泰帝兩朝實錄：《舊五代史考異》："案《五代會要》云：同修撰官委張昭定名奏請，至四年正月，張昭奏請國子祭酒尹拙、太子詹事劉温叟同編修。"見《會要》卷一八修國史條顯德三年（956）十二月敕。

[11]並許進納。其進書人據部帙多少等第：中華書局本有校勘記："'進納其'三字原闕，據《册府》卷五〇、《五代會要》卷一八補。"見明本《册府》卷五〇《帝王部·崇儒術門二》顯德三年十二月詔、《會要》卷一八史館雜録條顯德二年十二月詔。《會要》所載年份有誤，應爲顯德三年。

[12]塌山：地名。位於今安徽壽縣東北石嶺山，左右有中塌山、東塌山，皆與紫金山相連。　破淮賊二千人塌山北：中華書局本有校勘記："'於'字原闕，據殿本、孔本、《册府》卷四三五補。影庫本粘籤：'"塌"字上疑脱"於"字，考《册府元龜》所引《薛史》與《永樂大典》同，今仍其舊。'"見明本《册府》卷四三五《將帥部·獻捷門二》。"二千"，《册府》作"二千餘衆"。

[13]《大典》卷八九八四"周"字韻"世宗（一）"事目。

舊五代史　卷一一七

周書八

世宗紀第四

　　顯德四年春正月己丑朔，[1]帝御崇元殿受朝賀，[2]仗衛如儀。詔天下見禁罪人，除大辟外，[3]一切釋放。壬寅，兵部尚書張昭上言：[4]"奉詔編修太祖實錄及梁、唐二末主實錄。[5]伏以撰《漢書》者先爲項籍，編《蜀記》者首序劉璋，貴神器之傳授有因，曆數之推遷得序。[6]伏緣漢隱帝君臨在太祖之前，其歷試之績，並在隱帝朝內，請先修隱帝實錄，以全太祖之事功。又以唐末主之前有閔帝，在位四月，出奔於衛，亦未編紀，請修閔帝實錄。其清泰帝實錄，請書爲廢帝實錄。"從之。[7]丁未，淮南道招討使李重進奏，破淮賊五千人於壽州北。[8]先是，李景遣其弟僞齊王達率全軍來援壽州，[9]達留駐濠州，遣其將許文縝、邊鎬、朱元領兵數萬，泝淮而上，至紫金山，設十餘砦，與城內烽火相應。[10]又築夾道數里，將抵壽春，爲運糧之路，至是爲重進所敗。戊申，詔取來月幸淮南。[11]

　　[1]顯德：五代後周太祖郭威年號（954）。世宗柴榮、恭帝柴宗訓沿用（954—960）。

　　[2]崇元殿：五代後梁開平元年（907）改汴京正殿爲崇元殿。位於今河南開封市。

　　[3]大辟：死刑的通稱。

　　[4]兵部尚書：官名。尚書省兵部主官。掌兵衛、武選、車輦、甲械、厩牧之政令。正三品。　張昭：人名。世居濮州范縣（今河南范縣）。五代、宋初大臣，時爲中書舍人。傳見《宋史》卷二六三。

　　[5]太祖：即五代後周開國皇帝郭威。邢州堯山（今河北隆堯縣）人。紀見本書卷一一〇至卷一一三、《新五代史》卷一一。實録：編年體史書的一種形式，是詳記一朝皇帝史實的編年史長編。唐初設史館，每一新皇帝繼位，都要詔令史官將前代皇帝的起居注、時政記、目録等材料重新彙總，修成前朝皇帝的實録，以便爲日後修正史積累資料。後成爲定制。從唐至清，歷代都有實録。

　　[6]《漢書》：書名。又稱《前漢書》。東漢班固撰。中國第一部紀傳體斷代史。起於漢高祖元年（前206），止於王莽地皇四年（23），記述西漢一代史事。　項籍：人名。姓項，名籍，字羽，泗水下相（今江蘇宿遷市）人。秦末農民起義軍領袖。以勇武著稱，鉅鹿之戰中擊破秦軍主力，殺秦王子嬰，自稱西楚霸王，定都彭城（今江蘇徐州市）。後與劉邦相爭而敗，自刎於烏江。紀見《史記》卷七。中華書局本有校勘記："'項籍'，《册府》卷五五七作'項傳'。"見《宋本册府》卷五五《七國史部·採撰門》顯德四年正月條。　《蜀記》：書名。東晋王隱撰。記三國時蜀國史事。已佚。

　　劉璋：人名。江夏竟陵（今湖北天門市）人。東漢末年宗室、軍閥，領益州牧，後降於劉備。傳見《三國志》卷三二。

[7]漢隱帝：即後漢隱帝劉承祐。後漢高祖劉知遠次子。紀見本書卷一〇一至一〇三、《新五代史》卷一〇。　閔帝：即後唐閔帝李從厚。明宗李嗣源第三子。紀見本書卷四五、《新五代史》卷七。　衛：州名。治所在今河南衛輝市。　清泰帝：即後唐廢帝李從珂，又稱末帝。清泰係其年號（934—936）。鎮州平山（今河北平山縣）人。本姓王氏，爲後唐明宗養子，改名從珂。明宗入洛陽，李從珂率兵追隨，以功拜河中節度使，封潞王。閔帝李從厚即位，李從珂據城發動兵變，改鳳翔節度使。清泰元年（934）率軍東攻洛陽，廢黜愍帝，自立爲帝。清泰三年，石敬瑭與契丹合兵攻陷洛陽，自焚而死。紀見本書卷四六至卷四八、《新五代史》卷七。

其歷試之績：中華書局本有校勘記："'其'字原闕，據殿本、孔本、《册府》卷五五七、《五代會要》卷一八補。"見《會要》卷一八修國史條顯德四年（957）正月記事。《舊五代史考異》："案：自'唐末主'以上，原文疑有脱誤。據《五代會要》云：梁末主之上，有郢王友珪，篡弒居位，未有紀録，請依《宋書》劉劭例，書爲'元凶友珪'，其末主請依古義，書曰《後梁實録》。又唐末主之前，有應順帝，在位四月出奔，亦未編紀，請書爲前廢帝，清泰主爲後廢帝，其書並爲實録。"《會要》此段亦見《册府》卷五五七。

[8]淮南道：道名。唐貞觀十道、開元十五道之一。唐貞觀元年（627）置，轄境相當今淮河以南，長江以北，東至海，西至今湖北中部。開元二十一年（733）置淮南道採訪處置使，治所在揚州（今江蘇揚州市）。乾元元年（758）廢。但作爲地理區劃一直沿用至五代。　招討使：官名。唐始置。戰時任命，兵罷則省。常以大臣、將帥或地方軍政長官兼任。掌招撫討伐等事務。　李重進：人名。滄州（今河北滄縣舊州鎮）人。五代將領、後周太祖郭威外甥。傳見《宋史》卷四八四。　壽州：州名。治所在今安徽壽縣。

[9]李景：人名。初名景通，後改名璟，又避後周信祖郭璟諱

改爲景，五代南唐國主李昪長子。942 年李昪去世後，繼位稱帝。後期在後周世宗進攻下，盡失江北十四州，被迫削帝號，稱臣於後周，晚年又遷都於南昌。傳見本書卷一三四、《新五代史》卷六二。

達：即李達。徐州（今江蘇徐州市）人。南唐中主李璟之弟，南唐將領。事見本書卷六二、《宋史》卷一。《輯本舊史》之影庫本粘籤：“齊王，原本作‘蔡王’，今從《通鑑》改正。”“達”，《通鑑》卷二九三作“景達”。見《通鑑》卷二九三顯德四年正月丁未條。

　　[10]濠州：州名。治所在今安徽鳳陽縣。　許文縝：人名。五代十國南唐將領。事見本書本卷。　邊鎬：人名。五代十國南唐將領。事見本書卷一一二。　朱元：人名。潁州沈丘（今安徽臨泉縣）人。事見《新五代史》卷六二。　紫金山：山名。又名八公山，位於今安徽壽縣東北，淮河南岸。《輯本舊史》之影庫本粘籤：“紫金山，原本作‘柴金山’，考《通鑑》及《宋史》、《東都事略》俱作‘紫金’，今改正。”“紫金山”之名多見，即在本卷三月庚寅條、甲午條、卷一二九《齊藏珍傳》、《劉仁瞻傳》均可見紫金山之名。又見於《通鑑》卷二九三顯德三年七月辛亥條、《東都事略》卷一《太祖紀》、《宋史》卷四七八《世家一·南唐李氏》顯德四年春條。

　　[11]戊申，詔取來月幸淮南：《舊五代史考異》：“案《宋史·李穀傳》：師老無功，時請罷兵爲便，世宗令范質、王溥就穀謀之。穀手疏請親征，有必勝之利者三，世宗大悅，用其策。”見《宋史》卷二六二《李穀傳》。

　　二月庚申，以前工部侍郎王敏爲司農卿。[1]辛酉，詔每遇入閣日，賜百官廊下食，從舊制也。淮南道行營都監向訓奏，破淮賊二千於黃蓍砦。[2]甲戌，以樞密副使王朴爲權東京留守兼判開封府，[3]以三司使張美爲大内都巡檢。[4]乙亥，車駕發京師。乙酉，次下蔡。[5]

[1]工部侍郎：官名。尚書省工部次官。協助尚書掌管百工山澤水土之政令，考其功以詔賞罰，總所屬各司之事。正四品下。王敏：人名。單州金鄉（今山東金鄉縣）人。後周時曾任刑部侍郎、司農卿等職。傳見本書卷一二八。　司農卿：官名。唐司農寺長官。掌國家之農耕、倉儲以及宮廷百官供應。從三品。

[2]行營都監：官名。唐中葉命將出征，常以宦官爲監軍、都監。後爲臨時委任的統兵官，稱都監、兵馬都監。掌屯戍、邊防、訓練之政令。　向訓：人名。懷州河内（今河南沁陽市）人。五代、宋初將領。避後周恭帝諱改名向拱。傳見《宋史》卷二五五。黃蓍砦：今地不詳。

[3]樞密副使：官名。樞密院副長官。　王朴：人名。東平（今山東東平縣）人。後周大臣，官至樞密使。曾獻《平邊策》，提出了統一全國先易後難之戰略方針，被周世宗採納。傳見本書卷一二八、《新五代史》卷三一。　東京：後晉天福三年（938）升汴州爲開封府（今河南開封市），建爲東京。後漢、後周及北宋皆都此，俗稱汴京。　留守：官名。古代皇帝出巡或親征時指定親王或大臣留守京城，綜理國家軍事、行政、民事、財政的高級官員，稱京城留守。在陪都或軍事重鎮也常設留守。　判：官制用語。即以他官兼代某職，稱判某職或判某職事。始於北齊。唐、五代以高官兼掌低職曰判。　兼判開封府：明本《册府》卷一一八《帝王部·親征門三》顯德四年（957）二月甲戌條作“兼判開封府事”，本句後尚有“以内客省使昝居潤副焉”十字。

[4]三司使：官名。五代後唐明宗天成元年（926）將晚唐以來的户部、度支、鹽鐵三部合爲一職，設三司使統之。主管國家財政。　張美：人名。貝州清河（今河北清河縣）人。五代、宋初大臣。傳見《宋史》卷二五九。　大内都巡檢：官名。五代始設巡檢

於京師、陪都、重要的州及邊防重鎮，設於都城的稱京城巡檢使、都巡檢、都巡檢使。掌地方治安。此句後《册府》卷一一八尚有"以侍衛都虞候韓通爲京城内外都巡檢"十六字。

[5]下蔡：縣名。治所在今安徽鳳臺縣。

三月庚寅旦，帝率諸軍駐於紫金山下，命今上率親軍登山擊賊，連破數砦，斬獲數千，斷其來路，賊軍首尾不相救。是夜，賊將朱元、朱仁裕、孫璘各舉砦來降，[1]降其衆萬餘人。翌日，盡陷諸砦，殺獲甚衆，擒賊大將建州節度使許文縝、前湖南節度使邊鎬，[2]其餘黨沿流東奔，帝自率親騎沿淮北岸追賊。及晡，馳二百餘里，至鎮淮軍，[3]殺獲數千人，奪戰艦糧船數百艘，錢帛器仗不可勝數。甲午，詔發近縣丁夫城鎮淮軍，仍搆浮梁於淮上。廬州都部署劉重進奏，[4]殺賊三千人於壽州東山口，皆紫金山之潰兵也。戊戌，授宣徽南院使、淮南節度使向訓爲徐州節度使，[5]充淮南道行營都監，即命屯鎮淮上。己亥，帝自鎮淮軍復幸下蔡。壬寅，賜淮南降軍許文縝、邊鎬已下萬五百人衣服錢帛有差。[6]丙午，壽州劉仁贍上表乞降，帝遣閤門使張保續入城慰撫。翌日，仁贍復令子崇讓上表請罪。[7]戊申，幸壽州城北，劉仁贍與將佐已下及兵士萬餘人出降，[8]帝慰勞久之，恩賜有差。庚戌，詔移壽州於下蔡，以故壽州爲壽春縣。是日，曲赦壽州管内見禁罪人，自今月二十一日已前，凡有過犯，並從釋放。應歸順職員，並與加恩。壽州管界去城五十里内，放今年及明年秋夏租稅。[9]自來百姓，有曾受江南文字聚集山林者，並不問罪。如有曾相傷害者，今後不得更有相酬及經官論訴。自用兵已來，被擄却骨肉者，不計遠近，並許本家識認，官中給物收贖。曾經陣敵處所暴露骸骨，並仰收拾埋瘞。自前政令有不便於民者。委本州條例聞奏，當行釐革。辛亥，以僞命清淮軍節度使、檢校太尉、兼侍中劉仁贍爲特進、檢校太尉、兼中書令、鄆州節度使，以右羽林統軍楊信爲壽州節度使。[10]是日，劉仁贍卒。壬子，以江南僞命西北面行營都監使、舒州團練使朱元爲蔡州防禦使，[11]以江南僞命文德殿使、壽州監軍使周廷構爲衛尉卿，[12]以江南僞命壽州營田副使孫羽爲太僕卿，以壽州節度判官鄭牧爲鴻臚卿，賞歸順也。[13]癸丑，追奪前許州行軍司馬韓倫在身官爵，配流沙門島。倫，侍衛馬軍都指揮使令坤之父也。令坤領陳州，倫在州干預郡政，掊斂之暴，公私患之，爲項城民武都等所訟。帝命殿中侍御史率汀就按之，[14]倫詐報汀云“準詔赴闕”，汀即奏之。帝愈怒，遽令追劾，盡得其實，故有是命。遣左諫議大夫尹日就於壽州開倉賑饑民。[15]丙辰，車駕發下蔡還京。

[1]朱仁裕：人名。籍貫不詳。五代十國南唐將領。事跡僅此一見。　孫璘：人名。籍貫不詳。五代十國南唐將領。事跡僅此一見。　是夜，賊將朱元、朱仁裕、孫璘各舉砦來降：《舊五代史考異》：“案《通鑑》云：辛卯夜，朱元與先鋒壕寨使朱仁裕等舉寨萬餘人降。據《薛史》，則朱元等之降即在庚寅，與《通鑑》異。”見《通鑑》卷二九三顯德四年（957）三月辛卯條。對《舊五代史考異》所引之《通鑑》“朱元與先鋒壕寨使朱仁裕等舉寨萬餘人

降”，中華書局本有校勘記：“‘舉’，原作‘與’，據孔本、殿本《考證》、劉本《考證》、《通鑑》卷二九三改。”

[2]建州：州名。治所在今福建建甌市。　節度使：官名。唐時在重要地區所設掌握一州或數州軍、民、財政的長官。　許文縝：人名。籍貫不詳。五代十國閩國官員。事見本書本卷。　湖南：方鎮名。又稱武安軍節度。治所在潭州（今湖南長沙市）。

[3]鎮淮軍：方鎮名。治所在荆山城（今安徽懷遠縣）。

[4]廬州：州名。治所在今安徽合肥市。　都部署：官名。五代後唐始置，爲臨時委任的大軍區統帥。掌管屯戍、攻防等事務。　劉重進：人名。本名晏僧。幽州（今北京市）人。五代、宋初將領。傳見《宋史》卷二六一。

[5]宣徽南院使：官名。唐始置。宣徽南院的長官。初用宦官，五代以後改用士人。與宣徽北院使通掌内諸司及三班内侍之名籍、郊祀、朝會、宴享供帳之儀，檢視内外進奉名物。參見王永平《論唐代宣徽使》，《中國史研究》1995 年第 1 期；王孫盈政《再論唐代的宣徽使》，《中華文史論叢》2018 年第 3 期。　徐州：州名。治所在今江蘇徐州市。

[6]萬五百人：明本《册府》卷一六七《帝王部・招懷門五》顯德四年三月作“萬五百二十四人”。

[7]劉仁贍：人名。彭城（今江蘇徐州市）人。五代十國南唐將領。傳見本書卷一二九、《新五代史》卷三二。　閤門使：官名。唐代始設，掌扈從乘輿、朝會禮儀、大宴引贊、引接朝見等事務。　張保續：人名。京兆萬年（今陝西西安市長安區）人。五代、宋初官員。傳見《宋史》卷二七四。　崇讓：人名。即劉崇讓。彭城（今江蘇徐州市）人。劉仁贍之子。五代、宋初將領。事見本書本卷及《宋史》卷四。

[8]劉仁贍與將佐已下及兵士萬餘人出降：《舊五代史考異》：“案《通鑑考異》云：仁贍降書蓋其副使孫羽等爲之。《歐陽史》本傳亦言孫羽詐爲仁贍書以城降，與《薛史》異。”見《通鑑》卷

二九三顯德四年三月戊申條《考異》、《新五代史》卷三二《劉仁瞻傳》。對《輯本舊史》所引之《舊五代史考異》中“《歐陽史》本傳亦言孫羽詐爲仁瞻書以城降，與《薛史》異”，中華書局本有校勘記：“以上二十一字原闕，據《舊五代史考異》卷四補。”

[9]放今年及明年秋夏租稅：中華書局本有校勘記：“‘今年’，《册府》卷九六、卷四九二作‘今年及明年’。”見明本《册府》卷九六《帝王部·赦宥門十五》顯德四年三月庚戌制、《宋本册府》卷四九二《邦計部·蠲復門四》顯德四年三月庚戌詔。

[10]清淮軍：方鎮名。治所在壽州（今安徽壽縣）。　檢校太尉：官名。爲散官或加官，以示恩寵加此官，無實際執掌。　侍中：官名。秦始置。隋、唐前期爲門下省長官。唐後期多爲大臣加銜，不參與政務，實際職務由門下侍郎執行。正二品。　特進：官名。西漢末始置，授給列侯中地位較特殊者。隋唐時期，特進爲散官，授給有聲望的文武官員。正二品。　中書令：官名。漢始置，隋、唐前期爲中書省長官，屬宰相之職；唐後期多爲授予元勳大臣的虛銜。正二品。　鄆州：州名。治所在今山東東平縣。　右羽林統軍：官名。唐代右羽林軍統兵官。至德二載（757）唐肅宗置禁軍，也叫神武天騎，分爲左、右神武天騎及左、右羽林，左、右龍武等六軍，稱北衙六軍。從二品。　楊信：人名。籍貫不詳。五代藩鎮將領。事見本書卷一〇二。

[11]都監使：官名。五代十國時期，吳越禁衛軍中有此職官，掌同都監。唐代中葉命將出征，常以宦官爲監軍、都監。後爲臨時委任的統兵官，稱都監、兵馬都監。掌屯戍、邊防、訓練之政令。　舒州：州名。治所在今安徽潛山市。《輯本舊史》之影庫本粘籤：“舒州，原本作‘抒州’，今從《通鑑》改正。”見《通鑑》卷二九三顯德三年七月：“唐主以（朱）元爲舒州團練使。”　團練使：官名。唐代中期以後，於不設節度使的地區設團練使，掌本區各州軍事。　蔡州：州名。治所在今河南汝南縣。　防禦使：官名。唐代始置，設有都防禦使、州防禦使兩種。常由刺史或觀察使兼任，實

際上爲唐代後期州或方鎮的軍政長官。

[12]文德殿使：官名。五代十國時期部分南方政權置官，職掌不詳。　　監軍使：官名。五代時期後唐設置，派於諸道，掌監護軍隊。　　周廷構：人名。籍貫不詳。五代十國南唐大臣。中華書局本有校勘記："原作'周延構'，據《册府》卷一六七、《通鑑》卷二九四改。按《新五代史》卷三二《劉仁贍傳》、陸游《南唐書》卷二皆有周廷構。本書各處同。"見明本《册府》卷一六七《帝王部·招懷門五》顯德四年三月壬子條，《通鑑》卷二九三顯德四月正月條、卷二九四顯德五年十月甲午條。　　衛尉卿：官名。東漢始置。唐代爲衛尉寺長官。掌器械文物，總武庫、武器、守宫三署之官屬。從三品。

[13]營田副使：官名。營田使副職。協掌營田事務。　　孫羽：人名。籍貫不詳。五代十國南唐官員。事見《新五代史》卷三二、卷六二。　　太僕卿：官名。漢代始置，太僕寺長官，掌御用車馬及國家畜牧事宜。正三品。　　節度判官：官名。唐、五代方鎮僚屬，位在行軍司馬下。分掌使衙内各曹事，並協助使職官員通判衙事。　　鄭牧：人名。籍貫不詳。五代後周官員。事見本書本卷。　　鴻臚卿：官名。秦時稱典客，漢初改大行令，漢武帝時改大鴻臚，北齊置鴻臚寺，以鴻臚寺卿爲主官，後代沿置。掌四夷朝貢、宴飲賞賜、送迎外使等禮儀活動。從三品。

[14]許州：州名。治所在今河南許昌市。　　行軍司馬：官名。出征將領及節度使的屬官。掌軍籍符伍，號令印信，是藩鎮重要的軍政官員。　　韓倫：人名。韓令坤之父。磁州武安（今河北武安市）人。五代、宋初軍閥。傳見《宋史》卷二五一。　　沙門島：地名。即今山東長島縣西北廟島，一説大黑山島。　　侍衛馬軍都指揮使：官名。爲侍衛親軍馬軍司長官。後梁始置侍衛親軍，爲禁軍的一支，後唐沿置並成爲禁軍主力，下設馬、步軍。中華書局本有校勘記："'都'字原闕，據劉本、本書卷一一六《周世宗紀》三、《册府》卷一五四、《通鑑》卷二九三及本卷下文改。"見《輯本舊

史》卷一一六《周世宗紀三》顯德三年二月丙戌條、《宋本冊府》
卷一五四《帝王部・明罰門三》顯德四年三月條、《通鑑》卷二九
三顯德四年三月癸丑條。　令坤：人名。即韓令坤。磁州武安人。
五代、宋初將領。傳見《宋史》卷二五一。　陳州：州名。治所在
今河南淮陽縣。　項城：縣名。治所在今河南沈丘縣。　武都：人
名。籍貫不詳。中華書局本有校勘記：“《冊府》卷一五四、《宋史》
卷二五一《韓令坤傳》作‘武郁’。”見《冊府》卷一五四。　殿
中侍御史：官名。三國魏始置。唐前期屬御史臺之殿院，掌宮門、
庫藏及糾察殿庭供奉朝會儀式，及分掌左、右巡，負責京師治安、
京畿軍兵。唐後期常爲外官所帶憲銜。從七品下。　率汀：人名。
籍貫不詳。五代後周官員。事見《宋史》卷二七○、卷四八三。
“癸丑”至“故有是命”：據《舊五代史考異》：“案《宋史・韓令
坤傳》云：倫法當棄市，令坤泣請于世宗，遂免死。”見《宋史》
卷二五一《韓令坤傳》。

　　[15]左諫議大夫：官名。隸門下省。唐代置左、右諫議大夫各
四人，分隸門下省、中書省。掌諫諭得失，侍從贊相。正四品下。
　尹日就：人名。籍貫不詳。五代後周官員。事見《新五代史》卷
六七。

　　夏四月己巳，車駕至自下蔡。辛未，以江南僞命西
北面行營應援使、前永安軍節度使、檢校太尉許文縝爲
左監門衛上將軍、檢校太尉，以僞命西北面行營應援都
軍使、前武安軍節度使邊鎬爲左千牛衛上將軍、檢校太
傅。[1]丙子，宰臣李穀以風痹經年，上章請退，凡三上
章，不允。[2]丁丑，斬內供奉官孫延希於都市，御廚使
董延勛、副使張皓、武德副使盧繼昇並停職。[3]時重修
永福殿，命延希督役，上見役夫有就瓦中噉飯，以栿爲

匕者，[4]大怒，斬延希而罷延勛等。壬午，[5]故彭城郡夫人劉氏追册爲皇后。癸未，故皇子贈左驍衛大將軍誼再贈太尉，追封越王；故皇子贈左武衛大將軍諴再贈太傅，追封吳王；故皇子贈左屯衛大將軍諴再贈太保，[6]追封韓王；故皇弟贈太保侗再贈太傅，追封郯王；故皇弟贈司空信再贈司徒，[7]追封杞王；故皇第三妹樂安公主，追册莒國長公主；故皇第五妹永寧公主，追册梁國長公主；[8]故皇從弟，贈左領軍大將軍守愿再贈左衛大將軍，故皇從弟贈左監門將軍奉超，再贈右衛大將軍；故皇從弟，贈左千牛衛將軍愻再贈右武衛大將軍。[9]甲申，以先降到江南兵士，團結爲三十指揮，[10]號懷德軍。

[1]永安軍：方鎮名。治所在府州（今陝西府谷縣）。　左監門衛上將軍：官名。唐置，掌宮禁宿衛。唐代置十六衛，即左右衛、左右驍衛、左右武衛、左右威衛、左右領軍衛、左右金吾衛、左右監門衛、左右千牛衛，各置上將軍，從二品；大將軍，正三品；將軍，從三品。　西北面行營應援都軍使：西北面行營應援使，官名。五代十國時設置的臨時軍事職務，掌隨軍救援，事畢即罷。都軍使，官名。所部統兵將領，位次於都指揮使。　武安軍：方鎮名。治所在潭州（今湖南長沙市）。　左千牛衛上將軍：官名。唐置，掌宮禁宿衛。唐代置十六衛之一。從二品。　檢校太傅：官名。爲散官或加官，以示恩寵，無實際執掌。　前武安軍節度使邊鎬爲左千牛衛上將軍：中華書局本有校勘記：“‘左’，本書卷一一八《周世宗紀五》、《通鑑》卷二九四及本卷下文作‘右’。‘節度使’下《册府》卷一六七有‘檢校太傅’四字。”見《輯本舊史》卷一一八《周世宗紀五》顯德五年（958）十月甲午條、《通鑑》

卷二九四顯德五年十月甲午條、明本《册府》卷一六七《帝王部·招懷門五》顯德四年四月辛未條。

[2]李穀：人名。潁州汝陰（今安徽阜陽市）人。後周宰相。傳見《宋史》卷二六二。　風痹：傳統中醫指因風寒侵襲而引起的關節或肢體的疼痛或麻木。詳見景蜀慧《"風痹"與"風疾"——漢晋時期醫家對"諸風"的認識及相關的自然气候因素探析》，《中山大學學報》2005 年第 4 期；安家琪《唐代"風疾"考論》，《唐史論叢》2014 年第 2 期。　"丙子"至"不允"：《舊五代史考異》："案《宋史·李穀傳》：穀扶疾入見便殿，詔令不拜，命坐御座側。以抱疾久，請辭相位，世宗怡然勉之，謂曰：'譬如家有四子，一人有疾，棄而不養，非父之道也。朕君臨萬方，卿處輔相之位，君臣之間，分義斯在，奈何以禄奉爲言。'穀愧謝而退。"見《宋史》卷二六二《李穀傳》，繫此事於是年夏，"請辭相位"原文爲"請辭禄位"。

[3]供奉官：官名。泛指侍奉皇帝左右的臣僚，亦爲東、西頭供奉官通稱。　孫延希：人名。籍貫不詳。五代後周官員。事跡僅此一見。　御廚使：官名。唐始置，掌皇帝膳食之事，爲内諸司使之一。　董延勛：人名。籍貫不詳。五代後周官員。事跡僅此一見。　張皓：人名。籍貫不詳。五代後周官員。事跡僅此一見。盧繼昇：人名。籍貫不詳。五代後周官員。事跡僅此一見。

[4]永福殿：五代宮殿名。位於今河南開封市。　柿（fèi）：削落的木片。

[5]壬午：《舊五代史考異》："案：《歐陽史》作癸未追册，與《薛史》異。"見《新五代史》卷一二《周世宗紀》顯德四年四月癸未條，相差一日。

[6]左驍衛大將軍：官名。掌宮禁宿衛。唐代置十六衛之一。正三品。　太尉：官名。與司徒、司空並爲三公，唐後期、五代時多爲大臣、勳貴加官。正一品。　左武衛大將軍：官名。掌宮禁宿衛。唐代置十六衛之一。正三品。　太傅：官名。與太師、太保合

稱三師，唐後期、五代時多爲大臣、勳貴加官。正一品。 左屯衛大將軍：官名。掌宫禁宿衛。唐代置十六衛之一。正三品。 太保：官名。與太師、太傅並爲三師。唐後期、五代時多爲大臣、勳貴加官。正一品。

[7]司空：官名。與司徒、太尉並爲三公，唐後期、五代時多爲大臣、勳貴加官。正一品。 司徒：官名。與太尉、司空並爲三公，唐後期、五代時多爲大臣、勳貴加官。正一品。

[8]故皇第三妹樂安公主，追册莒國長公主：中華書局本有校勘記：“‘故皇’二字原闕，據殿本、孔本校補。”

[9]左領軍大將軍：官名。掌宫禁宿衛。唐代置十六衛之一。正三品。 左衛大將軍：官名。掌宫禁宿衛。唐代置十六衛之一。正三品。 左監門將軍：官名。掌宫禁宿衛。唐代置十六衛之一。從三品。 右衛大將軍：官名。掌宫禁宿衛。唐代置十六衛之一。正三品。 左千牛衛將軍：官名。掌宫禁宿衛。唐代置十六衛之一。從三品。 右武衛大將軍：官名。掌宫禁宿衛。唐代置十六衛之一。正三品。

[10]團結爲三十指揮：《會要》卷一二京城諸軍條顯德四年四月記事作“分爲六軍，共三十指揮”。《通鑑》卷二九三顯德四年四月甲申條：“分江南降卒爲六軍、三十指揮，號懷德軍。”

五月丁亥朔，帝御崇元殿受朝，仗衛如式。己丑，以新修永福殿改爲廣政殿。[1]辛卯，以端午賜文武百僚衣服，書始也。癸巳，侍衛親軍都指揮使、宋州節度使、充淮南道行營都招討李重進加檢校太傅、兼侍中；以宣徽南院使、淮南節度使向訓爲徐州節度使，加檢校太尉、同平章事。[2]丙申，斬密州防禦副使侯希進於本郡。[3]時太常博士張糺檢視本州夏苗，[4]移牒希進分檢，希進以不奉朝旨，不從。糺具事以聞，帝怒，遣使斬之。丁酉，以滑州節度使兼殿前都點檢、駙馬都尉張永德爲澶州節度使，加檢校太尉；以今上爲滑州節度使，加檢校太保，依前殿前都指揮使。[5]今上以三年十月宣授同州節度使，未於正衙宣制，至是移鎮滑臺，故自永州防禦使授焉。[6]以侍衛馬軍都指揮使、洋州節度使韓令坤爲陳州節度使，加檢校太傅；以權侍衛步軍都指揮使、岳州防禦使袁彥爲曹州節度使，加檢校太保，[7]並典軍如故。己亥，以左神武統軍劉重進爲鄧州節度使，以虎捷左廂都指揮使、閬州防禦使趙晁爲河陽節度使，以兗州防禦使白延遇爲同州節度使。[8]辛丑，宰臣范質、李穀、王溥並加爵邑，改功臣。樞密使魏仁浦加檢校太傅，[9]進封開國公。辛亥，知廬州行府事劉重進奏，相次殺敗賊，獲戰船三十艘。壬子，以宣徽北院使吳廷祚爲宣徽南院使，權西京留守，[10]判河南府事。是月，詔中書門下，[11]差官詳定格律。中書門下奏："差侍御史知雜事張湜等一十人詳定。候畢日，委御史臺尚書省四品已上、兩省五品已上官，[12]參詳可否，送中書門下議定，奏取進止。"從之。

[1]廣政殿：《輯本舊史》之影庫本粘籤："《薛史·漢隱帝紀》有廣政殿，此又云改爲廣政殿，疑周太祖時宮殿之名多所更易，至世宗又從舊稱也。今無可復考，姑附識於此。""廣政殿"見《輯本舊史》卷一〇一《漢隱帝紀上》乾祐元年（948）三月甲寅條、卷一〇三《漢隱帝紀下》乾祐三年十一月丙子條。

[2]侍衛親軍都指揮使：官名。五代時侍衛親軍之長官。多爲

皇帝親信。　宋州：州名。治所在今河南商丘市睢陽區。　行營都招討：官名。行營招討使的省稱。唐始置。戰時任命，兵罷則省。常以大臣、將帥或地方軍政長官兼任。掌招撫討伐等事務。　同平章事：官名。"同中書門下平章事"之簡稱。唐高宗以後，凡實際任宰相之職者，常在其本官後加同平章事的職銜。後成爲宰相專稱。後晉天福五年（940），升中書門下平章事爲正二品。

　　[3]密州：州名。治所在今山東諸城市。　防禦副使：官名。防禦使副職。　侯希進：人名。籍貫不詳。五代後周官員。事跡僅此一見。

　　[4]太常博士：官名。漢代始置。爲太常寺屬官。掌辨五禮，討論謚法，贊相導引。從七品上。　張糺：人名。籍貫不詳。五代後周官員。事跡僅此一見。

　　[5]滑州：州名。治所在今河南滑縣。　殿前都點檢：官名。五代後唐置，初稱大内都點檢，凡車駕行幸及出征則置。後周世宗顯德中選驍勇之士充殿前諸班，改稱殿前都點檢。　駙馬都尉：官名。漢武帝時始置，魏、晋以後公主夫婿多加此稱號。從五品下。《輯本舊史》之影庫本粘籤："都尉，原本作'較尉'，今從《宋史》改正。"見《宋史》卷二五五《張永德傳》。　張永德：人名。并州陽曲（今山西陽曲縣）人。五代、宋初大將，頗受宋太祖、宋太宗信用。傳見《宋史》卷二五五。　澶州：州名。唐、五代初，治所在河南清豐縣。後晉天福四年（939），移治於今河南濮陽縣。殿前都指揮使：官名。五代後周世宗顯德中，選驍勇之士充殿前諸班。都指揮使爲殿前司長官之一，次於殿前都點檢、副都點檢。

　　[6]同州：州名。治所在今陝西大荔縣。　滑臺：地名。位於今河南滑縣。　永州：州名。治所在今湖南永州市。

　　[7]洋州：州名。治所在今陝西洋縣。　陳州：州名。治所在今河南淮陽縣。　侍衛步軍都指揮使：官名。五代時皇帝親軍侍衛步軍司之最高長官。　岳州：州名。治所在今湖南岳陽市。　袁彥：人名。河中河東（今山西永濟市）人。五代、宋初軍閥。傳見

《宋史》卷二六一。　曹州：州名。治所在今山東曹縣西北。　檢校太保：官名。爲散官或加官，以示恩寵，無實際執掌。

[8]左神武統軍：官名。唐代左神武軍統兵官。至德二年（757）唐肅宗置禁軍，也叫神武天騎，分爲左、右神武天騎及左、右羽林，左、右龍武等六軍，稱“北衙六軍”。從二品。　鄧州：州名。治所在今河南鄧州市。　虎捷左厢都指揮使：官名。所部統兵將領。“虎捷”爲禁軍番號。　閬州：州名。治所在今四川閬中市。　趙晁：人名。真定（今河北正定縣）人。五代、宋初將領。傳見《宋史》卷二五四。　河陽：方鎮名。全稱“河陽三城”。治所在孟州（今河南孟州市）。　兗州：州名。治所在今山東濟寧市兗州區。　白延遇：人名。太原（今山西太原市）人。五代、宋初將領。傳見本書卷一二四。　同州：州名。治所在今陝西大荔縣。

[9]范質：人名。大名宗城（今河北威縣）人。後周、宋初宰相。傳見《宋史》卷二四九。　王溥：人名。并州祁（今山西祁縣）人。後周、宋初宰相。傳見《宋史》卷二四九。　樞密使：官名。樞密院長官，五代時以士人爲之，備顧問，參謀議，出納詔奏，權侔宰相。參見李全德《唐宋變革期樞密院研究》，國家圖書館出版社2009年版。　魏仁浦：人名。後周、宋初宰相。衛州汲（今河南衛輝市）人。傳見《宋史》卷二四九。

[10]宣徽北院使：官名。唐始置。宣徽北院的長官。初用宦官，五代以後改用士人。與宣徽南院使通掌内諸司及三班内侍之名籍，郊祀、朝會、宴享供帳之儀，檢視内外進奉名物。　吳廷祚：人名。并州太原（今山西太原市）人。後周、宋初將領。傳見《宋史》卷二五七。中華書局本有校勘記：“原作‘吳延祚’，據《隆平集》卷九、《東都事略》卷二五、《宋史》卷二五七《吳廷祚傳》改。按《吳廷祚墓誌》（拓片刊《北京圖書館藏中國歷代石刻拓本匯編》第三十七册）、其子《吳元載墓誌》（拓片刊《千唐誌齋藏誌》）皆記其名爲‘廷祚’。本書各處同。影庫本粘籤：‘吳延祚，原本作“廷祚”，今從《東都事略》改正。’”　西京：即河

南府，治所在今河南洛陽市。五代後晉天福三年（938）自東都河南府遷都汴州（今河南開封市），升汴州爲東京開封府，改東都河南府爲西京。後漢、後周及北宋沿襲不改。

[11]中書門下：官署名。唐代以來爲宰相處理政務的機構。參見劉後濱《唐代中書門下體制研究——公文形態·政務運行與制度變遷》，齊魯書社 2004 年版。

[12]侍御史知雜事：官名。唐置，以資深御史充任，總管御史臺庶務。五代沿置。　張湜：人名。籍貫不詳。五代、宋初官員。事見本書卷一四七。　御史臺：官署名。爲中央監察機構。　尚書省：官署名。東漢始置尚書臺，至南北朝始稱尚書省。隋唐時期與中書省、門下省並稱“三省”，爲最高政務機關。

　　六月丁巳，前濠州刺史齊藏珍以罪棄市。[1]己未，以責授耀州司馬鍾謨爲衛尉少卿，賜紫。帝既誅孫晟，[2]尋竄謨爲耀州，既而悔之，故有是命。辛酉，西京奏，伊陽山谷中有金屑，民淘取之，詔勿禁。乙酉，詔在朝文資官再舉堪爲令録、從事者各一人。[3]

　　[1]刺史：官名。漢武帝時始置。州一級行政長官，總掌考覈官吏、勸課農桑、地方教化等事。唐中期以後，節度、觀察使轄州而設，刺史爲其屬官，職任漸輕。從三品至正四品下。　齊藏珍：人名。籍貫不詳。五代後漢、後周將領。傳見本書卷一二九。　棄市：古代刑罰名。即在鬧市執行死刑，並陳屍街頭示衆。

　　[2]耀州：州名。治所在今陝西銅川市耀州區。　司馬：官名。州軍佐官，名義上紀綱衆務，通判列曹，品高俸厚，實際上無具體職事，多用以安置貶謫官員，或用作遷轉官階。上州爲從五品下，中州爲正六品下，下州爲從六品上。　鍾謨：人名。會稽（今浙江紹興市）人。五代十國南唐官員。事見本書本卷。　衛尉少卿：官

名。北魏置，隋、唐、五代時爲衛尉寺次官。協助衛尉卿掌供宮廷、祭祀、朝會之儀仗帷幕，通判本寺事務。從四品上。　孫晟：人名。密州（今山東諸城市）人。五代十國南唐大臣。傳見本書卷一三一、《新五代史》卷三三。

[3]令録：令，指縣令；録，指司録、録事參軍。　從事：泛指一般州縣佐吏。

　　秋七月丁亥，以前徐州節度使、檢校太師、兼中書令武行德爲左衛上將軍。[1]先是，詔行德分兵屯定遠縣，既爲淮寇所襲，王師死者數百人，帝懲其債軍之咎，故以環衛處之。以前河陽節度使李繼勳爲右衛大將軍，[2]責壽春南砦之敗也。壬辰，以刑部尚書王易爲太子少保致仕，以右監門衛上將軍蓋萬爲左衛上將軍致仕。[3]己酉，[4]司農卿王敏卒。甲辰，詔曰：“準令，諸論田宅婚姻，起十一月一日至三月三十日止者。州縣爭論，舊有釐革，每至農月，貴塞訟端。近聞官吏因循，由此成弊，凡有訴競，故作逗遛，至時而不與盡辭，入務而即便停罷，强猾者因兹得計，孤弱者無以自伸。起今後應有人論訴陳辭狀，至二月三十日權停。若是交相侵奪、情理妨害、不可停滯者，不拘此限。”[5]

　　[1]檢校太師：官名。爲散官或加官，以示恩寵，無實際執掌。　中書令：官名。漢代始置，隋、唐前期爲中書省長官，屬宰相之職；唐後期多爲授予元勳大臣的虛銜。正二品。　武行德：人名。并州榆次（今山西晉中市榆次區）人。五代、宋初將領。傳見《宋史》卷二五二。　左衛上將軍：官名。唐置，掌宮禁宿衛。唐代置十六衛之一。從二品。

[2]李繼勳：人名。大名元城（今河北大名縣）人。五代、宋初將領，屢立戰功。傳見《宋史》卷二五四。　右衛大將軍：官名。唐置，掌宮禁宿衛。唐代置十六衛之一。正三品。中華書局本有校勘記："'右衛大將軍'，《通鑑》卷二九三同，本書卷一一八《周世宗紀》五、《宋史》卷二五四《李繼勳傳》作'右武衛大將軍'。"見《通鑑》卷二九三顯德四年（957）七月丁亥條、《輯本舊史》卷一一八《周世宗紀五》顯德五年三月辛卯條。

[3]刑部尚書：官名。尚書省刑部主官。掌天下刑法及徒隸、勾覆、關禁之政令。正三品。　王易：人名。籍貫不詳。五代、宋初官員。事見本書本卷。　太子少保：官名。與太子少傅、太子少師合稱"三少"，唐後期、五代時多爲大臣、勳貴加官。從二品。

致仕：官員告老辭官。　右監門衛上將軍：官名。唐置，掌宮禁宿衛。唐代置十六衛之一。從二品。　蓋萬：人名。籍貫不詳。五代、宋初將領。事見本書本卷。

[4]己酉：《輯本舊史》之影庫本粘籤："己酉，以《長曆》推之，當作丁酉，今無別本可校，姑仍其舊。"顯德四年七月丙戌朔，己酉爲二十四日，在此條之前，有丁亥（初二）、壬辰（初七）記事；在此條之後，有甲辰（十九日）記事。如改爲丁酉，則爲二十四日。別無證據，祇能存疑。

[5]"起今後應有人論訴陳辭狀"至"不拘此限"：明本《册府》卷六一《帝王部·立制度門二》作"起今後，應有人論訴物業婚姻，取十一月一日後許陳詞狀，至二月三十日權停。自三月三十日已前，如已有陳詞，至權停日公事未了絕者，仰本處州縣，亦與盡理勘逐，須見定奪了絕。其本處官吏如敢違慢，並當重責。其三月一日後至十月三十日前，如有婚田詞訟者，州縣不得與理。若是交相侵奪、情理妨害、不可停滯者，不拘此限"。

八月乙卯朔，兵部尚書張昭上疏，望準唐朝故事，置制舉以罩英才。[1]帝覽而善之，因命昭具制舉合行事件，條奏以聞。丙辰，以太常卿田敏爲工部尚書，以太子賓客司徒詡爲太常卿。[2]辛未，詔在朝武班，各舉武勇膽力堪爲軍職者一人。甲戌，賜左監門上將軍許文縝、右千牛上將軍邊鎬、右驍衛大將軍王環、衛尉卿周廷構、太府卿馮延魯、太僕卿鄭牧、鴻臚卿孫羽、衛尉少卿鍾謨、工部郎中何幼沖各冬服絹二百匹，綿五百兩。[3]文縝已下，皆吳、蜀之士也。乙亥，宰臣李穀罷相，守司空，加食邑實封。[4]穀抱疾周歲，累上表求退，至是方允其請。以樞密副使、户部侍郎王朴爲樞密使、檢校太保。[5]癸未，前濮州刺史胡立自僞蜀迴，蜀主孟昶寓書於帝，[6]其末云“昶昔在韶齔，即離并都，亦承皇帝鳳起晋陽，龍興汾水，[7]合敘鄉關之分，以陳玉帛之歡。儻蒙惠以嘉音，佇望專馳信使，謹因胡立行次，聊陳感謝披述”云。初，王師之伐秦、鳳也，以立爲排陣使，[8]既而爲蜀所擒。及秦、鳳平，得降軍數千人，其後帝念其懷土，悉放歸蜀，至是蜀人知感，故歸立於我。昶本生於太原，故其書意願與帝推鄉里之分，帝怒其抗禮，不答。

[1]制舉：也稱制科，唐科舉考試時分常舉和制舉兩种，制舉是由皇帝親自在殿上考試，科目多臨時設置，旨在不次選拔特殊人才。

[2]太常卿：官名。太常寺長官。掌祭祀禮儀等事。正三品。
田敏：人名。淄州鄒平（今山東鄒平縣）人。五代、宋初大臣、學者。傳見《宋史》卷四三一。　工部尚書：官名。尚書省工部主

官。掌百工、屯田、山澤之政令。正三品。　太子賓客：官名。爲太子官屬。唐高宗顯慶元年（656）始置。掌侍從規諫，贊相禮儀。正三品。　司徒詡：人名。清河郡（今河北清河縣）人。五代後唐官員。傳見本書卷一二八。

[3]左監門上將軍：官名。掌宮禁宿衛。唐代置十六衛之一。從二品。　右千牛上將軍：官名。掌宮禁宿衛。唐代置十六衛之一。從二品。　右驍衛大將軍：官名。掌宮禁宿衛。唐代置十六衛之一。正三品。中華書局本有校勘記：“‘驍’字原闕，據本書卷一一五《周世宗紀》二、卷一一八《周世宗紀》五、卷一二九《王環傳》補。”見《輯本舊史》卷一一五《周世宗紀二》顯德二年十二月辛卯條、卷一一八《周世宗紀五》顯德五年正月乙酉條。　王環：人名。真定（今河北正定縣）人。五代後周將領。傳見本書卷一二九、《新五代史》卷五〇。　太府卿：官名。南朝梁始置。太府寺長官。掌國家財帛庫藏出納、關市稅收等務。從三品。　馮延魯：人名。壽春（今安徽壽縣）人，五代十國南唐詩人、大臣。周世宗南征時被俘，後放歸南唐。事見《新五代史》卷三二、卷六二。　太僕卿：官名。太僕寺長官。漢代始置，掌御用車馬及國家畜牧事宜。正三品。　鴻臚卿：官名。秦時稱典客，漢初改大行令，漢武帝時改大鴻臚，北齊置鴻臚寺，以鴻臚寺卿爲主官，後代沿置。掌四夷朝貢、宴飲賞賜、送迎外使等禮儀活動。從三品。孫羽：人名。籍貫不詳。五代十國南唐官員。事見《新五代史》卷六二。中華書局本有校勘記：“《册府》卷一六七及本卷上文云：‘（三月壬子）以江南僞命壽州營田副使孫羽爲太僕卿，以壽州節度判官鄭牧爲鴻臚卿。’”見明本《册府》卷一六七《帝王部·招懷門五》顯德四年三月壬子條。　工部郎中：官名。尚書省屬官，位在侍郎之下、員外郎之上。主持尚書省工部司事務。從五品上。

何幼沖：人名。籍貫不詳。五代、宋初官員。事跡僅此一見。

絹二百匹，綿五百兩：《册府》卷一六七顯德四年八月條作“絹三百匹，綿五百兩，俾備時服”。

[4]食邑：即採邑，官員可以收其賦税自用的封地。

[5]户部侍郎：官名。尚書省户部次官。協助户部尚書掌土地、人户、錢穀、貢賦之政。正四品下。

[6]濮州：州名。治所在今山東鄄城縣。《輯本舊史》之影庫本粘籤："濮州，原本作'維州'，今從《十國春秋》改正。"見《十國春秋》卷一〇一《荆南書·貞懿王世家》顯德五年六月條。但《十國春秋》爲清人吳任臣所著。其實《新五代史》卷一二《周世宗紀》顯德四年八月癸未條已載："蜀人來歸我濮州刺史胡立。"此證更具權威性。　胡立：人名。籍貫不詳。事見本書本卷、卷一二九。　僞蜀：即後蜀。五代十國政權之一。後唐清泰元年（934），蜀王孟知祥稱帝於成都（今四川成都市），國號蜀，史稱後蜀。轄境相當今四川和陝西南部、甘肅東南部、湖北西南部地區。事見本書卷一三六、《新五代史》卷六四。　孟昶：人名。邢州龍崗（今河北邢臺市）人。孟知祥之子。五代後蜀皇帝，934年至965年在位。傳見本書卷一三六、《新五代史》卷六四。

[7]齠（tiáo）齔（chèn）：指代孩童。　晋陽：縣名。治所在今山西太原市晋源區。　汾水：水名。即今汾河。位於今山西中部，源於山西寧武縣，全長約716千米，流域面積約39000平方千米，係黄河第二大支流。

[8]秦：州名。治所在今甘肅秦安縣。　鳳：州名。治所在今陝西鳳縣。　排陣使：官名。唐節度使所屬武官中有排陣使，五代後梁時設於諸軍，爲先鋒之職。參見王軼英《中國古代排陣使述論》，《西北大學學報》2010年第6期。

九月甲申朔，宰臣王溥、樞密使王朴皆丁内艱，並起復舊位。[1]以侍衛馬步軍都指揮使、宋州節度使李重進爲鄆州節度使，[2]典軍如故。己丑，以前翰林學士、禮部侍郎竇儀爲端明殿學士，[3]依前禮部侍郎。

[1] 丁內艱：子遭母喪或承重孫遭祖母喪，稱丁內艱。　起復：官吏服喪未滿而再起用。

[2] 侍衛馬步軍都指揮使：官名。五代時侍衛親軍長官。多爲皇帝親信。

[3] 翰林學士：官名。由南北朝始設之學士發展而來，唐玄宗改翰林供奉爲翰林學士，備顧問，代王言，掌拜免將相、號令征伐等詔令的起草。　禮部侍郎：官名。尚書省禮部次官。協助禮部尚書掌禮儀、祭享、貢舉之政。正四品下。　竇儀：人名。薊州漁陽（今北京市密雲區）人。五代、宋初官員，以博學多識著稱。傳見《宋史》卷二六三。　端明殿學士：官名。五代後唐天成元年（926）明宗初即位，每有四方書奏，多令樞密使安重誨進讀，不曉文義。於是孔循獻議，設端明殿學士，命馮道等爲之，位在翰林學士之上。此後沿置。

冬十月丙辰，賜京城內新修四寺額，以天清、天壽、顯靜、顯寧爲名。[1] 壬戌，左藏庫使符令光棄市。[2] 時帝再議南征，先期敕令光廣造軍士袍襦，不即辦集，帝怒，命斬之。時宰臣等至庭救解，帝起入宮，[3] 遂戮於都市。令光出勳閥之後，歷職內庭，以清慎自守，累總繁劇，甚有廉幹之譽。帝素重其爲人，每加委用，至是以小過見誅，人皆冤之。戊午，[4] 詔懸制科凡三：其一曰賢良方正能直言極諫科，其二曰經學優深可爲師法科，其三曰詳閑吏理達於教化科。不限前資、見任職官，黃衣草澤，[5] 並許應詔。時兵部尚書張昭條奏，請興制舉，故有是命。癸亥，河東僞命麟州刺史楊重訓以城歸順，[6] 授重訓本州防禦使、檢校太傅。戊辰，詔取月內車駕暫幸淮上。己巳，以樞密使王朴爲權東京留守，以三司使張美爲大内都點檢。[7]壬申，[8]駕發京師。壬午，以前鄆州節度使郭從義爲徐州節度使，以徐州節度使向訓爲宋州節度使。

[1]天壽：中華書局本有校勘記：“《五代會要》卷一二、《册府》卷五二作‘聖壽’。”見《會要》卷一二四條顯德四年（957）九月記事、明本《册府》卷五二《帝王部·崇釋氏門二》顯德四年十月條。

[2]左藏庫使：官名。領左藏庫事。　符令光：人名。籍貫不詳。五代官員。事跡僅此一見。

[3]帝起入宫：中華書局本有校勘記：“‘宫’，原作‘營’，據殿本、劉本、邵本、彭校改。”

[4]戊午：顯德四年十月甲寅朔，本條前條記事壬戌爲初九，下條記事癸亥爲初十，本條戊午則爲初五，其中必有誤。因無其他證據，姑存疑。

[5]黄衣：古代對僧道的代稱。　草澤：古代對民間知識分子的代稱。

[6]河東：代指北漢政權。　麟州：州名。治所在今陝西神木縣。　楊重訓：人名。籍貫不詳。事見本書本卷。

[7]大内都點檢：官名。五代後唐置，凡車駕行幸及出征則置。後周世宗顯德中選驍勇之士充殿前諸班，改稱殿前都點檢。

[8]壬申：中華書局本有校勘記：“原作‘壬辰’，據孔本，《新五代史》卷一二《周本紀》、卷六二《南唐世家》注引《五代舊史》及《世宗實録》，《册府》卷一一八，《通鑑》卷二九三改。《舊五代史考異》卷四：‘案原本作“壬辰”，考《五代春秋》作十月壬辰，帝南征，與《薛史》同。《歐陽史》作壬申南征，《通鑑》作壬申，帝發大梁，與《薛史》異。據下文有壬午，則十月不應有壬辰，疑原本係傳寫之誤，今從《歐陽史》《通鑑》改正。’”見

明本《册府》卷一一八《帝王部・親征門三》顯德四年十月壬申條、《新五代史》卷一二《周世宗紀》顯德四年十月壬申條、《通鑑》卷二九三顯德四年十月壬申條。顯德四年十月甲寅朔，無壬辰，壬申爲十九日，其上條己巳爲十六日，下條壬午爲二十九日。

十一月癸未朔，以内客省使昝居潤爲宣徽北院使，權東京副留守。[1]丙戌，車駕至濠州城下。戊子，親破十八里灘。[2]砦在濠州東北淮水之中，四面阻水，上令甲士數百人跨馲以濟。今上以騎軍浮水而渡，遂破其砦，擄其戰艦而迴。癸巳，帝親率諸軍攻濠州，奪關城，破水砦，賊衆大敗，焚戰艦七十餘艘，斬首二千級，進軍攻羊馬城。丙申夜，僞濠州團練使郭廷謂上表陳情，[3]且言家在江南，欲遣人稟命於李景，從之。辛丑，帝自濠州率大軍水陸齊進，循淮而下，命今上率精騎爲前鋒。癸卯，大破淮賊於渦口，[4]斬首五千級，收降卒二千餘人，奪戰船三百艘，遂鼓行而東，以追奔寇，晝夜不息，沿淮城柵，所至皆下。乙巳，至泗州。[5]今上乘勝麾軍，[6]焚郭門，奪月城，[7]帝親冒矢石以攻其壘。丙午，日南至，從臣拜賀於月城之上。

[1]内客省使：官名。中書省所屬内客省長官。唐始置，五代沿置。　昝居潤：人名。博州高唐（今山東高唐縣）人。五代、宋初將領。傳見《宋史》卷二六二。　權東京副留守：《輯本舊史》原作“東京留守”，《舊五代史考異》：“案：上文以王朴爲權東京留守，不應復以命昝居潤。據《東都事略・昝居潤傳》，世宗幸淮上，命爲副留守，疑原本脱‘副’字。”見《東都事略》卷二一《昝居潤傳》，《宋史》卷二六二《昝居潤傳》載，顯德四年（957）世宗

再幸壽州，命爲副留守，十月，幸淮上，以爲宣徽使兼副留守。今據補。

[2]十八里灘：今地不詳。

[3]郭廷謂：人名。彭城（今江蘇徐州市）人。五代十國南唐官員。後入仕北宋。傳見《宋史》卷二七一。

[4]渦口：地名。渦水入淮河之處。位於今安徽懷遠縣東北。《輯本舊史》之影庫本粘籤：“渦口，原本作‘濟口’，今從《通鑑》改正。”見《通鑑》卷二九三顯德四年十一月癸卯條。

[5]泗州：州名。治所在臨淮縣，今已没於洪澤湖中。

[6]今上乘勝麾軍：中華書局本有校勘記：“‘勝’字原闕，據《御覽》卷三○七引《五代·周史》、《册府》卷一一八補。殿本、劉本作‘勢’。”見明本《册府》卷一一八《帝王部·親征門三》顯德四年十一月乙巳條、《御覽》卷三○七麾兵。

[7]月城：亦稱甕城，古代在城門外加築的小城。多呈半月形，半包圍於城門，以增强防禦能力。

十二月乙卯，泗州守將范再遇以其城降，授再遇宿州團練使。[1]戊午，帝自泗州率衆東下，命今上領兵行於南岸，與帝夾淮而進。己未，至清口，[2]追及淮賊，軍行鼓譟之聲，聞數十里。辛酉，至楚州西北，[3]大破賊衆，水陸俱奔，有賊船數艘，順流而逸。帝率驍騎與今上追之數十里，今上擒賊大將僞保義軍節度使、江北都應援使陳承昭以獻。[4]收獲舟船，除焚盪外得三百餘艘，將士除殺溺外得七千餘人。初，帝之渡淮也，比無水戰之備，每遇賊之戰棹，無如之何，敵人亦以此自恃，有輕我之意。帝即於京師大集工徒，修成艛艦，踰歲得數百艘，兼得江淮舟船，遂令所獲南軍教北人習水戰出没之勢，未幾，舟師大備。至是水陸皆捷，故江南大震。壬戌，僞命濠州團練使郭廷謂以城歸順。[5]乙丑，雄武軍使崔萬迪以漣水歸順。[6]丙寅，以郭廷謂爲亳州防禦使，[7]以僞命濠州兵馬都監陳遷爲沂州團練使，以僞命保義軍節度使陳承昭爲右監門上將軍。[8]江南李景遣兵驅擄揚州士庶渡江，焚其州郭而去。丙子，故同州節度使白延遇贈太尉，故濠州刺史唐景思贈武清軍節度使。[9]丁丑，泰州平。[10]《永樂大典》卷八千九百八十四。[11]

[1]范再遇：人名。籍貫不詳。事見本書本卷。　宿州：州名。治所在今安徽宿州市。

[2]清口：地名。原爲泗水入淮之口，位於今江蘇淮安市淮陰區。

[3]楚州：州名。治所在今江蘇淮安市。

[4]保義軍：方鎮名。治所在陝州（今河南三門峽市陝州區）。　江北都應援使：官名。五代十國時設置的臨時軍事職務，掌隨軍救援，事畢即罷。　陳承昭：人名。江表（今長江以南地區）人。五代、宋初將領。長於水戰。傳見《宋史》卷二六一。

[5]壬戌，僞命濠州團練使郭廷謂以城歸順：《輯本舊史》之影庫本粘籤：“郭廷謂，原本作‘廷渭’，今從《宋史》改正。”見《宋史》卷二七一《郭廷謂傳》。《舊五代史考異》：“案：郭廷謂以城降，《歐陽史》作庚申，《通鑑》作辛酉，與《薛史》異。”見《新五代史》卷一二《周世宗紀》顯德四年十二月庚申條、《通鑑》卷二九三顯德四年十二月辛酉條。顯德四年十二月癸丑朔，庚申初八，辛酉初九，壬戌初十，各相差一日。

[6]雄武軍使：官名。所部統兵將領。雄武爲部隊番號。　崔萬迪：人名。籍貫不詳。五代十國軍閥。事跡僅此一見。　漣水：

縣名。治所在今江蘇漣水縣。

[7]丙寅，以郭廷謂爲亳州防禦使：《舊五代史考異》："案《隆平集》：廷謂望金陵大慟，再拜，然後以城降。世宗曰：'江南諸將，惟卿斷渦口橋，破定遠寨，足以報李景禄矣。濠上使李景自守，亦何能爲！'乃授以亳州防禦使。"見《隆平集》卷一六《郭廷謂傳》。

[8]兵馬都監：官名。唐代中葉命將出征，常以宦官爲監軍、都監。後爲臨時委任的統兵官，稱都監、兵馬都監。掌屯戍、邊防、訓練之政令。　陳遷：人名。籍貫不詳。五代十國藩鎮軍閥。事見本書本卷。　沂州：州名。治所在今山東臨沂市。　右監門上將軍：官名。即右監門衛上將軍。唐代置十六衛之一。掌宮禁宿衛。從二品。

[9]唐景思：人名。秦州（今甘肅天水市）人。五代藩鎮軍閥。傳見本書卷一二四。　武清軍：方鎮名。治所在衡州（今湖南衡陽市）。

[10]泰州：州名。治所在今江蘇泰州市。中華書局本有校勘記："原作'秦州'，據殿本、劉本、彭本、《册府》卷一一八、《新五代史》卷一二《周本紀》、《通鑑》卷二九三改。"見明本《册府》卷一一八《帝王部·親征門三》顯德四年十二月丁丑條、《新五代史》卷一二《周世宗紀》顯德四年十二月丁丑條、《通鑑》卷二九三顯德四年十二月丁丑條。

[11]《大典》卷八九八四"周"字韻"世宗（一）"事目。

舊五代史　卷一一八

周書九

世宗紀第五

顯德五年春正月癸未朔，帝在楚州城下，從臣詣行宮稱賀。[1]乙酉，降同州爲郡。[2]右驍衛大將軍王環卒。[3]丙戌，右龍武將軍王漢璋奏，[4]攻下海州。[5]戊子，詔：“諸道幕職州縣官，並以三周年爲考限，閏月不在其内，州府不得差攝官替正官”云。己丑，詔侍衛馬軍都指揮使韓令坤權知揚州軍府事。[6]庚寅，發楚州管内丁壯，開老鸛河以通運路。[7]乙巳，帝親攻楚州。時今上在楚州城北，晝夜不解甲胄，親冒矢石，麾兵以登城。丙午，拔之，[8]斬僞守將張彦卿等，六軍大掠，城内軍民死者萬餘人，廬舍焚之殆盡。[9]

[1]顯德：五代後周太祖郭威年號（954）。世宗柴榮、恭帝柴宗訓沿用（954—960）。　楚州：州名。治所在今江蘇淮安市。“顯德五年”至“稱賀”：《舊五代史考異》：“案《隆平集·馬仁瑀

傳》：世宗征淮南，登楚州水寨飛樓，距城百步，城卒詬罵，左右射莫能及。召仁瑀至，應弦而斃。"見《隆平集》卷一七《武臣》。

[2]同州：州名。治所在今陝西大荔縣。

[3]右驍衛大將軍：官名。唐置，掌宮禁宿衛。唐代置十六衛，即左右衛、左右驍衛、左右武衛、左右威衛、左右領軍衛、左右金吾衛、左右監門衛、左右千牛衛。各置上將軍，從二品；大將軍，正三品；將軍，從三品。"右驍衛大將軍"，中華書局本有校勘記："'大'字闕，據本書卷一一五《周世宗紀二》、卷一一七《周世宗紀四》、卷一二九《王環傳》補。"見《輯本舊史》卷一一五《周世宗紀二》顯德二年十二月辛卯條、卷一一七《周世宗紀四》顯德四年八月甲戌條。　王環：人名。真定（今河北正定縣）人。五代後周將領。傳見本書卷一二九、《新五代史》卷五〇。

[4]右龍武將軍：官名。唐代右龍武軍統兵官。唐置六軍，分左右羽林，左右龍武，左右神武等，即"北衙六軍"。興元元年（784），六軍各置統軍，以寵功勳臣。其品秩，《唐會要》卷七一、《舊唐書》卷一二記載爲"從二品"，《通鑑》卷二二九記載爲"從三品"。　王漢璋：人名。籍貫不詳。後周將領。事見本書本卷。

[5]海州：州名。治所在今江蘇連雲港市海州區。　攻下海州：中華書局本有校勘記："'下'字原闕，據《冊府》卷一一八補。《冊府》卷三六〇敘其事作'收下海州'。《舊五代史考異》卷四：'案《通鑑》作丁亥王漢璋奏克海州，《歐陽史》亦作丁亥取海州。《薛史》衹載丙戌攻海州，而不載取城之日，疑有闕文。'"見《宋本冊府》卷三六〇《將帥部・立功門一三》王漢璋條、明本《冊府》卷一一八《帝王部・親征門三》顯德五年正月丙戌條、《新五代史》卷一二《周本紀十二》顯德五年正月丁亥條、《通鑑》卷二九四顯德五年正月丁亥條。

[6]侍衛馬軍都指揮使：官名。爲侍衛親軍馬軍司長官。後梁始置侍衛親軍，爲禁軍的一支，後唐沿置並成爲禁軍主力，下設馬軍、步軍。　韓令坤：人名。磁州武安（今河北武安市）人。五

代、宋初將領。傳見《宋史》卷二五一。　揚州：州名。治所在今江蘇揚州市。"揚州"，中華書局本有校勘記："'揚'字原闕，據殿本、劉本、孔本、《通鑑》卷二九四補。"見《通鑑》卷二九四顯德五年正月己丑條。

[7]老鸛河：水名。位於今江蘇淮安市淮陰區西。"老鸛河"，中華書局本有校勘記："'老'字原闕，據彭校、《冊府》卷四五補。"《輯本舊史》之影庫本粘籤："原本作'觀河'，今從《通鑑》改正。"見《宋本冊府》卷四五《帝王部・謀略門》顯德五年正月條、《通鑑》卷二九四顯德五年正月條。

[8]丙午，拔之：《舊五代史考異》："案《歐陽史》《通鑑》俱作丁未克楚州，與《薛史》異。《五代春秋》從《薛史》作丙午。"見《新五代史》卷一二《周本紀十二》顯德五年正月丁未條、《通鑑》卷二九四顯德五年正月丁未條。另，《新五代史》卷六二《南唐世家》末注引五代舊史及《世宗實錄》皆作"丙午"。

[9]張彥卿：人名。籍貫不詳。時爲南唐楚州防禦使。傳見陸游《南唐書》卷一四。　"斬僞守將"至"焚之殆盡"：《舊五代史考異》："案陸游《南唐書・張彥卿傳》云：保大末，周世宗南侵，彥卿爲楚州防禦使。周師銳甚，旬日間，海、泰州、靜海軍皆破，元宗亦命焚東都宮寺民廬，徙其民渡江。世宗親御旗鼓攻楚州，自城以外皆已下，發州民濬老鸛河，遺齊雲戰艦數百，自淮入江，勢如震霆烈焰。彥卿獨不爲動。及梯衝臨城，鑿城爲窟室，實薪而焚之，城皆摧圮，遂陷。彥卿猶結陣城内，誓死奮擊，謂之巷鬭。日暮，轉至州廨，長短兵皆盡，彥卿猶取繩牀搏戰，及兵馬都監鄭昭業等千餘人皆死之，無一人生降者。周兵死傷亦甚衆，世宗怒，盡屠城中居民，焚其室廬，然得彥卿子光祐不殺也。又，趙鼎臣《竹隱畸士集》云：當城中之危也，彥卿方與諸將立城上，因泣諫以周、唐强弱，勢不足以相支，又城危甚，而外無一人援，恐旦夕徒死無益，勸彥卿趣降。彥卿頷之，因顧諸將，指曰：'視彼！'諸將方回顧，彥卿則抽劍斷其子首，擲諸地，慷慨泣謂諸將曰：

'此彦卿子，勸彦卿降周，彦卿受李家厚恩，誼不降，此城吾死所也。諸軍欲降任降，第勿勸我，勸我者同此子矣。'於是諸將愕然亦泣，莫敢言降。考張彦卿死事甚烈，而《九國志》諸書所載甚略，今附録諸書以備參考。又，彦卿，《馬令書》作彦能，與《薛史》異。"《舊五代史考異》所引《南唐書》文字中，"發州民濬老鸛河"，中華書局本有校勘記："'老鸛河'，原作'老鶴河'，據殿本、劉本、孔本、陸游《南唐書》卷一四改。""實薪而焚之"，中華書局本有校勘記："'薪'，原作'城'，據陸游《南唐書》卷一四改。""城皆摧圮"，中華書局本有校勘記："'圮'，原作'地'，據殿本、劉本、孔本、陸游《南唐書》卷一四改。"見陸游《南唐書》卷一四《張彦卿傳》。"考張彦卿死事甚烈"至"與《薛史》異"，中華書局本有校勘記："以上四十字原闕，據孔本補。"

　　二月甲寅，僞命天長軍使易贇以城歸順。[1]戊午，車駕發楚州南巡。丁卯，駐蹕於廣陵，[2]詔發揚州部内丁夫萬餘人城揚州。帝以揚州焚盪之後，居民南渡，遂於故城内就東南別築新壘。[3]戊辰，遣使祭故淮南節度使楊行密、故昇府節度使徐温等墓。[4]癸酉，幸揚子渡觀大江。[5]乙亥，黃州刺史司超奏，[6]破淮賊三千人，擒僞舒州刺史施仁望。[7]丙子，隰州奏，[8]河東賊軍逃遁。[9]時劉鈞聞帝南征，發兵圍隰州，巡檢使李謙溥以州兵拒之而退。[10]

　　[1]天長軍使：官名。所部統兵將領。"天長"爲軍額名。易贇：人名。籍貫不詳。南唐將領。《舊五代史考異》："案《通鑑》作易文贇。"見《通鑑》卷二九四顯德五年（958）二月甲寅條。又見《十國春秋》卷一六、卷二七。

［2］廣陵：地名。在今江蘇揚州市。

［3］遂於故城内就東南別築新壘：“新壘”，《通鑑》卷二九四顯德五年二月丁卯條作“小城”，《宋史》卷二五一《韓令坤傳》作“新城”，又云“命令坤爲修城都部署”。

［4］楊行密：人名。廬州合淝（今安徽合肥市）人。唐末軍閥，五代十國南吳政權奠基者，後被追尊爲吳國太祖。傳見《新唐書》卷一八八、本書卷一三四、《新五代史》卷六一。　昇府：此地唐爲昇州，五代吳更名金陵府，故稱昇府，即今江蘇南京市。徐温：人名。海州朐山（今江蘇連雲港市海州區）人。五代十國南吳大臣，南唐政權的奠基者。傳見《新五代史》卷六一。

［5］揚子渡：地名。位於今江蘇揚州市邗江區南。“揚子”，《輯本舊史》之影庫本粘籤：“原本作‘退子’，今從《歐陽史》改正。”《新五代史》相關條目未見。

［6］黄州：州名。治所在今湖北黄岡市黄州區。　刺史：官名。州一級行政長官。漢武帝時始置，總掌考覈官吏、勸課農桑、地方教化等事。唐中期以後，節度使、觀察使轄州而設，刺史爲其屬官，職任漸輕。從三品至正四品下。　司超：人名。大名元城（今河北大名縣）人。後漢、後周、宋初將領。傳見《宋史》卷二七二。

［7］舒州：州名。治所在今安徽安慶市。　施仁望：人名。籍貫、事跡不詳。本書僅此一見。

［8］隰州：州名。治所在今山西隰縣。

［9］河東：方鎮名。治所在太原（今山西太原市）。

［10］劉鈞：人名。原名劉承鈞，太原（今山西太原市）人。沙陀族。五代十國北漢世祖劉旻次子，北漢第二任君主。傳見《新五代史》卷七〇。　巡檢使：官名。五代始設，巡檢於京師、陪都、重要的州及邊防重鎮。　李謙溥：人名。并州盂（今山西盂縣）人。後周、宋初將領。傳見《宋史》卷二七三。　“時劉鈞聞帝南征”至“以州兵拒之而退”：《舊五代史考異》：“案《東都

事略·楊廷璋傳》：隰州闕守，乃請監軍李謙溥至隰，并人來圍其城，或請速救之，廷璋曰：‘賊遽至，必未攻城。’乃募死士百餘人，潛諭謙溥相應，夜銜枚擊之，并人大潰，逐北數十里。又，《李謙溥傳》云：隰州闕守，謙溥攝州事，至則濬城隍，嚴兵備。未旬日而并人至，方盛暑，謙溥服絺綌，揮羽扇，引二小吏登城徐步，并人望之，勒兵不敢動。”《舊五代史考異》所引《東都事略》文字中，“必未攻城”，中華書局本有校勘記：“‘必未’原作‘未必’，據殿本、劉本、《東都事略》卷一九乙正。”

三月壬午朔，幸泰州。[1]丁亥，復幸廣陵。辛卯，幸迎鑾江口。[2]遣右武衛大將軍李繼勳率舟師至江島以觀寇。[3]癸巳，帝臨江望見賊船數十艘，命今上帥戰棹以追之，賊軍退去，今上直抵南岸，焚其營柵而迴。甲午，以右武衛大將軍李繼勳爲左領軍上將軍。[4]乙未，殿前都虞候慕容延釗奏，[5]大破賊軍於東沛州。[6]丙申，江南李景遣其臣兵部侍郎陳覺奉表陳情，[7]兼貢羅縠紬絹三千匹，乳茶三千斤，及香藥犀象等。覺至行在，睹樓船戰棹已泊於江岸，以爲自天而降，愕然大駭。丁酉，荊南高保融奏，[8]本道舟師已至鄂州。[9]戊戌，兩浙錢俶奏，[10]差發戰棹四百艘，水軍萬七千人，已泊江岸，請師期。己亥，今上率水軍破賊船百餘隻於瓜步。[11]是日，李景遣其臣劉承遇奉表以廬、舒、蘄、黃等四州來獻，[12]且請以江爲界。帝報曰：“皇帝恭問江南國主。使人至，省奏請分割舒、廬、蘄、黃等州，[13]畫江爲界者，[14]頃逢多事，莫通玉帛之歡，適自近年，遂搆干戈之役，兩地之交兵未息，蒸民之受弊斯多。一昨再辱使人，重尋前意，將敦久要，須盡縷陳。今者承遇爰來，封函復至，請割州郡，仍定封疆，猥形信誓之辭，備認始終之意，既能如是，又復何求。邊陲頓靜於煙塵，師旅便還於京闕，永言欣慰，深切誠懷。其常、潤一路及沿江兵棹，[15]今已指揮抽退；兼兩浙、荆南、湖南水陸兵士，各令罷兵；[16]其廬、黄、蘄三路將士，亦遣抽拔近内，[17]候彼中起揭逐處將員及軍都家口了畢，[18]祇請差人勾唤在彼將校，交割州城”云。[19]淮南平，凡得州十四、縣六十、户二十二萬六千五百七十四。先是，李景以江南危蹙，謀欲傳位于世子，使附庸於我，故遣陳覺上表陳敘。至是帝以既許其通好，乃降書以答之，曰：“别覩來章，備形緟旨，敘此日傳讓之意，述向來高尚之懷。仍以數歲已還，交兵不息，備論追悔之事，無非剋責之辭，雖古人有引咎責躬，因災致懼，亦無以過此也。况君血氣方剛，春秋甚富，爲一方之英主，得百姓之歡心。即今南北才通，疆埸甫定，是玉帛交馳之始，乃干戈載戢之初，豈可高謝君臨，輕辭世務，與其慕希夷之道，曷若行康濟之心。重念天災流行，分野常事，前代賢哲，所不能逃。苟盛德之日新，則景福之彌遠，勉修政理，勿倦經綸，保高義於初終，垂遠圖於家國，流芳貽慶，不亦美乎！”[20]庚子，詔曰：“比者以近年貢舉，頗是因循，頻詔有司，精加試練，所冀去留無濫，優劣昭然。昨據貢院奏，今年新及第進士等，所試文字，或有否臧，爰命詞臣，[21]再令考覆，庶涇、渭之不雜，免玉石之相參。其劉坦、戰貽慶、李頌、徐緯、張覬等詩賦稍優，[22]宜放及第；王汾據其文辭，[23]亦未精當，念以頃曾剝落，特與成名；[24]熊若谷、陳保衡皆是遠人，[25]深可嗟念，亦放及第；郭峻、趙保雍、楊丹、安玄度、張昉、董咸則、杜思道等，[26]未甚苦辛，並從退黜，更宜修進，以俟將來。知貢舉、右諫議大夫劉濤選士不當，[27]有失用心，責授右贊善大夫，[28]俾令省過，以戒當官。”先是，濤於東京放牓後，引新及第進士劉坦已下一十五人赴行在，[29]帝命翰林學士李昉覆試，[30]故有是命。壬寅，復幸揚州，改廬州軍額爲保信軍。甲辰，以右龍武統軍趙贊爲廬州節度使，[31]以殿前都虞候慕容延釗爲淮南節度使兼殿前副指揮使。[32]遣鹽城監使申屠諤齎書及御馬一十匹，[33]金銀銜全，[34]散馬四十匹，羊千口，賜江南李景。諤先爲王師所俘，故遣之。丙午，江南李景遣所署宰相馮延巳獻犒軍銀十萬兩，[35]絹十萬匹，錢十萬貫，茶五十萬觔，米麥二十萬石。庚戌，詔：“故淮南節度使楊行密、故昇府節度使徐温，各給守冢户。應江南臣僚有先代墳墓在江北者，委所在長吏差人檢校。”辛亥，李景遣所署臨汝郡公徐遼進買宴錢二百萬，[36]并遣伶官五十人與遼俱來獻壽觴。

[1]泰州：州名。治所在今江蘇泰州市。

[2]迎鑾江：即揚子江。江以揚子津、揚子鎮（今江蘇儀徵市）得名，揚子鎮亦名迎鑾鎮，故亦稱江爲迎鑾江。

[3]右武衛大將軍：官名。唐置，掌宮禁宿衛。唐十六衛之一。正三品。　李繼勳：人名。大名元城（今河北大名縣）人。五代、

宋初將領，屢立戰功。傳見《宋史》卷二五四。

[4]左領軍上將軍：官名。即"左領軍衛大將軍"。唐置十六衛之一，掌宮禁宿衛。從二品。

[5]殿前都虞候：官名。五代後周始置，爲殿前司屬官。宋代沿置，位在殿前副都指揮使之下，正任防禦使之上。　慕容延釗：人名。太原（今山西太原市）人。五代、北宋將領。傳見《宋史》卷二五一。

[6]東㴲州："州"，當作"洲"。原是海嶼沙島之地，位於今江蘇泰州市東南大江中。　大破賊軍於東㴲州：《舊五代史考異》："案《通鑑》作甲午，延釗奏大破唐兵于東㴲州。與《薛史》異日。"中華書局本有校勘記："東㴲州，原作'東市州'，據殿本、劉本、孔本、《舊五代史考異》卷四引文、《通鑑》卷二九四改。"見《通鑑》卷二九四顯德五年（958）三月辛卯、甲午條。

[7]李景：即五代十國南唐元宗李璟。徐州（今江蘇徐州市）人。南唐烈祖李昇長子，南唐第二位皇帝。後削去帝號，改稱國主。傳見本書卷一三四、《新五代史》卷六二。　兵部侍郎：官名。尚書省兵部次官。協助兵部尚書掌武官銓選、勳階、考課之政。正四品下。　陳覺：人名。揚州海陵（今江蘇泰州市）人。五代十國南唐大臣，率軍與後周交戰而敗，後爲李璟所殺。傳見《十國春秋》卷二六。

[8]荆南：又稱南平。五代十國之一。五代後梁開平元年（907）朱溫命高季興爲荆南節度使，梁末帝時封其爲渤海王。同光二年（924）受後唐封爲南平王。　高保融：人名。陝州硤石（今河南三門峽市）人。五代十國南平（荆南）君主。傳見本書卷一三三、《新五代史》卷六九。

[9]鄂州：州名。治所在今湖北武漢市。

[10]錢俶：人名。原名錢弘俶，錢元瓘第九子，五代十國吳越末代君主。傳見本書卷一三三、《新五代史》卷六七。

[11]瓜步：地名。又作瓜埠。位於今江蘇省南京市六合區東南

瓜步山下，濱滁河東岸。

[12]劉承遇：人名。籍貫不詳。五代十國南唐官員。本書僅此一見。　廬：州名。治所在今安徽合肥市。　蘄：州名。治所在今湖北蘄春縣。

[13]使人至，省奏請分割舒、廬、蘄、黄等州：《輯本舊史》之影庫本粘籤："蘄、黄，原本脱'黄'字，今據《册府》增入。"見明本《册府》卷一一八《帝王部·親征門三》顯德五年三月己亥條。明本《册府》卷一六七《帝王部·招懷門五》顯德五年三月己亥條作"劉承遇至，齎到草表"。

[14]畫江爲界者："畫江爲界"下，明本《册府》卷一六七有"兼重疊見謝"五字。

[15]常：州名。治所在今江蘇常州市。　潤：州名。治所在今江蘇鎮江市。

[16]各令罷兵：明本《册府》卷一六七作"各降詔示，並令罷兵"。

[17]亦遣抽拔近內：中華書局本有校勘記："'內'，《册府》卷一六七作'外'。《通鑑》卷二九四敘其事作'亦令斂兵近外'。"

[18]候彼中起揭逐處將員及軍都家口了畢：中華書局本有校勘記："'了畢'，原作'丁畢'，據《册府》卷一六七改。"

[19]交割州城云：該句後明本《册府》卷一六七有"所有江內舟船，或慮上下，須有往來，已指揮只令就北岸牽駕，盡合披陳，幸惟體認"三十二字。《通鑑》卷二九四繫賜唐主書事於顯德五年三月庚子條。

[20]"別覿來章"至"不亦美乎"：《通鑑》卷二九四繫此書於顯德五年三月辛丑條。

[21]詞臣：中華書局本沿《輯本舊史》作"辭臣"，《宋本册府》卷六四二《貢舉部·條制門四》顯德五年三月詔、卷六五一《貢舉部·謬濫門》顯德五年三月詔作"詞臣"，據改。

[22]劉坦、戰貽慶、李頌、徐緯、張覲：皆人名。皆爲新及第

者。"戰貽慶"，《輯本舊史》之影庫本粘籤："戰貽慶，原本作'辭貽慶'，《五代會要》作'戰'。據《文苑英華辨證》云'戰姓出沛郡，宋初有戰彌'，今改正。"《會要》卷二二進士條顯德五年三月詔作"單貽慶"，明本《册府》卷六五一《貢舉部·謬濫門》亦作"單"，《宋本册府》卷六五一作"戰"。

[23]王汾：人名。籍貫不詳。顯德二年（955）曾黜落。事見本書卷一一五。

[24]特與成名：中華書局本有校勘記："'特'，原作'將'，據彭校，《五代會要》卷二二，《册府》卷六四二、卷六四四、卷六五一改。"見《會要》卷二二進士條，《宋本册府》卷六四二《貢舉部·條制門四》、卷六五一《貢舉部·謬濫門》。檢《册府》卷六四四未見。

[25]熊若谷、陳保衡：並人名。籍貫、事跡不詳。

[26]郭峻、趙保雍、楊丹、安玄度、張昉、董咸則、杜思道：七人皆爲未及第者。事跡多不詳。

[27]知貢舉：官名。唐始置，爲主持禮部會試的考官。 右諫議大夫：官名。唐置左右諫議大夫，左屬門下省，右屬中書省。掌諫諭得失，侍從贊相。正四品下。 劉濤：人名。徐州彭城（今江蘇徐州市）人。五代後唐進士，歷仕後唐至宋代。傳見《宋史》卷二六二。

[28]右贊善大夫：官名。即太子右贊善大夫。掌規諫太子過失、贊相禮儀等事。正五品。

[29]引新及第進士劉坦已下一十五人赴行在：該句後《宋本册府》卷六五一有"具以其所試詩賦進呈。帝覽之，以其詞多紕繆"十八字，卷六四二作"以其所試詩賦進呈，上以其詞紕繆"。

[30]翰林學士：官名。由南北朝始設之學士發展而來，唐玄宗改翰林供奉爲翰林學士，備顧問，代王言。掌拜免將相、號令征伐等詔令的起草。 李昉：人名。深州饒陽（今河北饒陽縣）人。五代、宋初大臣，歷仕後晋至宋。傳見《宋史》卷二六五。

[31]趙贊：人名。幽州薊（今北京市）人。五代後唐、遼朝將領趙延壽之子。五代後唐至宋初將領。傳見《宋史》卷二五四。

[32]以殿前都虞候慕容延釗爲淮南節度使兼殿前副指揮使：《輯本舊史》之影庫本粘籤：“延釗，原本作‘廷鑑’，今從《東都事略》改正。”中華書局本有校勘記：“‘殿前副指揮使’，《東都事略》卷二〇、《宋史》卷二五一《慕容延釗傳》作‘殿前副都指揮使’。”

[33]鹽城：縣名。治所在今江蘇鹽城市。　監使：官名。監督、陪同使者的官員，爲臨時差遣。　申屠謂：人名。籍貫不詳。原爲南唐官員，後事後周。事見本書本卷。

[34]金銀衙全：明本《册府》卷一六七作“金銀鞍轡一十副”。

[35]馮延巳：人名。廣陵（今江蘇揚州市）人。五代十國南唐詩人、大臣。傳見《十國春秋》卷二六。

[36]徐遼：人名。籍貫不詳。五代十國南唐官員。事見本書本卷。

　　夏四月癸丑，宴從臣及江南進奉使馮延巳等於行宮，[1]徐遼代李景捧壽觴以獻，進金酒器、御衣、犀帶、金銀、錦綺、鞍馬等。乙卯，車駕發揚州還京。丙辰，太常博士、權知宿州軍州事趙礪除名，[2]坐推劾弛慢也。先是，翰林醫官馬道玄進狀，訴壽州界被賊殺却男，[3]獲正賊，見在宿州，本州不爲勘斷。帝大怒，遣端明殿學士竇儀乘驛往按之，[4]及獄成，坐族死者二十四人。儀奉辭之日，帝旨甚峻，故儀之用刑傷於深刻。戊午，以前延州留後李彥頵爲滄州留後。[5]庚申，新太廟成，遷五廟神主入於其室。壬申，至自淮南。癸酉，命宣徽北院使昝居潤判開封府事。[6]甲戌，澶州節度使張永德準詔赴北邊，[7]以契丹犯境故也。[8]丁丑，兩浙奏，四月十九日杭州火，[9]廬舍府署延燒殆盡。

[1]進奉使：蕃國派遣向朝廷進奉的使者。

[2]太常博士：官名。漢代始置。爲太常寺屬官。掌辨五禮，討論諡法，贊相導引。從七品上。　宿州：州名。治所在今安徽宿州市。　趙礪：人名。籍貫不詳。五代官員。事見本書卷八八、卷一〇二、卷一二七、卷一四七。

[3]翰林醫官：以醫術待詔於翰林者。　馬道玄：人名。籍貫不詳。事見明本《册府》卷六一九《刑法部·枉濫門》。　壽州：州名。治所在今安徽壽縣。

[4]端明殿學士：官名。後唐明宗始置，以翰林學士充任，負責誦讀四方書奏。　竇儀：人名。薊州漁陽（今天津市薊州區）人。五代、宋初大臣。傳見《宋史》卷二六三。

[5]延州：州名。治所在今陝西延安市。　留後：官名。原非正式命官，唐朝節度使入朝或宰相、親王遥領節度使不臨鎮則置。安史之亂後，節度使多以子弟或親信爲留後，以代行節度使職務，亦有軍士、叛將自立爲留後者。掌一州或數州軍政。北宋始爲朝廷正式命官。　李彦頵：人名。太原（今山西太原市）人。後周官員。傳見本書卷一二九。　滄州：州名。治所在今河北滄縣舊州鎮。

[6]宣徽北院使：官名。唐始置。宣徽北院的長官。初用宦官，五代以後改用士人。與宣徽南院使通掌内諸司及三班内侍之名籍，郊祀、朝會、宴享供帳之儀，檢視内外進奉名物。參見王永平《論唐代宣徽使》，《中國史研究》1995 年第 1 期；王孫盈政《再論唐代的宣徽使》，《中華文史論叢》2018 年第 3 期。　昝（zǎn）居潤：人名。博州高唐（今山東高唐縣）人。五代、宋初將領。傳見《宋史》卷二六二。　開封府：府名。治所在今河南開封市。

　　[7]澶州：州名。唐、五代初，治所在今河南清豐縣。後晋天福四年（939）移治於今河南濮陽縣。　張永德：人名。并州陽曲（今山西陽曲縣）人。五代、宋初大將。頗受宋太祖、宋太宗信用。傳見《宋史》卷二五五。

　　[8]以契丹犯境故也：《輯本舊史》之孔本案語：“《遼史》：應曆八年四月，南京留守蕭思温攻下沿邊州縣。五月，周陷束城縣。《東都事略·郭崇傳》云：世宗征淮甸，契丹萬騎掠邊境，崇帥師破之于束鹿，斬首數百級，俘人口牛羊三萬餘。《薛史》祇書犯境，未及詳言，《歐陽史》闕而不載。”見《遼史》卷六《穆宗紀上》應曆八年（958）四月甲寅、五月兩條。

　　[9]杭州：州名。治所在今浙江杭州市。

　　五月辛巳朔，上御崇元殿受朝，[1]仗衛如式。詔：“侍衛諸軍及諸道將士，各賜等第優給。應行營將士歿於王事者，各與贈官，親的子孫，並量才録用，傷夷殘廢者，別賜救接。淮南諸州及徐、宿、宋、亳、陳、穎、許、蔡等州，[2]所欠去年秋夏税物，並與除放”云。[3]丙戌，命端明殿學士竇儀判河南府兼知西京留守事。[4]辛卯，以襄州節度使安審琦爲青州節度使；[5]以許州節度使韓通爲宋州節度使，[6]依前兼侍衛馬步都虞候；[7]以宋州節度使向訓爲襄州節度使；[8]以今上爲忠武軍節度使，依前殿前都指揮使。[9]淮南之役，今上之功居最，及是命之降，雖云酬勳，止於移鎮而已，賞典太輕，物議不以爲允。癸巳，以左武衛上將軍武行德爲鄜州節度使，[10]以右神武統軍宋延渥爲滑州節度使，[11]以前同州留後王晖爲相州留後。[12]乙未，立東京羅城諸門名額，[13]東二門曰寅賓、延春，南三門曰朱明、景風、畏景，[14]西二門曰迎秋、肅政，北三門曰玄德、長景、愛景。辛丑，幸懷信驛。[15]乙巳，詔在朝文資官各再舉堪爲幕職令録者一人。[16]戊申，以襄州節度使向訓兼西南面水陸發運招討使。[17]己酉，以太府卿馮延魯充江南國信使，以衛尉少卿鍾謨爲副。[18]賜李景御衣，玉帶，錦綺羅縠帛共十萬匹，金器千兩，銀器萬兩，御馬五匹，金玉鞍轡全，散馬百匹，羊三百匹。賜江南世子李弘冀器幣鞍馬等。[19]別賜李景書曰："皇帝恭問江南國主。煮海之利，在彼海濱，屬疆壤之初分，慮供食之有闕。江左諸郡，素號繁饒，然於川澤之間，舊無斥鹵之地，曾承素旨，常在所懷，願均收積之餘，以助軍旅之用。已下三司，逐年支撥供軍食鹽三十萬石。"又賜李景今年曆日一軸。

[1]崇元殿：殿名。五代後梁開平元年（907）改汴京正殿爲崇元殿。位於今河南開封市。

[2]徐：州名。治所在今江蘇徐州市。　宋：州名。治所在今河南商丘市睢陽區。　亳：州名。治所在今安徽亳州市。　陳：州名。治所在今河南淮陽縣。　潁：州名。治所在今安徽阜陽市。許：州名。治所在今河南許昌市。　蔡：州名。治所在今河南汝南縣。

[3]除放：蠲免租税。

[4]河南府：府名。治所在今河南洛陽市。　西京留守：官名。唐代始置。皇帝出巡或親征時指定親王或大臣留守，綜理軍事、行政、民事、財政。

[5]襄州：州名。治所在今湖北襄陽市。　安審琦：人名。沙陀部人。五代將領。歷仕後唐、後晉、後漢、後周。傳見本書卷一

二三。　青州：州名。治所在今山東青州市。

　[6]韓通：人名。并州太原（今山西太原市）人。後周將領。傳見《宋史》卷四八四。

　[7]侍衛馬步都虞候：官名。唐、五代方鎮高級軍官。

　[8]向訓：人名。懷州河内（今河南沁陽市）人。五代、宋初將領。避周恭帝諱改名向拱。傳見《宋史》卷二五五。

　[9]忠武軍：方鎮名。治所在陳州（今河南淮陽縣）。　殿前都指揮使：官名。五代後周世宗顯德中，選驍勇之士充殿前諸班。都指揮使爲殿前司長官之一，次於殿前都點檢、副都點檢。

　[10]左武衛上將軍：官名。唐置十六衛之一，掌宮禁宿衛。從二品。　武行德：人名。并州榆次（今山西晋中市榆次區）人。五代、宋初將領。傳見《宋史》卷二五二。　鄜州：州名。治所在今陝西富縣。

　[11]右神武統軍：官名。唐代右神武軍統兵官。北衙六軍之一。其品秩，《唐會要》卷七一、《舊唐書》卷一二記載爲“從二品”，《通鑑》卷二二九記載爲“從三品”。　宋延渥：人名。洛陽（今河南洛陽市）人。五代、宋初將領，後漢高祖劉知遠婿。入宋後改名偓。傳見《宋史》卷二五五《宋偓傳》。《舊五代史考異》：“案《小畜集·宋延渥神道碑》云：五月，授義成軍節度使，其制略曰：‘長驅下瀨之師，若涉無人之境。除凶戡難，爾既立夫殊庸；礪岳盟河，予豈忘于豐報。南燕舊邦，北闕伊邇。河壖作翰，遥臨白馬之津；穰下統戎，即鎮卧龍之地。’”見《小畜集》卷二八顯德五年（958）五月制。　滑州：州名。治所在今河南滑縣。

　[12]王暉：人名。籍貫不詳。五代將領，曾以代州刺史而叛歸契丹。事見本書卷九九《漢高祖紀上》。　相州：州名。治所在今河南安陽市。

　[13]羅城：古代爲加強防守，在城牆外加建的凸出形小城圈。

　[14]畏景：《輯本舊史》之影庫本粘籤：“畏景，原本作‘思景’，《五代會要》作畏景，據下文北門愛景，則南門當以畏景爲

是，今改正。"中華書局本有校勘記："'景'字原闕，據《五代會要》卷一九補。"見《會要》卷一九開封府條顯德五年五月記事。

[15]懷信驛：官署名。五代後周世宗初平淮南，江南國主李景稱臣，置懷信驛以館其來使，位於東京西大街街北。

[16]詔在朝文資官各再舉堪爲幕職令錄者一人：中華書局本有校勘記："'者'字原闕，據《五代會要》卷四補。"《會要》卷四舉人自代條顯德五年五月詔此句後有"所舉幕職、州縣官罷任後，便與除官，仍並許赴闕"十九字。

[17]西南面水陸發運招討使：官名。戰時任命，兵罷則省。常以大臣、將帥或地方軍政長官兼任。掌招撫、討伐等事務。

[18]太府卿：官名。南朝梁始置。太府寺長官。掌國家財帛庫藏出納、關市稅收等事。從三品。　馮延魯：人名。武陵（今江蘇揚州市）人。五代十國南唐大臣。後周世宗南征時被俘，後放歸南唐。傳見《十國春秋》卷二六。　衛尉少卿：官名。北魏置，隋、唐、五代爲衛尉寺次官。協助衛尉卿掌供宮廷、祭祀、朝會之儀仗帷幕，通判本寺事務。從四品上。　鍾謨：人名。會稽（今浙江紹興市）人。五代十國南唐官員。事見《新五代史》卷六二。

[19]李弘冀：人名。即文獻太子，李景之子。傳見《十國春秋》卷一九《文獻太子弘冀傳》、陸游《南唐書》卷一六《李弘冀傳》，事見《通鑑》卷二八三天福八年（943）七月、卷二九三顯德三年三月、卷二九四顯德五年三月。

六月庚午，命中書舍人竇儼參定雅樂。[1]辛未，放先俘獲江南兵士四千七百人歸本國。[2]壬申，有司奏御膳料，上批曰："朕之常膳，今後減半，餘人依舊。"癸酉，禘於太廟。乙亥，兵部尚書張昭等撰《太祖實錄》三十卷成，[3]上之，賜器帛有差。丁丑，以中書舍人張正爲工部侍郎，[4]充江北諸州水陸轉運使。[5]戊寅，詔諫議大夫宜依舊爲正五品上，[6]仍班在給事中之下。[7]

[1]中書舍人：官名。中書省屬官。掌起草文書、呈遞奏章、傳宣詔命等。正五品上。　參定雅樂：《宋本冊府》卷五七〇《掌禮部·作樂門》顯德五年（958）六月條作"參詳太常雅樂"。

[2]四千七百人：《舊五代史考異》："案《歐陽史》作'四千六百人'。"見《新五代史》卷一二《周世宗本紀》顯德五年六月辛未條。

[3]兵部尚書：官名。尚書省兵部長官。掌兵衛、武選、車輦、甲械、厩牧之政令。正三品。　張昭：人名。世居濮州范縣（今河南范縣）。五代、宋初大臣。傳見《宋史》卷二六三。

[4]張正：人名。籍貫不詳。五代後晉至後周官員。事見本書本卷。　工部侍郎：官名。尚書省工部次官。協助尚書掌管百工、山澤、水土之政令，考其功以昭賞罰，總所統各司之事。正四品下。

[5]水陸轉運使：官名。掌一方水陸轉運、賦稅諸事。爲差遣職事。

[6]諫議大夫：官名。隸門下省。唐代置左、右諫議大夫各四人，分隸門下省、中書省。掌諫諭得失，侍從贊相。正四品下。

[7]給事中：官名。秦始置。隋唐以來，爲門下省屬官。掌讀署奏抄、駁正違失。正五品上。

秋七月癸未，以右散騎常侍高防爲戶部侍郎，[1]以左驍衛上將軍李洪信爲右龍武統軍，[2]以左領軍上將軍李繼勳爲右羽林統軍。[3]以工部尚書田敏爲太子少保，[4]以刑部侍郎裴巽爲尚書左丞，[5]以左武衛上將軍薛懷讓爲太子太師，[6]以右羽林大將軍李葺爲右千牛衛上將軍。[7]自敏已下皆致仕。[8]丙戌，中書門下新進删定《大周刑統》，[9]奉勑班行天下。丁亥，賜諸道節度使、刺史《均田圖》各一面。[10]唐同州刺史元積，在郡日奏均户民租賦，帝因覽其文集而善之，乃寫其辭爲圖，以賜藩郡。時帝將均定天下賦税，故先以此圖徧賜之。[11]

[1]右散騎常侍：官名。中書省屬官。掌侍奉規諷，備顧問應對。正三品下。　高防：人名。并州壽陽（今山西壽陽縣）人。五代、宋初將領。傳見《宋史》卷二七〇。　户部侍郎：官名。尚書省户部次官。協助户部尚書掌天下田户、均輸、錢穀之政令。正四品下。

[2]左驍衛上將軍：官名。唐置十六衛之一，掌宫禁宿衛。從二品。　李洪信：人名。并州晋陽（今山西太原市）人。五代、宋初將領。傳見《宋史》卷二五二。

[3]右羽林統軍：官名。唐代右神武軍統兵官。北衙六軍之一。其品秩，《唐會要》卷七一、《舊唐書》卷一二記載爲"從二品"，《通鑑》卷二二九記載爲"從三品"。

[4]工部尚書：官名。尚書省工部長官。掌百工、屯田、山澤之政令。正三品。　田敏：人名。淄州鄒平（今山東鄒平縣）人。五代、宋初大臣、學者。傳見《宋史》卷四三一。　太子少保：官名。與太子少傅、太子少師合稱"三少"，唐後期、五代多爲大臣、勳貴加官。從二品。

[5]刑部侍郎：官名。尚書省刑部次官。協助刑部尚書掌天下刑法及徒隸、勾覆、關禁之政令。正四品下。　裴巽：人名。籍貫不詳。後漢、後周官員，曾任左散騎常侍、御史中丞、刑部侍郎、尚書左丞。事見本書卷一一四、卷一一五。《全唐文作者小傳正補》卷八五五有傳。　尚書左丞：官名。尚書省佐貳官。唐中期以後，與尚書右丞實際主持尚書省日常政務，權任甚重。正四品上。後梁

開平二年（908）改爲左司侍郎，後唐同光元年（923）復舊爲左丞。正四品。

[6]薛懷讓：人名。祖先爲戎人，徙居太原（今山西太原市）。五代將領。傳見《宋史》卷二五四。　太子太師：官名。與太子太傅、太子太保統稱太子三師。隋唐以後多作加官或贈官。從一品。

[7]右羽林大將軍：官名。唐置，掌宮禁宿衛。唐十六衛之一。正三品。　李莘：人名。籍貫不詳。後周將領。傳見本書附録。右千牛衛上將軍：官名。唐置，掌宮禁宿衛。唐十六衛之一。從二品。

[8]致仕：即告老辭官。

[9]中書門下新進刪定《大周刑統》：中華書局本有校勘記："'刪定'，原作'册定'，據《通鑑》（兩浙東路茶鹽司公使庫刻本）卷二九三、《近事會元》卷五改。按本書卷一四七《刑法志》：'應該京百司公事，逐司各有見行條件，望令本司刪集，送中書門下詳議聞奏。敕：宜依，仍頒行天下。乃賜侍御史知雜事張湜等九人各銀器二十兩、雜綵三十匹，賞刪定《刑統》之勞也。'《五代會要》卷九、《册府》卷六一三略同。"見《會要》卷九定格令條顯德五年七月七日（丙戌）奏文、《宋本册府》卷六一三《刑法部·定律令第五》顯德五年七月條、《近事會元》卷五刑統條。

[10]均田：《輯本舊史》之影庫本粘籤："均田，原本作'勾田'，今從《通鑑》改正。"見《通鑑》卷二九四顯德五年（958）七月丁亥條。

[11]元積：人名。河南（今河南洛陽市）人。唐憲宗朝宰相，著名詩人。傳見《舊唐書》卷一六六、《新唐書》卷一七四。"唐同州刺史元積"至"故先以此圖徧賜之"：《舊五代史考異》："案《五代會要》載原詔云：朕以寰宇雖安，蒸民未泰，嘗乙夜觀書之際，較前賢阜俗之方。近覽元積《長慶集》，見在同州時所上《均田表》，較當時之利病，曲盡其情，俾一境之生靈，咸受其賜，傳于方册，可得披尋。因令製素成圖，直書其事，庶王公觀覽，觸

目驚心，利國便民，無亂條制，背經合道，盡繫變通，但要適宜，所冀濟務，繫乃勳舊，共庇黎元。今賜元積所奏《均田圖》一面，至可領也。”“盡繫變通”，中華書局本有校勘記：“‘繫’，原作‘擊’，據殿本、劉本、《五代會要》卷二五改。”見《會要》卷二五租稅條顯德五年七月詔文。

閏月壬子，廢衍州爲定平縣，[1]廢武州爲潘原縣。[2]壬戌，河決河陰縣，[3]溺死者四十二人。辛未，[4]幸新授青州節度使安審琦第。[5]癸酉，邢州留後陳思讓奏，[6]破河東賊軍千餘人於西山下，斬首五百級。

[1]衍州：州名。治所在今甘肅寧縣。

[2]武州：州名。治所在今河北張家口市宣化區。

[3]河陰縣：縣名。治所在今河南滎陽市。

[4]辛未：《輯本舊史》之影庫本粘籤：“辛丑，以《長曆》推之，當作‘辛酉’，今無別本可校，姑仍其舊。”中華書局本沿《輯本舊史》，未改，且影庫本粘籤亦誤。顯德五年（958）閏七月庚戌朔，此條前之記事，壬子爲初三，壬戌爲十三，此條後之記事，癸酉爲二四。辛酉爲十二，今改爲辛未，乃二二日。始合。

[5]新授：中華書局本有校勘記：“‘授’字原闕，據殿本、劉本、孔本校補。”

[6]邢州：州名。治所在今河北邢臺市。　陳思讓：人名。幽州盧龍（今河北盧龍縣）人。五代、宋初將領。傳見《宋史》卷二六一。

八月庚辰，延州奏，溠溪水漲，壞州城，溺死者百餘人。己丑，太子太師致仕宋彥筠卒。[1]辛丑，江南李景上表乞降，詔書不允。

[1]宋彥筠：人名。雍丘（今河南杞縣）人。五代後梁至後周將領。傳見本書卷一二三。

　　九月丁巳，以太府卿馮延魯爲刑部侍郎，以衛尉少卿鍾謨爲給事中，並放歸江南。時延魯、鍾謨自江南復命，李景復奏欲傳位於其世子弘冀，帝亦以書答之。甲子，賜江南羊萬口，馬三百匹，橐駝三十頭；賜兩浙錢俶羊五千口，馬二百匹，橐駝二十頭。乙丑，賜宰臣、樞密使及近臣宴於玉津園。[1]己巳，占城國王釋利因德漫遣使貢方物。[2]壬申，天清節，[3]羣臣詣廣德殿上壽。[4]江南進奉使商崇義代李景捧壽觴以獻。[5]

[1]樞密使：官名。樞密院長官。唐代宗時始以宦官掌機密，至昭宗時借朱溫之力盡誅宦官，始改以士人任樞密使。備顧問，參謀議，出納詔奏，權侔宰相。參見李全德《唐宋變革期樞密院研究》，國家圖書館出版社2009年版。　玉津園：五代周顯德中置，故址在今河南開封市舊城南門外。
[2]占城：古國名。在今越南中南部。　釋利因德漫：人名。占城國國王。事見《宋史》卷四八九。
[3]天清節：端午節。
[4]廣德殿：宮殿名。位於今河南開封市。
[5]商崇義：人名。籍貫不詳。五代十國南唐官員。事見明本《册府》卷二三二《僭僞部·稱藩門》。“商崇義”，中華書局本有校勘記：“原作‘商崇儀’，據殿本，孔本，《舊五代史考異》卷四引文，《册府》卷二、卷二三二改。”見明本《册府》卷二《帝王

部·誕聖門》顯德五年（958）九月壬子條、卷二三二《僭僞部·稱藩門》李景條。　江南進奉使商崇義代李景捧壽觴以獻：《舊五代史考異》："案宋《類苑》云：湯悦，父殷舉，唐末有才名。本名崇義，建隆初，避宣祖諱改姓湯。初在吴爲舍人，受詔撰揚州《孝先寺碑》，世宗親征，駐蹕此寺，讀其文賞歎。及畫江議定，後主遣悦入貢，世宗爲之加禮。自淮上用兵，凡書詔多悦之作，特爲典贍，切于事情。世宗每覽江南文字，形於嗟歎，當時沈遇、馬士元皆不稱職，復用陶穀、李昉於舍人，其後用扈載，率由此也。""避宣祖諱改姓湯"，中華書局本有校勘記："'姓'，原作'名'，據殿本、劉本、《事實類苑》卷四〇改。"

冬十月己卯，以户部侍郎高防爲西南面水陸轉運使，[1]將用師於巴、邛故也。[2]丙戌，邠州李暉移鎮鳳翔。[3]戊子，幸迎春苑。己丑，太常卿司徒詡以本官致仕。[4]壬辰，帝狩於近郊。癸巳，前相州節度使王饒卒。[5]甲午，左監門上將軍許文縝、右千牛上將軍邊鎬、衛尉卿周延構，[6]並放歸江南。[7]乙未，詔淮南諸州鄉軍，[8]並放歸農。丁酉，遣左散騎常侍艾穎等均定河南六十州税賦。[9]

[1]冬十月己卯，以户部侍郎高防爲西南面水陸轉運使："冬十月己卯"，正史本紀記時規則，每月記事開首均另起行，中華書局本沿《輯本舊史》未另起行，今改。"水陸轉運使"，《宋本册府》卷四八三《邦計部·選任門》高防條作"水陸轉運制置使"。

[2]巴：州名。治所在今四川巴中市。　邛：州名。治所在今四川邛崍市。　將用師於巴、邛故也：《舊五代史考異》："案《宋史·高防傳》：世宗謀伐蜀，以防爲西南面水陸轉運制置使，屢發

芻糧赴鳳州，爲征討之備。"見《宋史》卷二七〇《高防傳》。

[3]邠州：州名。治所在今陝西彬縣。　李暉：人名。瀛州束城（今河北河間市）人。五代將領。傳見本書卷一二九。　鳳翔：方鎮名。治所在鳳翔府（今陝西鳳翔縣）。

[4]太常卿：官名。西漢置太常，南朝梁始置太常卿。太常寺長官。掌宗廟、祭祀、禮樂及教育等。正三品。　司徒詡：人名。清河郡（今河北清河縣）人。五代後唐官員。傳見本書卷一二八。

[5]王饒：人名。慶陽華池（今甘肅華池縣）人。五代將領。傳見本書卷一二五。

[6]左監門上將軍：官名。即"左監門衛上將軍"。唐置十六衛之一，掌宮禁宿衛。從二品。　許文縝：人名。五代十國南唐將領。事見本書卷一一七。　右千牛上將軍：官名。即"右千牛衛上將軍"。唐置十六衛之一，掌宮禁宿衛。從二品。　邊鎬：人名。五代十國南唐將領。事見本書卷一一二。　衛尉卿：官名。北魏置，隋、唐、五代爲衛尉寺長官。掌供宮廷、祭祀、朝會之儀仗帷幕，通判本寺事務。從三品。　周延構：人名。籍貫不詳。五代十國南唐大臣。事見明本《册府》卷一六七《帝王部·招懷門五》，《通鑑》卷二九三、卷二九四。

[7]並放歸江南：中華書局本有校勘記："'放'字原闕，據彭校、《册府》卷一六七補。"見明本《册府》卷一六七顯德五年（958）十月甲午條。

[8]詔淮南諸州鄉軍："鄉軍"，明本《册府》卷一六七顯德五年十月甲午條作"舊隸江南者元置義軍"。

[9]左散騎常侍：官名。門下省屬官。掌侍奉規諷，備顧問應對。正三品下。　艾穎：人名。籍貫不詳。五代後周、宋初官員。事見《宋史》卷一。　遣左散騎常侍艾穎等均定河南六十州稅賦：《舊五代史考異》："案《五代會要》載賜諸道均田詔曰：朕以干戈既弭，寰海漸寧，言念地征，罕臻藝極，須並行均定，所冀永適重輕。卿受任方隅，深窮治本，必須副寡昧平分之意，察鄉閭致弊之

源，明示條章，用分寄任，竻令集事，允屬推公。今差使臣往彼檢括，餘從別敕。"對《舊五代史考異》所引之《會要》文"察鄉閭治弊之源"，中華書局本有校勘記："'致'，原作'治'，'源'原作'原'，據孔本、《五代會要》卷二五改。"見《會要》卷二五租稅條顯德五年七月詔。

十一月丁未朔，詔翰林學士竇儼，集文學之士，撰集《大周通禮》《大周正樂》，從儼之奏也。[1]辛亥，日南至，帝御崇元殿受朝賀，[2]仗衛如式。[3]己未，昭義李筠奏，[4]破遼州長清砦，[5]獲僞命磁州刺史李再興。[6]甲子，帝狩於近郊。

[1] "十一月丁未"至"從儼之奏也"：《舊五代史考異》："案《歐陽史》作十一月庚戌。"《新五代史》卷一二《周世宗本紀》顯德五年十一月庚戌條載"作《通禮》《正樂》"。

[2] 崇元殿：五代後梁開平元年（907）改汴京正殿爲崇元殿。位於今河南開封市。

[3] 仗衛如式：明本《冊府》卷一〇八《帝王部·朝會門二》顯德五年十一月辛亥條作"金吾仗衛、太常樂懸如儀。禮畢，宰臣率百寮常服詣永德殿上壽而退"。

[4] 昭義：方鎮名。治所在潞州（今山西長治市）。 李筠：人名。并州太原（今山西太原市）人。五代、宋初將領，歷仕後唐至宋。傳見《宋史》卷四八四。

[5] 遼州：州名。治所在今山西左權縣。

[6] 磁州：州名。治所在今河北磁縣。 李再興：人名。籍貫、事跡不詳。本書僅此一見。

十二月丁丑朔，朗州奏，[1]醴陵縣玉仙觀山門中，[2]舊有田二萬頃，[3]久爲山石閉塞，今年七月十七日夜，暴雷劈開，其路復通。[4]己卯，楚州兵馬都監武懷恩棄市，[5]坐擅殺降軍四人也。[6]丙戌，詔重定諸道州府幕職、令録、佐官料錢，其州縣官俸户宜停。己丑，楚州防禦使張順賜死，[7]坐在任隱落摧税錢五十萬、官絲綿二千兩也。壬辰，詔兩京及五府少尹、司録參軍各省一員，[8]六曹判司内祇置户、法二曹，[9]餘及諸州觀察支使、兩蕃判官並省。甲午，帝狩於近郊。乙未，鄧州劉重進移鎮邠州，[10]滑州宋延渥移鎮鄧州，以前河中節度使王仁鎬爲邢州節度使，[11]以邢州留後陳思讓爲滑州留後。己亥，詔翰林學士，今後逐日起居，當直者仍赴晚朝。是月，江南李景殺其臣僞太傅中書令宋齊丘、僞兵部侍郎陳覺、僞鎮南軍節度副使李徵古等。[12]初，帝之南征也，吳人大懼，覺與徵古皆齊丘門人，因進説於景，請委國事於齊丘，景繇是銜之。及吳人遣鍾謨、李德明奉表至行在，[13]帝尋遣德明復命於金陵，[14]德明因説李景請割江北之地求和於我，而陳覺、李徵古等以德明爲賣國，請戮之，景遂殺德明。及江南内附，帝放鍾謨南歸，謨本德明之黨也，因譖齊丘等，故齊丘等得罪。放齊丘歸九華山，[15]覺等貶官，尋並害之。景既誅齊丘等，令鍾謨到闕，具言其事，故書。《永樂大典》卷八千九百八十四。[16]

[1]朗州：州名。治所在今湖南常德市。

[2]醴陵縣：縣名。治所在今湖南醴陵市。　玉仙觀：中華書

局本有校勘記："原作'王仙觀'，據殿本、劉本、邵本、彭校、《册府》卷二五改。"見明本《册府》卷二五《帝王部·符瑞門四》顯德五年（958）十二月丁丑條。

[3]二萬頃：明本《册府》卷二五作"二萬餘頃"。

[4]其路復通：明本《册府》卷二五此句後有"詔褒之"三字。

[5]兵馬都監：官名。唐代中葉命將出征，常以宦官爲監軍、都監。後爲臨時委任的統兵官，稱都監、兵馬都監。掌屯戍、邊防、訓練之政令。　武懷恩：人名。籍貫、事跡不詳。本書僅此一見。　棄市：古代刑法名。即在鬧市執行死刑，並陳屍街頭示衆。

[6]坐擅殺降軍四人也：《宋本册府》卷一五四《帝王部·明罰門三》顯德五年十二月條作"以其擅殺降卒廖約等四人故也"。

[7]防禦使：官名。唐代始置，設有都防禦使、州防禦使兩種。常由刺史或觀察使兼任，實際上爲唐代後期州或方鎮的軍政長官。

張順：人名。籍貫不詳。後周將領。曾任登州防禦使、楚州防禦使。事見本書卷一一四。

[8]少尹：官名。爲府尹的副職，協助府尹掌理行政事務。從四品下。　司録參軍：官名。唐以三京府及鳳翔、成都、河中、江陵、興元、興德六府的録事參軍爲司録參軍，都督府及諸州仍爲録事參軍。五代沿置。掌符印，參議府政得失。正七品上。"司録參軍"，中華書局本有校勘記云："'録'字原闕，據本書卷一四九《職官志》、《五代會要》卷二〇補。"見《會要》卷二〇中外加減官條周顯德五年十二月敕、《輯本舊史》卷一四九《職官志·右較考》。

[9]六曹判司内祇置户、法二曹：《輯本舊史》之影庫本粘籤："六曹判司，原本脱'曹'字，今從《五代會要》增入。"中華書局本有校勘記："'置'，原作'直'，據邵本、本書卷一四九《職官志》、《五代會要》卷二〇改。"見《會要》卷二〇《中外加減官》條周顯德五年十二月敕、《輯本舊史》卷一四九《職官志·右

較考》。

[10]鄧州：州名。治所在今河南鄧州市。 劉重進：人名。本名晏僧。幽州人（今北京市）。五代、宋初將領。傳見《宋史》卷二六一。

[11]河中：府名。唐開元八年（720）改蒲州爲河中府，因地處黄河中游而得名，其後名稱屢有改易。治所在今山西永濟市。王仁鎬：邢州龍岡（今河北邢臺市）人。五代、宋初將領。傳見《宋史》卷二六一。

[12]宋齊丘：人名。豫章（今江西南昌市）人，一説廬陵（今江西吉安市吉州區）人。久仕於南吴、南唐，官至宰執，後以政争失勢，爲李璟餓死於九華山中。傳見《十國春秋》卷二〇。鎮南軍：方鎮名。治所在洪州（今江西南昌市）。 節度副使：官名。唐、五代方鎮屬官。位於行軍司馬之下、判官之上。 李徵古：人名。袁州宜春（今江西宜春市）人。五代十國南唐官員。傳見《十國春秋》卷二六。

[13]李德明：人名。五代十國南唐官員。事見《新五代史》卷六二。

[14]金陵：地名。今江蘇南京市古稱。

[15]九華山：山名。位於今安徽九華山市，中國佛教四大名山之一。

[16]《大典》卷八九八四“周”字韻“世宗”事目（二）。

舊五代史　卷一一九

周書十

世宗紀第六

　　顯德六年春正月丁未朔，[1]帝御崇元殿受朝賀，[2]仗衛如式。壬子，高麗國王王昭遣使貢方物。[3]己卯，[4]以翰林學士、中書舍人申文炳爲左散騎常侍。[5]辛酉，女真國遣使貢獻。壬戌，青州奏，[6]節度使、陳王安審琦爲部曲所殺。[7]乙丑，賜諸將射於内鞠場。戊辰，幸迎春苑。甲戌，詔：“每年新及第進士及諸科聞喜宴，宜令宣徽院指揮排比。”[8]乙亥，詔：“禮部貢院今後及第舉人，[9]依逐科等第定人數姓名，[10]并所試文字奏聞，候敕下放榜”云。是月，樞密使王朴詳定雅樂十二律旋相爲宫之法，[11]并造律準，上之。詔尚書省集百官詳議，亦以爲可。語在《樂志》。

　　[1]顯德：五代後周太祖郭威年號（954）。世宗柴榮、恭帝柴宗訓沿用（954—960）。

　　[2]崇元殿：五代後梁開平元年（907）改汴京正殿爲崇元殿。位於今河南開封市。

　　[3]高麗：朝鮮古國。即王氏高麗。918年，後三國（即朝鮮新羅、後百濟、泰封）之一泰封國武將王建自立爲王，改國號爲高麗，935年滅新羅，次年滅後百濟，再次統一朝鮮。參見〔朝〕鄭麟趾等《高麗史》，西南師範大學出版社2014年版。　王昭：人名。高麗王朝第四任君主。高麗太祖王建第四子、惠宗王武弟。乾祐二年（949）受禪即位，廣順三年（953）被後周册封爲高麗國王。死後廟號光宗。參見〔朝〕鄭麟趾等《高麗史》卷二。

　　[4]己卯：《輯本舊史》之影庫本粘籤：“己卯，以《長曆》推之，當作‘乙卯’，今無別本可校，姑仍其舊。”此條之前爲壬子（初六）記事，之後爲辛酉（十五）記事，可能爲乙卯（初九）或己未（十三），乙卯之可能性更大，因“乙”“己”形近。

　　[5]翰林學士：官名。由南北朝始設之學士發展而來，唐玄宗改翰林供奉爲翰林學士，備顧問，代王言，掌拜免將相、號令征伐等詔令的起草。　中書舍人：官名。中書省屬官。掌起草文書、呈遞奏章、傳宣詔命等。正五品上。　申文炳：人名。洛陽（今河南洛陽市）人。後唐至後周官員。傳見本書卷一三一。　左散騎常侍：官名。門下省屬官。掌侍奉規諷，備顧問應對。正三品下。

　　[6]女真：部族名。源自肅慎部，五代時始稱女真。分布於今松花江、黑龍江下游，東至海。以漁獵爲生，兼有農業。參見孫進己、孫泓《女真民族史》，廣西師範大學出版社2010年版。　青州：州名。治所在今山東青州市。

　　[7]節度使：官名。唐時在重要地區所設掌握一州或數州軍事、民事、財政的長官。　安審琦：人名。沙陀部人。五代將領。歷仕後唐、後晉、後漢、後周。傳見本書卷一二三。　陳王安審琦：《輯本舊史》之影庫本粘籤：“陳王，原本作‘揀王’，審琦，原本作‘審騎’，今從《通鑑》改正。”見《通鑑》卷二九四顯德六年（959）正月癸丑條。　部曲：部屬，部下。

[8]聞喜宴：中華書局本有校勘記："原作'開喜宴'，據殿本、劉本、孔本、邵本校、《册府》卷六四二改。"見《宋本册府》卷六四二《貢舉部·條制門四》顯德六年甲戌詔。　宣徽院：官署名。唐大曆末已置，後分南、北兩院。各置使一人，以宦官充任，五代後改用士人。長官爲宣徽北院使、宣徽南院使。

[9]今後及第舉人：《宋本册府》卷六四二《貢舉部·條制門四》顯德六年乙亥詔作"起今後應合及第舉人"。

[10]依逐科等第：《宋本册府》卷六四二《貢舉部·條制門四》作"委知舉官依逐科等第"。

[11]樞密使：官名。樞密院長官。唐代宗時始以宦官掌機密，至昭宗時借朱溫之力盡誅宦官，始改以士人任樞密使。備顧問，參謀議，出納詔奏，權侔宰相。參見李全德《唐宋變革期樞密院研究》，國家圖書館出版社2009年版。　王朴：人名。東平（今山東東平縣）人。後周大臣，官至樞密使。曾獻《平邊策》，提出了統一全國先易後難之戰略方針，被周世宗採納。傳見本書卷一二八、《新五代史》卷三一。

二月庚辰，發徐、宿、宋、單等州丁夫數萬濬汴河。[1]甲申，發滑、亳二州丁夫濬五丈河，[2]東流於定陶，[3]入於濟，[4]以通青、鄆水運之路。[5]又疏導蔡河，[6]以通陳、潁水運之路。[7]乙酉，詔諸道應差攝官各支半俸。丙戌，以翰林學士承旨、尚書兵部侍郎陶穀爲尚書吏部侍郎充職。[8]詔升湖州爲節鎮，[9]以宣德軍爲軍額，[10]以湖州刺史錢偡爲本州節度使，[11]從兩浙錢俶之請也。[12]辛丑，幸迎春苑。甲辰，右補闕王德成責授右贊善大夫，[13]坐舉官不當也。詔賜諸道州府供用糧草有差。

　　[1]徐：州名。治所在今江蘇徐州市。　宿：州名。治所在今安徽宿州市。　宋：州名。治所在今河南商丘市睢陽區。　單：州名。治所在今山東單縣。

　　[2]滑：州名。治所在今河南滑縣。　亳：州名。治所在今安徽亳州市。　五丈河：水名。以河廣五丈爲名。始建於五代周顯德年間。起自今河南開封市，東經今蘭考、山東定陶，至巨野縣西北入梁山泊，東接濟水。

　　[3]定陶：縣名。治所在山東菏澤市定陶區。

　　[4]濟：河流名。發源於今河南境內，經山東入渤海。今黄河下游河道即濟水故道。

　　[5]鄆：州名。治所在今山東東平縣。　以通青、鄆水運之路：《通鑑》卷二九三顯德四年四月乙酉條胡三省注引《薛史》作“以通齊、魯運路”。

　　[6]蔡河：水名。又作蔡水、沙水。源於今河北邢臺市北，東流入任縣境。

　　[7]陳：州名。治所在今河南淮陽縣。　潁：州名。治所在今安徽阜陽市。

　　[8]翰林學士承旨：官名。爲翰林學士之首。掌拜免將相、號令征伐等詔令的起草。《舊唐書》卷四三《職官志二·翰林院》：“例置學士六人，內擇年深德重者一人爲承旨，所以獨承密命故也。”　尚書兵部侍郎：官名。尚書省兵部次官。協助兵部尚書掌武官銓選、勳階、考課之政。正四品下。　陶穀：人名。邠州新平（今陝西彬縣）人。五代、宋初文官。傳見《宋史》卷二六九。尚書吏部侍郎：官名。尚書省吏部次官。協助吏部尚書掌文選、勳封、考課之政。正四品上。

　　[9]湖州：州名。治所在今浙江湖州市。

　　[10]宣德軍：“宣德”，《輯本舊史》之影庫本粘籤：“宣德，原本作‘直德’，今從《十國春秋》改正。”見《十國春秋》卷八一《吳越忠懿王世家上》顯德六年（959）二月條，云“周主敕升湖

州爲宣德軍，從王奏也，以王弟弘偘爲節度使"。

[11]刺史：官名。州一級行政長官。漢武帝時始置，總掌考覈官吏、勸課農桑、地方教化等事。唐中期以後，節度使、觀察使轄州而設，刺史爲其屬官，職任漸輕。從三品至正四品下。　錢偘：人名。五代十國吳越官員。本書僅此一見。

[12]錢俶：人名。原名錢弘俶，錢元瓘第九子，五代十國吳越末代君主。傳見本書卷一三三、《新五代史》卷六七。

[13]右補闕：官名。唐代諫官。武則天時始置。分爲左右，左補闕隸於門下省，右補闕隸於中書省。掌規諫諷諭，大事可以廷議，小事則上封奏。從七品上。　王德成：人名。籍貫、事跡不詳。本書僅此一見。　右贊善大夫：官名。即"太子右贊善大夫"。掌規諫太子過失、贊相禮儀等事。正五品。

三月庚申，樞密使王朴卒。甲子，詔以北虜未復，[1]取此月内幸滄州。[2]以宣徽南院使吳廷祚爲權東京留守，[3]判開封府事；[4]以宣徽北院使昝居潤副之；[5]以三司使張美爲權大内都部署。[6]命諸將各領馬步諸軍及戰棹赴滄州。己巳，濠州奏，[7]鍾離縣饑民死者五百九十有四。[8]癸酉，詔廢諸州銅魚。[9]甲戌，車駕發京師。

[1]北虜：中華書局本沿《輯本舊史》作"北境"，乃清人忌諱，劉本作"北虜"，據改。

[2]滄州：州名。治所在今河北滄縣舊州鎮。

[3]宣徽南院使：官名。唐始置。宣徽南院長官。初用宦官，五代以後改用士人。與宣徽北院使通掌内諸司及三班内侍之名籍，郊祀、朝會、宴享供帳之儀，檢視内外進奉名物。參見王永平《論唐代宣徽使》，《中國史研究》1995 年第 1 期；王孫盈政《再論唐代的宣徽使》，《中華文史論叢》2018 年第 3 期。"宣徽南院使"，

中華書局本有校勘記："'宣徽南院使'，原作'宣徽南苑使'，據《册府》卷一一八、《新五代史》卷一二《周本紀》、《通鑑》卷二九四改。"見明本《册府》卷一一八《帝王部·親征門三》顯德六年（959）三月丙寅條、《新五代史》卷一二《周本紀十二》顯德六年三月丙寅條、《通鑑》卷二九四顯德六年三月甲子條。　吴廷祚：人名。并州太原（今山西太原市）人。後周、宋初將領。傳見《宋史》卷二五七。另事見《吴廷祚墓誌》（拓片刊《北京圖書館藏中國歷代石刻拓本匯編》第三十七册）、其子《吴元載墓誌》（拓片刊《千唐誌齋藏誌》）。　東京留守：官名。唐代始置。皇帝出巡或親征時指定親王或大臣留守，綜理軍事、行政、民事、財政。

[4]開封府：府名。後梁都城。治所在今河南開封市。

[5]宣徽北院使：官名。唐始置。宣徽北院的長官。初用宦官，五代以後改用士人。與宣徽南院使通掌内諸司及三班内侍之名籍，郊祀、朝會、宴享供帳之儀，檢視内外進奉名物。　昝（zǎn）居潤：人名。博州高唐（今山東高唐縣）人。五代、宋初將領。傳見《宋史》卷二六二。　以宣徽北院使昝居潤副之："副之"，中華書局本有校勘記："'副之'，原作'爲副使'，據《册府》卷一一八改。按《宋史》卷二六二《昝居潤傳》記居潤時爲宣徽北院使、兼副留守。"見明本《册府》卷一一八《帝王部·親征門三》顯德六年三月丙寅條、《宋史》卷二六二《昝居潤傳》。居潤顯德四年十月爲宣徽北院使兼開封府副留守。六年征關南，爲東京副留守。

[6]三司使：官名。五代後唐明宗天成元年（926）將晚唐以來的户部、度支、鹽鐵三部合爲一職，設三司使統之。主管國家財政。　張美：人名。貝州清河（今河北清河縣）人。五代、宋初大臣。傳見《宋史》卷二五九。　大内都部署：官名。五代後唐置，凡車駕行幸及出征則置。後周世宗顯德中選驍勇之士充殿前諸班，改稱殿前都點檢。　以三司使張美爲權大内都部署：《舊五代史考異》："案《東都事略·張美傳》：世宗北征，以美爲大内都點檢。"

中華書局本有校勘記：“‘權’字原闕，據《册府》卷一一八、《通鑑》卷二九四補。”見明本《册府》卷一一八《帝王部・親征門三》顯德六年三月丙寅條、《通鑑》卷二九四顯德六年三月甲子條。《通鑑》卷二九四顯德六年二月後逕接四月，誤奪三月，參看吳玉貴《資治通鑑疑年録》，上海古籍出版社 2019 年版。

[7]濠州：州名。治所在今安徽鳳陽縣。

[8]鍾離縣：縣名。治所在今安徽鳳陽縣。

[9]詔廢諸州銅魚：《舊五代史考異》：“案《五代會要》：顯德六年，勅諸道牧守，每遇除移，特降制書，何假符契，其請納銅魚，宜廢之。”見《會要》卷一三門下省條周顯德六年三月敕。

　　夏四月辛卯，車駕次滄州。以前左諫議大夫薛居正爲刑部侍郎。[1]是日，帝率諸軍北征。壬辰，至乾寧軍，[2]僞寧州刺史王洪以城降。[3]丁酉，駕御龍舟，率舟師順流而北，首尾數十里。辛丑，至益津關。[4]自此以西，[5]水路漸隘，舟師難進，乃捨舟登陸。壬寅，宿於野次。時帝先期而至，大軍未集，隨駕之士，不及一旅，賴今上率材官騎士以衛乘輿。癸卯，今上先至瓦橋關，[6]僞守將姚内斌以城降。[7]甲辰，僞鄚州刺史劉楚信以州來降。[8]

　　[1]左諫議大夫：官名。隸門下省。唐代置左、右諫議大夫各四人，分隸門下省、中書省。掌諫諭得失、侍從贊相。正四品下。

　　薛居正：人名。開封浚儀（今河南開封市）人。五代、宋初大臣。傳見《宋史》卷二六四。　　刑部侍郎：官名。尚書省刑部次官。協助刑部尚書掌天下刑法及徒隸、勾覆、關禁之政令。正四品下。

[2]乾寧軍：方鎮名。治所在永安縣（今河北青縣）。

[3]寧州：州名。五代晉天福初入契丹，改置寧州。治所在今河北青縣。　王洪：人名。籍貫不詳。契丹將領。事見《通鑑》卷二九四。

[4]益津關：關隘名。位於今河北霸州市。《舊五代史考異》：“案《通鑑》：至益津關，契丹守將終廷暉以城降。”見《通鑑》卷二九四顯德六年（959）四月辛丑條。

[5]自此以西：中華書局本有校勘記：“‘此’，原作‘北’，據殿本、劉本、孔本改。彭校、　《册府》卷二〇、卷一一八作‘關’。”見明本《册府》卷二〇顯德六年四月丁酉條、卷一一八顯德六年四月壬寅條。

[6]瓦橋關：唐置，位於今河北雄縣。五代後晉初地入契丹，後周顯德六年收復其地，置雄州。此關與益津關、淤口關合稱三關，爲五代時邊防重鎮。　今上先至：中華書局本有校勘記：“‘先’字原闕，據殿本、劉本、孔本、《通鑑》卷二九四、《宋史》卷一《太祖紀一》補。”見《通鑑》卷二九四顯德六年四月癸卯條、《宋史》卷一《太祖紀一》周世宗顯德六年條。

[7]姚内斌：人名。平州（今河北盧龍縣）人。契丹、後周將領。事見《隆平集》卷一六《武臣》姚内斌條。《舊五代史考異》：“案《隆平集》：姚内斌，平州人也。世宗北征，將兵至瓦橋關，内斌爲關使，開門請降，世宗以爲汝州刺史。”

[8]鄚州：州名。治所在今河北任丘市鄚州鎮。　劉楚信：人名。籍貫不詳。契丹將領。事見《遼史》卷一七。　僞鄚州刺史劉楚信以州來降：《輯本舊史》之案語：“鄚州之降，《通鑑》從《薛史》作四月，《遼史》作五月，疑誤。”中華書局本有校勘記：“‘鄚州’，原作‘鄭州’，據殿本、劉本改。《册府》卷二〇、《通鑑》卷二九四、《遼史》卷六《穆宗紀》敘其事皆作‘莫州’。《舊唐書》卷三九《地理志二》，莫州即鄚州。又‘鄚州刺史’上，《册府》卷二〇、卷一二六、卷一六七有‘僞’字。”但未補，今

據補。見明本《册府》卷二〇《帝王部·功業門》顯德六年四月丁酉條、《通鑑》卷二九四顯德六年四月甲辰條、《遼史》卷六《穆宗紀》應曆九年（959）五月乙巳條。明本《册府》卷一二六《帝王部·納降門》顯德六年四月甲辰條、卷一六七《帝王部·招懷門五》顯德六年五月條作"僞鄭州刺史"，形近致誤。

五月乙巳朔，帝駐蹕於瓦橋關。侍衛親軍都指揮使李重進及諸將相繼至行在，[1]僞瀛州刺史高彥暉以本城歸順。[2]關南平，凡得州三，[3]縣十七，户一萬三千八百六十一。[4]是役也，王師數萬，不亡一矢，虜界城邑皆望風而下。[5]丙午，帝與諸將議攻幽州，[6]諸將皆以爲未可，帝不聽。是夜，帝不豫，乃止。戊申，定州節度使孫行友奏，[7]攻下易州，[8]擒僞命刺史李在欽來獻，[9]斬於軍市。己酉，[10]以瓦橋關爲雄州，[11]以益津關爲霸州。[12]是日，先鋒都指揮使張藏英敗胡騎數百於瓦橋關北，[13]攻下固安縣。[14]詔發濱、棣二州丁夫城霸州。[15]庚戌，遣侍衛都指揮使李重進率兵出土門，[16]入河東界。[17]壬子，車駕發雄州，[18]還京。泉州節度使留從効遣別駕黄禹錫奉貢於行在，[19]帝以泉州比臣江南，李景方歸奉國家，[20]不欲奪其所屬，但錫詔褒美而已。丁卯，西京奏，[21]太常卿致仕司徒詡卒。[22]己巳，侍衛都指揮使李重進奏，破河東賊軍於百井，斬首二千級。[23]甲戌，上至自雄州。[24]

[1]侍衛親軍都指揮使：官名。五代時侍衛親軍長官。多由皇帝親信擔任。　李重進：人名。滄州（今河北滄縣舊州鎮）人。五

代後周將領。北宋建立後起兵反叛，兵敗身死。傳見《宋史》卷四八四。

[2]瀛州：州名。治所在今河北河間市。　僞瀛洲：中華書局本沿《輯本舊史》無“僞”字，校勘記：“‘瀛州刺史’上，《册府》卷二〇、卷四四、卷一一八、卷一六七有‘僞’字。”但未補。見《宋本册府》卷四四《帝王部·神武門》顯德六年（959）五月條，明本《册府》卷二〇《帝王部·功業門》顯德六年五月乙巳條、卷一一八《帝王部·親征門三》顯德六年五月乙巳條、卷一六七《帝王部·招懷門五》顯德六年五月條。今據補。　高彦暉：人名。薊州漁陽（今天津市薊州區）人。契丹、後周、宋初將領。傳見《宋史》卷二五五。

[3]凡得州三：“三”，《宋本册府》卷四四《帝王部·神武門》顯德六年五月條、明本《册府》卷二〇《帝王部·符瑞門》顯德六年五月乙巳條作“五”。三州當爲瀛、鄚、寧三州，五州則連後新設之雄、霸二州。

[4]一萬三千八百六十一：中華書局本作“一萬三千八百六十”，《宋本册府》卷四四《帝王部·神武門》、明本《册府》卷二〇《帝王部·符瑞門》作“一萬三千八百六十一”，今據改。

[5]虜界：中華書局本沿《輯本舊史》作“邊界”，有校勘記：“‘邊界’，《册府》卷二〇、卷四四、卷一一八作‘虜界’。”但未改。見《宋本册府》卷四四《帝王部·神武門》、明本《册府》卷二〇《帝王部·符瑞門》、卷一一八《帝王部·親征門三》。今據改。

[6]幽州：州名。治所在今北京市。

[7]定州：州名。治所在今河北定州市。　孫行友：人名。鄚州清苑（今河北保定市）人。孫方諫之弟。五代、宋初將領。傳見《宋史》卷二五三。

[8]易州：州名。治所在今河北易縣。

[9]李在欽：人名。籍貫不詳。契丹將領。事見《宋史》卷二

五三。

[10]己酉：中華書局本有校勘記：“原作‘乙酉’，據《通鑑》卷二九四改。按是月乙巳朔，無乙酉，己酉爲初五。”見《通鑑》卷二九四顯德六年五月己酉條。

[11]雄州：州名。治所在今河北雄縣。 以瓦橋關爲雄州：《舊五代史考異》：“案《宋史·陳思讓傳》：得瓦橋關爲雄州，命思讓爲都部署，率兵戍守。”見《宋史》卷二六一《陳思讓傳》。

[12]霸州：州名。治所在河北霸州市。 以益津關爲霸州：《舊五代史考異》：“案《宋史·韓令坤傳》：爲霸州都部署，率所部兵戍之。”見《宋史》卷二五一《韓令坤傳》。

[13]先鋒都指揮使：官名。先鋒，即先鋒部隊。都指揮使，爲所部統兵將領。 張藏英：人名。涿郡范陽（今河北涿州市）人。五代、宋初將領。傳見《宋史》卷二七一。 先鋒都指揮使張藏英敗胡騎數百於瓦橋關北：“敗胡騎數百”，中華書局本沿《輯本舊史》作“破契丹數百騎”，乃忌清諱，今據明本《册府》卷四三五《將帥部·獻捷門二》顯德六年五月己酉條回改。

[14]固安縣：縣名。治所在今河北固安縣。

[15]濱：州名。治所在今山東濱州市。 棣：州名。治所在今山東惠民縣。

[16]侍衛都指揮使：官名。即侍衛親軍都指揮使。五代時侍衛親軍之長官，多爲皇帝親信。 土門：關隘名。即井陘關。位於今河北井陘縣北井陘山上。

[17]入河東界：中華書局本有校勘記：“‘河東’下原有‘城’字，據殿本及本卷下文删。”

[18]車駕發雄州：《輯本舊史》之案語：“《遼史》作五月辛未，周師退，與《薛史》異，《通鑑》從《薛史》作壬子。”見《通鑑》卷二九四顯德六年五月壬子條、《遼史》卷六《穆宗紀》應曆九年（959）五月辛未條。

[19]泉州：州名。治所在今福建泉州市。 留從劾：人名。泉

州永春（今福建永春縣）人。五代十國藩鎮軍閥。閩國動亂之際割據泉、漳諸地，至北宋建立後歸降。傳見《宋史》卷四八三。 別駕：官名。唐代別駕，秩高俸厚，無具體職務。五代因唐制，府、州均置別駕。時以特恩授士人，時以犯過失的官員充任。上州從四品下，中州正五品下，下州從五品上。 黃禹錫：人名。籍貫不詳。留從劾部下。事見《宋史》卷四八三《留從劾傳》。"黃禹錫"，中華書局本有校勘記："原作'王禹錫'，據《册府》卷二三二、《宋史》卷四八三《留從劾傳》改。按《册府》卷一六七載顯德六年六月賜留從劾詔亦稱黃禹錫至省上表歸附。"見明本《册府》卷一六七《帝王部·招懷門五》顯德六年六月戊寅條、卷二三二《僭偽部·稱藩門》顯德六年五月壬子條，《宋史》卷四八三《留從劾傳》。

[20]李景：即五代十國南唐元宗李璟。徐州（今江蘇徐州市）人。南唐烈祖李昪長子，南唐第二位皇帝。後削去帝號，改稱國主。傳見本書卷一三四、《新五代史》卷六二。

[21]西京：地名。治所在今河南洛陽市。

[22]太常卿：官名。太常寺長官。掌宗廟禮儀。正三品。 致仕：官員告老辭官。 司徒詡：人名。清河郡（今河北清河縣）人。五代後唐官員。傳見本書卷一二八。

[23]百井：地名。位於今山西陽曲縣東北十里柏井村。 破河東賊軍於百井，斬首二千級：明本《册府》卷四三五《將帥部·獻捷門二》作"敗河東賊軍五千餘人於北井路，斬二十餘級"。

[24]上至自雄州：《舊五代史考異》："案《却掃編》：周世宗既定三關，遇疾而退，至澶淵遲留不行，雖宰輔近臣問疾者皆莫得見，中外洶懼。時張永德爲澶州節度使，永德尚周太祖之女，以親故，獨得至臥内，於是羣臣因永德言曰：'天下未定，根本空虛，四方諸侯惟幸京師之有變。今澶、汴相去甚邇，不速歸以安人情，顧憚旦夕之勞，而遲回于此，如有不可諱，奈宗廟何！'永德然之，承間爲世宗言如羣臣旨，世宗問：'誰使汝爲此言？'永德對以羣臣

之意皆願爲此，世宗熟視久之，歎曰：‘吾固知汝必爲人所教，獨不喻吾意哉！然觀汝之窮薄，惡足當此！’即日趣駕歸京師。”對《舊五代史考異》所引之《却掃編》“世宗熟視久之”，中華書局本有校勘記：“‘視’，原作‘思’，據孔本、《却掃編》卷上改。”

六月乙亥朔，潞州李筠奏，[1]攻下遼州，[2]獲僞刺史張丕旦。[3]丙子，以皇女薨輟朝三日。戊寅，鳳翔奏，[4]節度使李暉卒。[5]鄭州奏，[6]河決原武，[7]詔宣徽南院使吳廷祚發近縣丁夫二萬人以塞之。庚辰，命宣徽北院使昝居潤判開封府事。晋州節度使楊廷璋奏，[8]率兵入河東界，招降堡砦一十三所。癸未，立魏王符彥卿女爲皇后，[9]仍令所司擇日備禮册命。以皇長子宗訓爲特進、左衛上將軍，[10]封梁王；以第二子宗讓爲左驍衛上將軍，[11]封燕國公。賜江南進奉使李從善錢二萬貫，[12]絹二萬匹，銀一萬兩；賜兩浙進奉使吳延福錢三千貫，[13]絹五千匹，銀器三千兩。丁亥，以前青州節度使李洪義爲永興軍節度使，[14]永興軍節度使王彥超移鎮鳳翔。[15]戊子，潞州部送所獲遼州刺史張丕旦等二百四十五人以獻，詔釋之。己丑，宰臣范質、王溥並參知樞密院事。[16]以樞密使魏仁浦爲中書侍郎、平章事、集賢殿大學士，[17]依前充樞密使；以宣徽南院使吳廷祚爲樞密使，行左驍衛上將軍；[18]以宋州節度使、侍衛都虞候韓通爲侍衛親軍副都指揮使，[19]加檢校太尉、同平章事；[20]澶州節度使兼殿前都點檢、駙馬都尉張永德落軍職，[21]加檢校太尉、同平章事；以今上爲殿前都點檢，加檢校太傅，[22]依前忠武軍節度使。[23]帝之北征也，凡供軍之物，皆令自京遞送行在。一日，忽於遞中得一木，[24]長二三尺，如人之揭物者，其上卦全題云"點檢做"，[25]觀者莫測何物也。至是，今上始受點檢之命，明年春，果自此職以副人望，則"點檢做"之言乃神符也。辛卯，以宣徽北院使、判開封事昝居潤爲左領軍上將軍，[26]充宣徽南院使；以三司使、左領衛大將軍張美爲左監門衛上將軍，[27]充宣徽北院使，判三司。[28]癸巳，帝崩於萬歲殿，[29]聖壽三十九。甲午，宣遺制，梁王於柩前即皇帝位，[30]服紀月日，一依舊制。是日，羣臣奉梁王即位於殿東楹，中外發哀。其年八月，翰林學士、判太常寺事竇儼上謚曰睿武孝文皇帝，[31]廟號世宗。

[1]潞州：州名。治所在今山西長治市。　李筠：人名。并州太原（今山西太原市）人。五代、宋初將領，歷仕後唐至宋。傳見《宋史》卷四八四。

[2]遼州：州名。治所在今山西左權縣。

[3]張丕旦：人名。籍貫不詳。北漢將領。事見《宋史》卷四八四《李筠傳》。　獲僞刺史張丕旦：《輯本舊史》之案語："《通鑑》作張丕。""刺史"，中華書局本有校勘記："'刺史'，原作'判史'，據殿本、劉本、孔本、《宋史》卷四八四《李筠傳》及本卷下文改。"見《通鑑》卷二九四顯德六年（959）六月乙亥條、《宋史》卷四八四《李筠傳》顯德六年條。

[4]鳳翔：方鎮名。治所在鳳翔府（今陝西鳳翔縣）。

[5]李暉：人名。瀛州束城（今河北河間市）人。五代將領。傳見本書卷一二九。

[6]鄭州：州名。治所在今河南鄭州市。

[7]原武：縣名。治所在今河南原陽縣。

[8]晉州：州名。治所在今山西臨汾市。　楊廷璋：人名。鎮州真定（今河北正定縣）人。淑妃楊氏弟，五代、宋初將領。傳見《宋史》卷二五五。　晉州節度使楊廷璋奏：《通鑑》卷二九四繫此事於顯德六年六月辛巳。

[9]符彥卿：人名。陳州宛丘（今河南淮陽縣）人。五代後周、宋初將領。後周世宗宣懿皇后、宋太宗懿德皇后，皆符彥卿之女。傳見《宋史》卷二五一。

[10]宗訓：人名。即柴宗訓。周世宗柴榮第四子。顯德六年（959）封梁王，不久即位。次年陳橋驛兵變，趙匡胤率兵回京，柴宗訓被迫禪位。後封鄭王。死後謚恭皇帝。紀見本書卷一二〇、《新五代史》卷一二。　特進：官名。西漢末期始置，授給列侯中地位較特殊者。隋唐時期，特進爲文散官，授給有聲望的文官。正二品。　左衛上將軍：官名。唐置十六衛之一，掌宮禁宿衛。從二品。　以皇長子宗訓爲特進、左衛上將軍：《舊五代史考異》：“案：恭帝宗訓，《通鑑》注作第四子。《歐陽史》周家人傳，世宗子七人，長曰宜哥，次二皆未名，次曰恭皇帝，是亦以宗訓爲第四子也。是紀作皇長子，蓋宜哥與其二皆爲漢誅，指其現存者而長之耳。”《舊五代史考異》中之“《歐陽史》周家人傳”，中華書局本有校勘記：“‘周’，原作‘漢’，據《新五代史》卷二〇《周世宗家人傳》改。”“以皇長子宗訓爲特進”，中華書局本有校勘記：“‘皇’，原作‘王’，據殿本、邵本、彭校、《舊五代史考異》引文、《通曆》卷一五改。”見《新五代史》卷二〇《周家人傳》、《通鑑》卷二九四顯德六年六月甲午條胡三省注。

[11]宗讓：人名。即柴宗讓。又作熙讓。後周世宗子。傳見本書卷一二二《周宗室列傳》、《新五代史》卷二〇《周世宗家人傳》。“宗讓”，《舊五代史考異》：“案《歐陽史》作宗誼，《通鑑》從《薛史》作宗讓。”《舊五代史考異》中之“《通鑑》從《薛史》作宗讓”，中華書局本有校勘記：“以上八字原闕，據孔本補。”見《新五代史》卷一二《周本紀十二》、《通鑑》卷二九四顯德六年六

月癸未條。　左驍衛上將軍：官名。掌宮禁宿衛。唐置十六衛之一，從二品。

[12]進奉使：官名。蕃國派遣向朝廷進奉的使者。　李從善：人名。南唐李景之子。南唐時封鄭王，累遷太尉、中書令，後李煜降，封南楚國公。事見《宋史》卷四七八。

[13]吳延福：人名。籍貫不詳。吳越國官員，曾任吳越國内外都指揮使、台州刺史、兩浙進奉使。事見本書卷一一四、《通鑑》卷二九一。

[14]李洪義：人名。一作“李弘義”。并州晉陽（今山西太原市）人。李洪信之弟，五代、宋初將領。傳見《宋史》卷二五二。

[15]永興軍：方鎮名。治所在京兆府（今陝西西安市）。　王彦超：人名。大名臨清（今河北臨西縣）人。五代、宋初將領。傳見《宋史》卷二五五。

[16]范質：人名。大名宗城（今河北威縣）人。後周、宋初宰相。傳見《宋史》卷二四九。　王溥：人名。并州祁（今山西祁縣）人。後周、宋初宰相。傳見《宋史》卷二四九。

[17]魏仁浦：人名。後周、宋初宰相。衛州汲（今河南衛輝市）人。傳見《宋史》卷二四九。“仁浦”，《輯本舊史》之影庫本粘籤：“原本作‘仁補’，今從《宋史》改正。”見《宋史》卷二四九《魏仁浦傳》。　中書侍郎：官名。中書省副長官。唐後期三省長官漸爲榮銜，中書侍郎、門下侍郎却因參議朝政而職位漸重，常常用爲以“同三品”或“同平章事”任宰相者的本官。正三品。

平章事：官名。簡稱“同平章事”。唐高宗以後，凡實際任宰相之職者，常在其本官後加同平章事的職銜。後成爲宰相專稱。後晉天福五年（940），升中書門下平章事爲正二品。　集賢殿大學士：官名。唐中葉置，位在學士之上，以宰相兼。掌修書之事。

[18]以宣徽南院使吳廷祚爲樞密使，行左驍衛上將軍：《舊五代史考異》：“案《歐陽史》：三月，吳廷祚爲左驍衛上將軍、樞密使，與《薛史》異，《通鑑》從《薛史》作六月。”見《新五代

史》卷一二《周本紀十二》顯德六年三月條、《通鑑》卷二九四顯德六年六月己丑條。

[19]侍衛都虞候：官名。即"侍衛親軍都虞候"。五代時期侍衛親軍的高級統率官，判六軍諸衛事。　韓通：人名。太原（今山西太原市）人。五代後漢、後周、宋初將領。傳見《宋史》卷四八四。　侍衛親軍副都指揮使：官名。五代時侍衛親軍副長官。多由皇帝親信擔任。

[20]檢校太尉：官名。爲散官或加官，以示恩寵，無實際執掌。太尉，與司徒、司空並爲三公。

[21]澶州：州名。唐、五代初，治所在河南清豐縣。後晉天福四年（939），移治於今河南濮陽縣。"澶州"，《輯本舊史》之影庫本粘籤："原本作'洹州'，今從《通鑑》改正。"見《通鑑》卷二九四顯德六年六月己丑條，亦見《宋史》卷二五四《張永德傳》。　殿前都點檢：官名。五代後唐置，初稱大內都點檢，凡車駕行幸及出征則置。後周世宗顯德中選驍勇之士充殿前諸班，改稱殿前都點檢。　駙馬都尉：漢武帝始置，魏、晉以後公主夫婿多加此稱號。從五品下。　張永德：人名。并州陽曲（今山西陽曲縣）人。五代、宋初大將，頗受宋太祖、宋太宗信用。傳見《宋史》卷二五五。

[22]檢校太傅：官名。爲散官或加官，以示恩寵，無實際執掌。

[23]忠武軍：方鎮名。治所在陳州（今河南淮陽縣）。

[24]忽於遞中得一木：中華書局本有校勘記："'遞'，原作'地'，據《通曆》卷一五改。《宋史》卷一《太祖紀一》敘其事云：'世宗在道閱四方文書，得韋囊中有木三尺餘。'"

[25]其上卦全題云"點檢做"：中華書局本有校勘記："'卦'，《通曆》卷一五作'封'。"

[26]左領軍上將軍：官名。即"左領軍衛上將軍"。掌宮禁宿衛。唐置十六衛之一，從二品。

[27]左監門衛上將軍：官名。掌宮禁宿衛。唐置十六衛之一，從二品。

[28]充宣徽北院使，判三司：《舊五代史考異》："案《東都事略·張美傳》：世宗師還，擢左領軍上將軍、宣徽北院使，與《薛史》微異。又云：美少爲三司小吏、澶州糧料使，世宗鎮澶州，每有求取，美悉力應之，及即位，連歲征討，糧餽無乏，美之力也。然每思澶州所爲，終不以公忠待之。""世宗師還"至"又云"，中華書局本有校勘記："以上二十三字原闕。據孔本補。"

[29]萬歲殿：後周開封城內宮殿。位於今河南開封市。　帝崩於萬歲殿：《舊五代史考異》："案《歐陽史》作滋德殿，與《薛史》異。《五代會要》《五代春秋》俱作萬歲殿，與《薛史》同。"見《會要》卷一《帝號》周世宗條、《五代春秋》周世宗顯德六年六月癸巳條、《新五代史》卷一二《周本紀十二》顯德六年六月癸巳條，亦見《通曆》卷一五。

[30]梁王：即柴宗訓。

[31]竇儼：人名。薊州漁陽（今天津市薊州區）人。五代、宋初大臣。傳見《宋史》卷二六三。

十一月壬寅朔，[1]葬於慶陵。宰臣魏仁浦撰謚册文，王溥撰哀册文云。[2]《永樂大典》卷八千九百八十四。[3]

[1]十一月壬寅朔：中華書局本有校勘記："'十一月'，原作'十二月'，據殿本、孔本、本書卷一二〇《周恭帝紀》、《通鑑》卷二九四改。按十一月壬寅朔，十二月壬申朔。"見《輯本舊史》卷一二〇《周恭帝紀》顯德六年（959）十一月壬寅條、《通鑑》卷二九四顯德六年十一月壬寅條。

[2]中華書局本沿《輯本舊史》在此後以小注形式引《五代史補》："世宗在民間，嘗與鄴中大商頡跌氏，忘其名，往江陵販賣茶

貨。至江陵，見有卜者王處士，其術如神，世宗因頡跌氏同往問焉。方布卦，忽有一蓍躍出，卓然而立，卜者大驚曰：'吾家筮法十餘世矣，常記曾祖以來遺言，凡卜筮而蓍自躍而出者，其人貴不可言，況又卓立不倒，得非爲天下之主乎！'遽起再拜。世宗雖佯爲詰責，而私心甚喜。於逆旅中夜置酒，與頡跌氏半酣，戲曰：'王處士以我當爲天子，若一旦到此，足下要何官，請言之。'頡跌氏曰：'某三十年作估來，未有不由京洛者，每見稅官坐而獲利，一日所獲，可以敵商賈數月，私心羨之。若大官爲天子，某願得京洛稅院足矣。'世宗笑曰：'何望之卑耶！'及承郭氏之後踐祚，頡跌猶在，召見，竟如初言以與之。　世宗之征東也，駐蹕於高平，劉崇兼契丹之衆來迎戰。時帥多持兩端，而王師不利。親軍帥樊愛能等各退衄，世宗赫怒，躍馬入陣，引五十人直衝崇之牙帳。崇方張樂飲酒，以示閑暇，及其奄至，莫不驚駭失次。世宗因以奮擊，遂敗之，追奔于城下。凱旋，駐蹕潞州，且欲出其不意以誅退衄者，乃置酒高會，指樊愛能等數人責之曰：'汝輩皆累朝宿將，非不能用兵者也，然退衄者無他，誠欲將寡人作物貨賣與劉崇爾。不然，何寡人親戰而劉崇始敗耶？如此則卿等雖萬死不足以謝天下，宜其曲膝引頸以待斧誅。'言訖，命行刑壯士擒出，皆斬之。于是立功之士以次行賞，自行伍拔于軍厢者甚衆，其恩威並著，皆此類也。初，劉崇求援于契丹，得騎數千，及覿世宗兵少，悔之，曰：'吾觀周師易與爾，契丹之衆宜勿用，但以我軍攻戰，自當萬全。如此則不惟破敵，亦足使契丹見而心服，一舉而有兩利，兵之機也。'諸將以爲然，乃使人謂契丹主將曰：'柴氏與吾，主客之勢，不煩足下餘刃，敢請勒兵登高觀之可也。'契丹不知其謀，從之。洎世宗之陣也，三軍皆賈勇爭進，無不一當百，契丹望而畏之，故不救而崇敗。論者曰：世宗患諸將之難制也久矣，思欲誅之，未有其釁，高平之役，可謂天假，故其斬決而無貸焉。自是姑息之政不行，朝廷始尊大，自非英主，其孰能爲之哉。　世宗既下江北，駐蹕於建安，以書召僞主。僞主惶恐，命鍾謨、李德明爲使以見世宗。德明素有詞辯，以利害説世宗使罷兵。世宗具知之，乃盛陳兵師，排旗幟戈戟，爲鹿頂道以湊御，然後引德明等入見。世宗謂之曰：'汝江南自以爲唐之後，衣冠禮樂世無比，何故與寡人隔一帶水，更不發一使奉書相問，惟泛海以通契丹，舍華事夷，禮將安在？今又聞汝以詞説寡人罷兵，是將寡人比六國時一羣癡漢，何不知人之甚也！汝慎勿言，當速歸報汝主，令徑來跪寡人兩拜，則無事矣。不然，則寡人須看金陵城，借府庫以犒軍，汝等得無悔乎！'於是德明等戰懼，不能措一辭，即日告歸。及見偽主，具陳世宗英烈之狀，恐非四方所能敵。偽主計無所出，遂上表服罪，且乞保江南之地，以奉宗廟，修職貢，其詞甚哀。世宗許之，因曰：'叛則征，服則懷，寡人之心也。'於是遣使者齎書安之，然後凱還。論者以世宗加兵於江南，不獨臨之以威，抑亦諭之以禮，可謂得大君之體矣。　　陳摶，陝西人。能爲詩，數舉不第，慨然有塵外之趣，隱居華山，自是其名大振。世宗之在位也，以四方未服，思欲牢籠英傑，且以摶曾踐場屋，不得志而隱，必有奇才遠略，於是召到闕下，拜左抬遺。摶不就，堅乞歸山，世宗許之。未幾，賜之書：'敕陳摶：朕以汝高謝人寰，栖心物外，養太浩自然之氣，應少微處士之星，既不屈於王侯，遂高隱於岩壑，樂我中和之化，慶乎下武之期。而能遠涉山涂，暫來城闕，浹旬延遇，弘益居多，白雲暫駐於帝鄉，好爵難縻於達士。昔唐堯之至聖，有巢許爲外臣，朕雖寡薄，庶遵前鑒。恐山中所闕，已令華州刺史每事供須。乍反故山，履兹春序，緬懷高尚，當適所宜，故兹撫問，想宜知悉。'即陶穀之詞也。初，摶之被召，嘗爲詩一章云：'草澤吾皇詔，圖南摶姓陳。三峰十年客，四海一閑人。世態從來薄，詩情自得真。超然居物外，何必使爲臣。'好事者欣然謂之答詔詩。　　世宗以張昭遠好古直，甚重之，因問曰：'朕欲一賢相，卿試爲言朝廷誰可？'昭遠對曰：'以臣所見，莫若李濤。'世宗常薄濤之爲人，聞昭遠之舉甚驚，曰：'李濤本非重厚，朕以爲無大臣體，卿首舉此何也？'昭遠曰：'陛下所聞止名行，曾不問才略如何耳。且濤事晋高祖，曾上疏論邠州節度使張彥澤蓄無君心，宜早圖之，不然則爲國患，晉祖不納。其後契丹南侵，彥澤果有中渡之變，晉社殲焉。先帝潛龍時，亦上疏請解其兵權，以備非常之變，少主不納，未幾先帝遂有天下。以國家安危未兆間，濤已先見，非賢而何？臣所以首舉之者，正爲此也。'世宗曰：'今卿言甚公，然此人終不可于中書安置。'居無何，濤亦卒。濤爲人不拘禮法，與弟瀚雖甚雍睦，然聚話之際，不典之言，往往間作。瀚娶禮部尚書竇寧固之女，年甲稍長，成婚之夕，竇氏出參，濤輒望塵下拜。瀚驚曰：'大哥風狂耶？新婦參阿伯，豈有答禮儀。'濤應曰：'我不風，只將謂是親家母。'瀚且慚且怒。既坐，竇氏復拜，濤又叉手當胸，作歇後語曰：'慚無竇建，謬作梁山，喏喏喏！'時聞者莫不絕倒。凡濤於閨門之內，不存禮法也如此，世宗以爲無大臣體，不復任用，宜哉！　世宗志在四方，常恐運祚速而功業不就，以王朴精究術數，一旦從容問之曰：'朕當得幾年？'對曰：'陛下用心，以蒼生爲念，天高聽卑，自當蒙福。臣固鄙陋，輒以所學推之，三十年後非所知也。'世宗喜曰：'若如卿言，寡人當以十年開拓天下，十年養百姓，十年致太平，足矣。'其後自瓦橋關回戈，未到關而晏駕，計在位止及五年餘六箇月。五六乃三十之數也，蓋朴婉而言之。　世宗末年，大舉以取幽州。契丹聞其親征，君臣恐懼，沿邊城壘皆望風而下，凡蕃部之在幽州者，亦連宵遁去。車駕至瓦橋關，探邏是寔，甚喜，以爲大勳必集，登高阜，因以觀六師。頃之，有父老百餘輩持牛酒以獻，世宗問曰：'此地何名？'對曰：'歷世相傳，謂之病龍臺。'默然，遽上馬馳去。是夜，聖體不豫，翌日病亟，有詔回戈，未到關而晏駕。先是，世宗之在民間也，常夢神人以大傘見遺，色如鬱金，加《道經》一卷，其後遂有天下。及瓦橋不豫之際，復夢向之神人來索傘與經。夢中還之而驚起，謂近侍曰：'吾夢不祥，豈非天命將去耶！'遂召大臣，戒以後事。初，幽州聞車駕將至，父老或有竊議曰：'此不足憂，且天子姓柴，幽州爲燕地，燕者亦煙火之謂也。此柴入火不利之兆，安得成功？'卒如其言。"以上諸段中，"世宗赫怒"，中華書局本有校勘記："'怒'，原作'然'，據殿本、孔本、《五代史補》卷五改。""皆斬之"，中華書局本有校勘記："'皆'字原闕，據殿本、孔本、《五代史補》卷五補。""世宗既下江北"，中華書局本有校勘記："'下'字上原有'主'字，據殿本、劉本、孔本校，《五代史補》卷五刪。""世宗具知之"，中華書局本有校勘記："'具'，原作'且'，據殿本、《五代史補》卷五改。""爲鹿頂道以湊御"，中華書局本有校勘記："'鹿頂道'，原作'門頃道'，據《五代史補》（四庫本）卷五改。""曾不聞才略如何耳"，中華書局本有校勘記："'聞'，原作'問'，據殿本、劉本、孔本、《五代史補》卷五改。""臣所以首舉之者"，中華書局本有校勘記："'以'字原闕，據《五代史補》（顧校）卷五補。""世宗之在民間也"，中華書局本有校勘記："'也'，原作'已'，據《舊五代史考異》卷四、《五代史補》（顧校）卷五改。"見《五代史補》卷五世宗問卜、世宗誅高平敗將、世宗面諭江南使、世宗詔陳摶、世宗問相於張昭遠、世宗問王朴運祚、世宗上病龍臺等條。

[3]《大典》卷八九八四"周"字韻"世宗"事目（二）。

史臣曰：世宗頃在仄微，尤務韜晦，及天命有屬，嗣守鴻業，不日破高平之陣，[1]逾年復秦、鳳之封，[2]江北、燕南，取之如拾芥，神武雄略，乃一代之英主也。加以留心政事，朝夕不倦，摘伏辯姦，多得其理。臣下有過，必面折之，常言太祖養成二王之惡，[3]以致君臣之義，不保其終，故帝駕馭豪傑，失則明言之，功則厚賞之，文武參用，莫不服其明而懷其恩也。所以仙去之日，遠近號慕。然稟性傷於太察，用刑失於太峻，及事行之後，亦多自追悔。逮至末年，漸用寬典，知用兵之頻併，憫黎民之勞苦，蓋有意於康濟矣。而降年不永，美志不就，悲夫！《永樂大典》卷八千九百八十四。[4]

[1]高平：縣名。治所在今山西高平市。

[2]秦：州名。治所在今甘肅秦安縣。　鳳：州名。治所在今陝西鳳縣。

[3]太祖：即後周太祖郭威。邢州堯山（今河北隆堯縣）人。五代後周開國皇帝，廟號太祖。紀見本書卷一一〇至卷一一三、《新五代史》卷一一。　二王之惡：指王峻、王殷。二人爲後周將領，後居功自傲，被貶官。

[4]《大典》卷八九八四“周”字韻“世宗”事目（二）。

舊五代史　卷一二○

周書十一

恭帝紀

　　恭帝，諱宗訓，世宗子也。[1]廣順三年歲在癸丑八月四日，[2]生於澶州之府第。[3]顯德六年六月癸未，制授特進、左衛上將軍，封梁王，食邑三千户，實封五百户。[4]癸巳，世宗崩。甲午，内出遺制，命帝柩前即皇帝位。[5]是日，羣臣奉帝即位而退。丁酉，北面兵馬都部署韓令坤奏，[6]敗契丹五百騎於霸州北。[7]戊戌，文武百僚、宰臣范質等上表請聽政，[8]表三上，允之。壬寅，文武臣僚上表，請以八月四日爲天壽節，從之。癸卯，以司徒、平章事范質爲山陵使，[9]以翰林學士、判太常寺事竇儼爲禮儀使，[10]以兵部尚書張昭爲鹵簿使，[11]以御史中丞邊歸讜爲儀仗使，[12]以宣徽南院使、判開封府事昝居潤爲橋道頓遞使。[13]是月，州郡十六奏大雨連旬不止。

[1]世宗：即後周世宗柴榮。　恭帝，諱宗訓，世宗子也：《舊五代史考異》：“《五代會要》云：世宗後宮所生。《通鑑》注云世宗第四子也。《歐陽史》作：不知其母屬誰氏。今附識于此。”見《會要》卷一帝號條、《通鑑》卷二九四顯德六年六月甲午條胡三省注，《新五代史》卷一二《周恭帝紀》未記其母爲誰。此《考異》之“《通鑑》注云世宗第四子也”條，中華書局本有校勘記：“以上十字原闕，據孔本補。”

[2]廣順：五代後周太祖郭威年號（951—953）。

[3]澶州：州名。唐、五代初，治所在河南清豐縣。後晉天福四年（939），移治於今河南濮陽縣。　“廣順三年”至“生於澶州之府第”：明本《册府》卷二《帝王部·聖誕門》同。

[4]顯德：五代後周太祖郭威年號（954）。世宗柴榮、恭帝柴宗訓沿用（954—960）。　特進：官名。西漢末期始置，授給列侯中地位較特殊者。隋唐時期，特進爲文散官，授給有聲望的文官。正二品。　左衛上將軍：官名。唐置，掌宮禁宿衛。唐代置十六衛，即左右衛、左右驍衛、左右武衛、左右威衛、左右領軍衛、左右金吾衛、左右監門衛、左右千牛衛。各置上將軍，從二品；大將軍，正三品；將軍，從三品。　食邑：即採邑，官員可以收其賦税自用的封地。　“顯德六年”至“實封五百户”：此事亦見明本《册府》卷一一《帝王部·繼統門三》，《册府》所記略簡。

[5]“甲午”至“即皇帝位”：此事亦見明本《册府》卷一一。又明本《册府》卷一五《帝王部·年號門》：“恭帝以顯德六年六月甲午即位，不改元。”並有注：“盡其年。”

[6]北面兵馬都部署：官名。爲臨時委任的軍區統帥。掌管行營屯戍、攻防等事務。　韓令坤：人名。磁州武安（今河北武安市）人。五代、宋初將領。傳見《宋史》卷二五一。

[7]契丹：古部族、政權名。公元4世紀中葉宇文部爲前燕攻破，始分離而成單獨的部落，自號契丹。唐貞觀中，置松漠都督府，以其首領爲都督。唐末强盛，916年迭剌部耶律阿保機建立契

丹國（遼）。先後與五代、北宋並立，保大五年（1125）爲金所
滅。參見張正明《契丹史略》，中華書局 1979 年版。　霸州：州
名。遼置。治所在今河北霸州市。

　　[8]范質：人名。大名宗城（今河北威縣）人。五代後周、北
宋初宰相。傳見《宋史》卷二四九。

　　[9]司徒：官名。與太尉、司空並爲三公，唐後期、五代多爲
大臣、勳貴加官。正一品。　平章事：官名。即“同中書門下平章
事”。唐高宗以後，凡實際任宰相之職者，常在其本官後加同平章
事的職銜。後成爲宰相專稱。後晉天福五年（940），升中書門下平
章事爲正二品。　山陵使：官名。亦稱山陵儀仗使。唐貞觀中始
置。掌議帝后陵寢制度、監造帝后陵寢。

　　[10]翰林學士：官名。由南北朝始設之學士發展而來，唐玄宗
改翰林供奉爲翰林學士，備顧問，代王言，掌拜免將相、號令征伐
等詔令的起草。　判太常寺事：官名。太常寺長官。太常寺，西漢
始置。掌宗廟祭祀、禮樂及教育等。　竇儼：人名。薊州漁陽（今
天津市薊州區）人。五代、宋初大臣。傳見《宋史》卷二六三。
　禮儀使：官名。有重大禮儀事務則臨時置使，掌禮儀事務，事畢
即停。

　　[11]兵部尚書：官名。尚書省兵部長官。掌兵衛、武選、車
輦、甲械、厩牧之政令。正三品。　張昭：人名。世居濮州范縣
（今河南范縣）。五代、宋初大臣。傳見《宋史》卷二六三。　鹵
簿使：官名。掌帝后出行車駕儀仗。

　　[12]御史中丞：官名。如不置御史大夫，則爲御史臺長官。掌
司法監察。正四品下。　邊歸讜：人名。幽州薊（今天津市薊州
區）人。傳見《宋史》卷二六二。　儀仗使：官名。皇帝大駕出
行時設置。非常設官，均由他官兼代。掌總儀仗事務。

　　[13]宣徽南院使：官名。唐始置。宣徽南院長官。初用宦官，
五代以後改用士人。與宣徽北院使通掌内諸司及三班内侍之名籍，
郊祀、朝會、宴享供帳之儀，檢視内外進奉名物。參見王永平《論

唐代宣徽使》，《中國史研究》1995 年第 1 期；王孫盈政《再論唐代的宣徽使》，《中華文史論叢》2018 年第 3 期。　開封府：府名。後周都城。治所在今河南開封市。　"判開封府事"，中華書局本有校勘記："'府'字原闕，據彭本、《新五代史》卷一二《周本紀》補。"　昝（zǎn）居潤：人名。博州高唐（今山東高唐縣）人。五代、宋初將領。傳見《宋史》卷二六二。　橋道頓遞使：官名。頓，即宿食之所。掌出行所經道路橋梁、安排食宿、運送禮儀器物等。臨時差遣，事畢即罷。

　　秋七月丁未，以户部尚書李濤爲山陵副使，[1] 以度支郎中盧億爲山陵判官。[2] 辛亥，左散騎常侍申文炳卒。[3] 乙卯，右拾遺徐雄奪三任官，[4] 坐誣奏雷澤縣令虛破户也。[5] 丁巳，百僚釋服。尚輦奉御金彦英，[6] 本東夷人也，奉使高麗，[7] 稱臣於夷王，故及於罪。庚申，以邢州節度使王仁鎬爲襄州節度使，[8] 進封開國公；以侍衛步軍都指揮使、曹州節度使、檢校太保袁彦爲陝州節度使，加檢校太傅；[9] 以右羽林統軍、權知邢州事、檢校太保李繼勳爲邢州節度使，[10] 加檢校太傅；以滑州留後、檢校太保陳思讓爲滄州節度使；[11] 以侍衛馬軍都指揮使、陳州節度使、檢校太傅韓令坤爲侍衛馬步都虞候，[12] 依前陳州節度使，加檢校太尉；[13] 以龍捷左廂都指揮使、岳州防禦使、檢校司徒高懷德爲夔州節度使，[14] 充侍衛馬軍都指揮使、檢校太保；以虎捷左廂都指揮使、常州防禦使、檢校司空張鐸爲遂州節度使，充侍衛步軍都指揮使、檢校太保，仍改名令鐸。[15] 壬戌，以鄆州節度使、充侍衛馬步軍都指揮使、檢校太傅、兼侍中李重進爲淮南節度使、檢校太尉、兼侍中，[16]依前侍衛馬步軍都指揮使；以襄州節度使、檢校太尉、同平章事向拱爲河南尹，[17]充西京留守，[18]加檢校太師、兼侍中；[19]以宋州節度使、充侍衛馬步軍副都指揮使、檢校太尉、同平章事韓通爲鄆州節度使，[20]依前侍衛親軍馬步軍副都指揮使；[21]以澶州節度使、檢校太尉、同平章事、駙馬都尉張永德爲許州節度使，[22]進封開國公；以今上爲宋州節度使，依前檢校太尉、殿前都點檢，[23]進封開國侯；以淮南節度使兼殿前副都點檢、檢校太保慕容延釗爲澶州節度使、檢校太傅，[24]依前殿前副都點檢，進封開國伯；以殿前都指揮使、江州防禦使、檢校司空石守信爲滑州節度使、檢校太保，[25]依前殿前都指揮使。丙寅，制大赦天下。[26]庚午，翰林學士、判太常寺竇儼撰進大行皇帝太室歌酌獻辭，舞曰定功之舞，[27]歌辭不錄。是月，諸道相繼奏，大雨，所在川渠漲溢，漂溺廬舍，損害苗稼。

[1]戶部尚書：官名。尚書省戶部長官。掌管全國土地、戶籍、賦稅、財政收支諸事。正三品。“戶部尚書”，《輯本舊史》之影庫本粘籤：“‘戶部’，原本脫‘部’字，今據文增入。”《宋史》卷二六二《李濤傳》載：“周初，歷刑部、戶部二尚書。世宗晏駕，爲山陵副使。” 李濤：人名。京兆萬年（今陝西西安市長安區）人。唐敬宗子郇王璟後裔，後漢宰相。傳見《宋史》卷二六二。

[2]度支郎中：官名。尚書省戶部度支司長官。掌判天下租賦、財利收入總額，計度和供給國家支出。從五品上。 盧億：人名。懷州河內（今河南沁陽市）人。五代、宋初大臣。傳見《宋史》

卷二六四。　山陵判官：官名。協助山陵使、副使處理帝后陵寢制度、監造帝后陵寢。

[3]左散騎常侍：官名。門下省屬官。掌侍奉規諷，備顧問應對。正三品下。　申文炳：人名。洛陽人。五代後唐、後晉、後漢、後周大臣。傳見本書卷一三一。

[4]右拾遺：官名。唐武則天於垂拱元年（685）置拾遺，分左、右。左拾遺隸門下省，右拾遺隸中書省，與左、右補闕共掌諷諫，大事廷議，小事則上封事。從八品上。　徐雄：人名。籍貫不詳。本書僅此一見。

[5]雷澤：縣名。治所在今山東菏澤市。　縣令：官名。爲縣的行政長官，掌治本縣。唐代之縣，分赤（京）、次赤、畿、次畿、望、緊、上、中、中下、下十等。縣令分六等，正五品上至從七品下。

[6]尚輦奉御：官名。掌朝會、祭祀時輿輦。從五品上。　金彥英：人名。東夷人。本書僅此一見。"金彥英"，中華書局本有校勘記："'金彥英'下邵本校有小注'案以下疑有闕文'七字。《册府》卷六六四敘其事云'金彥英本東夷人，爲尚輦奉御，奉使高麗，稱臣於夷王……決杖一百，配流商州'。"見明本《册府》卷六六四《奉使部·辱命門》。

[7]高麗：古國名。一爲高句麗。故地位於今中國東北地區及朝鮮半島北部。一爲王氏高麗。公元918年，後三國（即朝鮮新羅、後百濟、泰封）之一泰封國武將王建推翻其統治者弓裔，稱王，改國號高麗，都開京（今朝鮮開城市）。漸合併新羅、後百濟，重新統一朝鮮半島。參見〔朝〕鄭麟趾等《高麗史》，西南師範大學出版社2014年版；楊軍《高句麗民族與國家的形成和演變》，中國社會科學出版社2006年版。

[8]邢州：州名。治所在今河北邢臺市。　節度使：官名。唐時在重要地區所設掌握一州或數州軍政、民政、財政的長官。　王仁鎬：邢州龍岡（今河北邢臺市）人。五代、宋初將領。傳見《宋

史》卷二六一。　襄州：州名。治所在今湖北襄陽市。

[9]侍衛步軍都指揮使：官名。皇帝侍衛親軍步軍司最高長官。

曹州：州名。治所在今山東曹縣西北。　檢校太保：官名。爲散官或加官，以示恩寵，無實際執掌。　袁彥：人名。河中河東（今山西永濟市）人。五代、宋初將領。傳見《宋史》卷二六一。陝州：州名。治所在今河南三門峽市陝州區。　檢校太傅：官名。爲散官或加官，以示恩寵，無實際執掌。

[10]右羽林統軍：官名。唐代右羽林軍統兵官。唐置六軍，分左右羽林，左右龍武，左右神武等，即“北衙六軍”。興元元年（784），六軍各置統軍，以寵功勳臣。其品秩，《唐會要》卷七一、《舊唐書》卷一二記載爲“從二品”，《通鑑》卷二二九記載爲“從三品”。　李繼勳：人名。大名元城（今河北大名縣）人。五代、宋初將領，屢立戰功。傳見《宋史》卷二五四。

[11]滑州：州名。治所在今河南滑縣。　留後：官名。原非正式命官，唐朝節度使入朝或宰相、親王遙領節度使不臨鎮則置。安史之亂後，節度使多以子弟或親信爲留後，以代行節度使職務，亦有軍士、叛將自立爲留後者。掌一州或數州軍政。北宋始爲朝廷正式命官。　陳思讓：人名。幽州盧龍（今河北盧龍縣）人。五代、宋初將領。傳見《宋史》卷二六一。　滄州：州名。治所在今河北滄縣舊州鎮。

[12]侍衛馬軍都指揮使：官名。爲侍衛親軍馬軍司長官。後梁始置侍衛親軍，爲禁軍的一支，後唐沿置並成爲禁軍主力，下設馬軍、步軍。　陳州：州名。治所在今河南淮陽縣。　侍衛馬步都虞候：官名。五代侍衛親軍馬步軍統兵官，僅次於馬步軍都指揮使、副都指揮使。

[13]檢校太尉：官名。爲散官或加官，以示恩寵，無實際執掌。

[14]龍捷左廂都指揮使：官名。所部統兵將領。龍捷左廂爲部隊番號。　岳州：州名。治所在今湖南岳陽市。　防禦使：官名。

唐代始置，設有都防禦使、州防禦使兩種。常由刺史或觀察使兼任，實際上爲唐代後期州或方鎮的軍政長官。　檢校司徒：官名。爲散官或加官，以示恩寵，無實際執掌。　高懷德：人名。真定常山（今河北正定縣）人。高行周之子。五代、宋初將領。傳見《宋史》卷二五〇。　夔州：州名。治所在今重慶奉節縣。　"以龍捷左厢都指揮使"至"爲夔州節度使"：中華書局本有校勘記："‘龍捷’，原作‘虎捷’，據《册府》卷九八七、《宋史》卷二五〇《高懷德傳》改。"《宋本册府》卷九八七《外臣部·征討門六》顯德六年（959）五月條載，以龍捷左厢主高懷德副陳思讓，爲世宗攻瓦橋關時事。《宋史》卷三五〇《高懷德傳》則明確記載，懷德從世宗征淮南，遷龍捷左厢都指揮使；恭帝嗣位，領寧江軍節度。時寧江軍屬後蜀，《宋史》所述更符合史實。

［15］虎捷左厢都指揮使：官名。虎捷左厢，禁軍番號。五代軍隊編制，五百人爲一指揮，設指揮使、副指揮使；十指揮爲一軍，設都指揮使、副都指揮使。　常州：州名。治所在今江蘇常州市。　檢校司空：官名。爲散官或加官，以示恩寵，無實際執掌。　張鐸：人名。即張令鐸，棣州人。五代、宋初將領，傳見《宋史》卷二五〇。　遂州：州名。治所在今四川遂寧市。　侍衛步軍都指揮使：官名。五代時皇帝親軍侍衛步軍司最高長官。　"常州防禦使"至"充侍衛步軍都指揮使"：中華書局本有校勘記："以上二十六字原闕，據殿本、劉本、孔本補。""仍改名令鐸"，《舊五代史考異》："案《宋史·張令鐸傳》云：本名鐸，以與河中張鐸同姓名，故賜今名。"見《宋史》卷二五〇《張令鐸傳》。

［16］鄆州：州名。治所在今山東東平縣。　侍衛馬步軍都指揮使：官名。五代時侍衛親軍最高長官，多由皇帝親信擔任。　侍中：官名。秦始置。隋、唐前期爲門下省長官。唐後期多爲大臣加銜，不參與政務，實際職務由門下侍郎執行。正二品。　李重進：人名。滄州（今河北滄縣舊州鎮）人。五代後周將領。北宋建立後起兵反叛，兵敗身死。傳見《宋史》卷四八四。　淮南：方鎮名。

治所在揚州（今江蘇揚州市）。

[17]向拱：人名。又名向訓，懷州河內（今河南沁陽市）人。五代、宋初將領。避周恭帝諱改名向拱。傳見《宋史》卷二五五。"向拱"，《舊五代史考異》："案：《通鑑》：向拱即向訓也，避恭帝名改焉。"見《通鑑》卷二九四顯德六年七月庚申條。《輯本舊史》之影庫本粘籤："考《宋史・向拱傳》，拱本名訓，周恭帝時避御名改爲拱，今附識于此。"見《宋史》卷二五五《向拱傳》。　河南尹：官名。唐開元元年（713）改洛州爲河南府，治所在今河南洛陽市，由河南府尹總其政務。從三品。

[18]西京：地名。治所在今河南洛陽市。

[19]檢校太師：官名。爲散官或加官，以示恩寵，無實際執掌。

[20]宋州：州名。治所在今河南商丘市睢陽區。　侍衛馬步軍副都指揮使：官名。侍衛馬步軍副都指揮使的副職。"充侍衛馬步軍副都指揮使"，中華書局本有校勘記："'使'字原闕，據殿本、劉本、邵本校補。"　韓通：人名。并州太原（今山西太原市）人。後周將領。傳見《宋史》卷四八四。

[21]侍衛親軍馬步軍副都指揮使：官名。侍衛親軍馬步軍副都指揮使的副職。

[22]駙馬都尉：官名。漢武帝時始置，魏晉以後，公主夫婿多加此稱號。從五品下。　張永德：人名。并州陽曲（今山西陽曲縣）人。五代、宋初大將。頗受宋太祖、宋太宗信用。傳見《宋史》卷二五五。　許州：州名。治所在今河南許昌市。

[23]殿前都點檢：官名。五代後唐始置大內都點檢，凡車駕行幸及出征則置。後周世宗顯德中選驍勇之士充殿前諸班，改稱殿前都點檢。

[24]殿前副都點檢：官名。殿前都點檢的副職。　慕容延釗：人名。太原（今山西太原市）人。五代、北宋將領。傳見《宋史》卷二五一。

[25]殿前都指揮使：官名。五代後周世宗顯德中，選驍勇之士充殿前諸班。都指揮使爲殿前司長官之一，次於殿前都點檢、副都點檢。　江州：州名。治所在今江西九江市。　石守信：人名。開封浚儀（今河南開封）人。五代、宋初將領，傳見《宋史》卷二五〇。

[26]丙寅，制大赦天下：亦見明本《册府》卷九六《帝王部·赦宥門一五》。

[27]舞曰定功之舞：《輯本舊史》之影庫本粘籤："定功，原本作'空力'，今從《五代會要》改正。"見《會要》卷七廟樂條。明本《册府》卷五七〇《掌禮部·作樂門六》略簡。

八月甲戌朔，以光禄卿致仕柴守禮爲太子太保致仕。[1]乙亥，翰林學士兼判太常寺竇儼撰進大行皇帝尊謚曰睿武孝文皇帝，廟號世宗，從之。[2]庚辰，天下兵馬都元帥、守尚書令、兼中書令、吳越國王錢俶加食邑一千户，[3]實封四百户，改賜功臣。天雄軍節度使、檢校太師、守太傅、兼中書令、魏王符彦卿加守太尉；[4]夏州節度使、檢校太師、守太保、兼中書令、西平王李彝興加守太傅；[5]荆南節度使、檢校太師、守中書令、南平王高保融加守太保。[6]壬午，山陵使范質撰進大行皇帝陵名曰慶陵，從之。秦州節度使、西面沿邊都部署、檢校太師、守中書令、褒國公王景進封涼國公，[7]徐州節度使、檢校太師、兼中書令郭從義加開府儀同三司，[8]鄜州節度使、檢校太師、兼中書令、邢國公武行德進封宋國公，[9]永興軍節度使、檢校太師、兼侍中李洪義加開府儀同三司，[10]鳳翔節度使、檢校太尉、兼侍中王彥超加檢校太師，[11]潞州節度使、檢校太傅、兼侍中李筠加檢校太尉，[12]朗州節度使、檢校太尉、兼侍中周行逢加檢校太師。[13]甲申，壽州節度使、檢校太師、同平章事、韓國公楊信封魯國公。[14]邠州節度使、檢校太師劉重進，[15]廬州節度使、檢校太尉趙贊，[16]鄧州節度使、檢校太尉宋延渥，[17]並加開府儀同三司。涇州節度使、檢校太尉白重贊，[18]河中節度使、檢校太尉張鐸，[19]並加階爵。丙戌，易定節度使孫行友、靈州節度使馮繼業、府州節度使折德扆，[20]並自檢校太保加檢校太傅，進階爵。以延州留後、檢校太傅李萬全爲延州節度使，[21]進封開國公。庚寅，皇弟特進、檢校太保、左驍衛上將軍、燕國公、食邑三千戶宗讓加檢校太傅，[22]進封曹王，改名熙讓；熙謹可光祿大夫、檢校太保、右武衛大將軍，[23]封紀王，食邑三千戶；熙誨可金紫光祿大夫、檢校司徒、左領衛大將軍，[24]封蘄王，食邑三千戶。制下，即令所司擇日備禮册命。以晉國長公主張氏爲晉國大長公主。[25]以前陝州節度使、檢校太尉藥元福爲曹州節度使，[26]進階爵。甲午，守司徒、同平章事、弘文館大學士、參知樞密院事范質加開府儀同三司，[27]進封蕭國公；門下侍郎兼禮部尚書、同平章事、監修國史、參知樞密院事王溥加右僕射，[28]進封開國公；樞密使、中書侍郎、同平章事、集賢殿大學士魏仁浦加兼刑部尚書，[29]依前樞密使；檢校太傅、左驍衛上將軍吳廷祚依前樞密使，[30]進封慶國公；以左武衛上將軍史佺爲左金吾上將軍致仕。[31]乙未，以隴州防禦使王全斌爲相州留後。[32]戊戌，宣徽南院使、判開封府事昝居潤，宣徽北院使、判三司張美，[33]並加檢校太傅。己亥，前司空李穀加開府儀同三司、趙國公。[34]以前太傅少卿朱渭爲太僕卿致仕。[35]辛丑，左金吾上將軍致仕史侁卒。壬寅，高麗國遣使朝貢，兼進《別序孝經》一卷、《越王孝經新義》八卷、《皇靈孝經》一卷、《孝經雌圖》三卷。[36]

[1]光禄卿：官名。南朝梁天監七年（508）改光禄勳置，隋唐沿置。掌宮殿門户、帳幕器物、百官朝會膳食等。從三品。　　致仕：古代指高級官員退休。　　柴守禮：人名。邢州堯山（今河北隆堯縣）人。後周太祖郭威皇后柴氏之兄，世宗柴榮生父。後周時官至太傅。傳見《新五代史》卷二〇。　　太子太保：官名。與太子太師、太子太傅統稱太子三師。隋唐以後多作加官或贈官。從一品。

[2]"乙亥"至"從之"：明本《册府》卷三一《帝王部·奉先門四》："八月，上世宗尊謚曰睿武孝文皇帝。"

[3]尚書令：官名。秦始置。隋、唐前期爲尚書省長官，與中書令、侍中並爲宰相。唐後期多爲大臣加銜，不參與政務。正二品。　　中書令：官名。漢代始置，隋、唐前期爲中書省長官，屬宰相之職；唐後期多爲授予元勳大臣的虛銜。正二品。　　錢俶：人名。原名錢弘俶，錢元瓘第九子，五代十國吳越末代君主。傳見本書卷一三三、《新五代史》卷六七。

[4]天雄軍：方鎮名。治所在魏州（今河北大名縣）。　　太傅：官名。三師之一。始設於周代。掌佐天子、理陰陽、經邦弘化。唐後期、五代多爲大臣、勳貴加官。正一品。　　符彦卿：人名。陳州宛丘（今河南淮陽縣）人。五代後周、宋初將領。後周世宗宣懿皇后、宋太宗懿德皇后，皆符彦卿之女。傳見《宋史》卷二五一。太尉：官名。與司徒、司空並爲三公，唐後期、五代多爲大臣、勳

貴加官。正一品。

[5]夏州：州名。治所在今陝西靖邊縣。　太保：官名。與太師、太傅合稱三師，唐後期、五代多爲大臣、勳貴加官。正一品。

李彝興：人名。本名彝殷，党項族。夏州（今陝西靖邊縣）人。五代、宋初軍閥。傳見本書卷一三二、《宋史》卷四八五。

[6]荆南：又稱南平。五代十國之一。後梁開平元年（907）朱温命高季興爲荆南節度使，梁末帝時封季興爲渤海王。同光二年（924）受後唐封爲南平王。　高保融：人名。陝州硤石（今河南三門峽市陝州區硤石鄉）人。五代南平國王高從誨子，後漢乾祐元年（948）繼父位。傳見本書卷一三三《世襲列傳》、《新五代史》卷六九《南平世家》。

[7]秦州：州名。治所在今甘肅天水市。　西面沿邊都部署：官名。凡行軍征討，總管西面沿邊戰爭事務。　王景：人名。萊州掖（今山東萊州市）人。五代、宋初將領。傳見《宋史》卷二五二。

[8]徐州：州名。治所在今江蘇徐州市。　郭從義：人名。沙陀部人。五代、宋初大臣。傳見《宋史》卷二五二。　開府儀同三司：官名。魏晉始置，隋唐時爲散官之最高官階。多授功勳重臣。從一品。

[9]鄜州：州名。治所在今陝西富縣。　武行德：人名。并州榆次（今山西晉中市榆次區）人。五代、宋初將領。傳見《宋史》卷二五二。

[10]永興軍：方鎮名。治所在京兆府（今陝西西安市）。　李洪義：人名。原名李洪威，李洪信之弟。初，授護聖左廂都校、領岳州防禦使，遷侍衛馬軍都指揮使、領武信軍節度使。郭威起兵，以河橋降。避周太祖諱，改名洪義。宋初，加兼中書令，移鄜州。卒，贈太師。傳見《宋史》卷二五二。

[11]鳳翔：方鎮名。治所在鳳翔府（今陝西鳳翔縣）。　王彦超：人名。大名臨清（今河北臨西縣）人。五代、宋初將領。傳見

《宋史》卷二五五。"王彦超"，中華書局本沿《輯本舊史》作"郭崇"，並有校勘記："本書卷一一九《周世宗紀六》：'（顯德六年）永興軍節度使王彦超移鎮鳳翔。'《宋史》卷二五五《王彦超傳》作：'宋初，加兼中書令，代還'，時鎮鳳翔者係王彦超。《宋史》卷二五五《郭崇傳》未記其嘗歷鳳翔。朱玉龍《方鎮表》：《舊史》'郭崇'云云，或以制詞割裂脱漏而誤。"但未改。《輯本舊史》卷一一九顯德六年（959）六月丁亥條載"永興軍節度使王彦超移鎮鳳翔"。《宋史》卷二五五《王彦超傳》亦載"六年夏，移鎮鳳翔"。今據改。

［12］潞州：州名。治所在今山西長治市。　李筠：人名。并州太原（今山西太原市）人。五代、宋初將領。傳見《宋史》卷四八四。

［13］朗州：州名。治所在今湖南常德市。《輯本舊史》之影庫本粘籤："'朗州'，原本作'狼州'，今從《十國春秋》改正。"見《十國春秋》卷七〇《楚書·周行逢傳》。但《十國春秋》爲清人吳任臣所作。朗州五代多見，狼州未見。《輯本舊史》卷一一六《周世宗紀三》顯德三年七月辛卯條載："以周行逢爲朗州大都督，充武平軍節度使。"爲更有力之證據。　周行逢：人名。朗州武陵（今湖南常德市武陵區）人。五代藩鎮軍閥。傳見《新五代史》卷六六。

［14］壽州：州名。治所在今安徽壽縣。　楊信：人名。即楊承信。沙陀部人。五代將領楊光遠第三子。五代後晋至宋朝官員。傳見《宋史》卷二五二。

［15］邠州：州名。治所在今陝西彬縣。　劉重進：人名。本名晏僧。幽州人（今北京市）。五代、宋初將領。傳見《宋史》卷二六一。

［16］廬州：州名。治所在今安徽合肥市。　趙贊：人名。幽州薊（今北京市）人。五代後唐、遼朝將領趙延壽之子。五代後唐至宋初將領。傳見《宋史》卷二五四。

[17]鄧州：州名。治所在今河南鄧州市。　宋延渥：人名。洛陽（今河南洛陽市）人。五代、宋初將領，後漢高祖劉知遠婿。入宋後改名偓。傳見《宋史》卷二五五《宋偓傳》。

[18]涇州：州名。治所在今甘肅涇川縣。　白重贊：人名。沙陀族，憲州樓煩（今山西婁煩縣）人。五代、宋初將領。傳見《宋史》卷二六一。

[19]河中：府名。治所在今山西永濟市蒲州鎮。

[20]易定：即易州與定州。易州，治所在今河北易縣。定州，治所在今河北定州市。　孫行友：人名。鄭州清苑（今河北保定市）人。孫方諫之弟。五代、宋初將領。傳見《宋史》卷二五三。“孫行友”，《輯本舊史》之影庫本粘籤：“行友，原本作‘行支’今從《宋史》改正。”見《宋史》卷二五三《孫行友傳》。　靈州：州名。治所在今寧夏吳忠市。　馮繼業：人名。大名（今河北大名縣）人。馮暉之子。五代、宋初將領。傳見《宋史》卷二五三。　府州：州名。治所在今陝西府谷縣。　折德扆：人名。党項族。五代、宋初將領。折從阮之子。傳見《宋史》卷二五三。

[21]延州：州名。治所在今陝西延安市。　李萬全：人名。吐谷渾部人。五代、宋初將領，傳見《宋史》卷二六一。

[22]左驍衛上將軍：官名。唐代置十六衛，左驍衛爲其一，掌宮禁宿衛。從二品。　“左驍衛上將軍”，中華書局本有校勘記：“‘驍’，原作‘饒’，據殿本、劉本、邵本改。”　宗讓：人名。即柴宗讓。後改名爲熙讓。後周世宗子。傳見本書卷一二二《周宗室列傳》、《新五代史》卷二〇《周世宗家人傳八》。

[23]熙謹：即柴熙謹。周世宗柴榮子，北宋乾德二年（964）卒。傳見本書卷一二二《周宗室列傳》。　光禄大夫：官名。唐五代文散官。從二品。　右武衛大將軍：官名。唐置，掌宮禁宿衛。唐十六衛之一。正三品。

[24]熙誨：即柴熙誨。周世宗柴榮子，北宋乾德二年卒。傳見本書卷一二二《周宗室列傳》。“熙誨”，中華書局本有校勘記：

"'熙誨'上原有'皇弟'二字,按殿本、邵本、《通鑑》卷二九四、《新五代史》卷一二《周本紀》及本卷上下文删。影庫本粘籤:"'熙誨'二字原本疑衍'皇弟'二字,今無別本可校,姑仍其舊。"《新五代史》卷二〇《周世宗家人傳八》世宗七子條明言熙誨爲世宗第七子。　金紫光禄大夫:官名。本兩漢光禄大夫。魏晋以後,光禄大夫之位重者,加金章紫綬,因稱金紫光禄大夫。北周、隋爲散官。唐貞觀後列入文散官。正三品。　左領衛大將軍:官名。即"左領軍衛大將軍"。唐置,掌宮禁宿衛。唐代十六衛之一,正三品。

[25]張氏:人名。郭威第四女壽安公主。後降張永德,廣順元年(951)四月封,至顯德元年(954),封晋國長公主。事見本書卷一一四。

[26]藥元福:人名。晋陽(今山西太原市)人。五代後唐至宋初將領。傳見《宋史》卷二五四。

[27]弘文館大學士:官名。宋敏求《春明退朝録》:"唐制,宰相四人,首相爲太清宮使,次三相皆帶館職,洪正字犯宣祖廟諱。文館大學士、監修國史、集賢殿大學士,以此爲次序。"

[28]門下侍郎:官名。門下省次官,常加"同中書門下平章事"銜爲宰相。正二品。　禮部尚書:官名。尚書省禮部長官。掌禮儀、祭享、貢舉之政。正三品。　監修國史:官名。北齊始置於史館,以宰相爲之。唐宋史館沿置,爲宰相兼職。唐制,宰相四人中,首相兼太清宮使,次三相依次兼弘文館大學士、監修國史、集賢殿大學士。　王溥:人名。并州祁(今山西祁縣)人。後周、宋初宰相。傳見《宋史》卷二四九。　右僕射:官名。唐後期多爲大臣加銜。從二品。

[29]樞密使:官名。樞密院長官。唐代宗時始以宦官掌機密,至昭宗時借朱温之力盡誅宦官,始改以士人任樞密使。備顧問,參謀議,出納詔奏,權侔宰相。參見李全德《唐宋變革期樞密院研究》,國家圖書館出版社2009年版。　中書侍郎:官名。中書省副

長官。唐後期三省長官漸爲榮銜，中書侍郎、門下侍郎却因參議朝政而職位漸重，常常用爲以“同三品”或“同平章事”任宰相者的本官。正三品。　集賢殿大學士：官名。唐中葉置，位在學士之上，以宰相兼。掌修書之事。　魏仁浦：人名。後周、宋初宰相。衛州汲（今河南衛輝市）人。傳見《宋史》卷二四九。　刑部尚書：官名。尚書省刑部長官。掌天下刑法及徒隸、勾覆、關禁之政令。正三品。

[30]吳廷祚：并州太原（今山西太原市）人。後周、宋初將領。傳見《宋史》卷二五七。　左驍衛上將軍：中華書局本有校勘記：“‘左’，原作‘右’，據本書卷一一九《周世宗紀六》、《宋史》卷二五七《吳廷祚傳》改。”見本書上卷顯德六年六月戊寅條。

[31]左武衛上將軍：官名。唐置，掌宮禁宿衛。唐代置十六衛之一，從二品。　史佺：人名。籍貫不詳。五代將領。事見本書本卷。　左金吾上將軍：官名。唐置十六衛之一。掌宮禁宿衛。從二品。

[32]隴州：州名。治所在今陝西隴縣。　王全斌：人名。并州太原（今山西太原市）人。五代、北宋將領。傳見《宋史》卷二五五。　相州：州名。治所在今河南安陽市。

[33]宣徽北院使：官名。唐始置。宣徽北院長官。初用宦官，五代以後改用士人。與宣徽南院使通掌內諸司及三班內侍之名籍，郊祀、朝會、宴享供帳之儀，檢視內外進奉名物。參見王永平《論唐代宣徽使》，《中國史研究》1995年第1期；王孫盈政《再論唐代的宣徽使》，《中華文史論叢》2018年第3期。　判三司：官名。通掌鹽鐵、度支、户部三個部門事務。爲三司使之起始。　張美：人名。貝州清河（今河北清河縣）人。五代、宋初大臣。傳見《宋史》卷二五九。

[34]司空：官名。與太尉、司徒並爲三公，唐後期、五代多爲大臣、勳貴加官。正一品。　李穀：人名。潁州汝陰（今安徽阜陽市）。五代後周宰相。傳見《宋史》卷二六二。

[35]太傅少卿：官名。應爲“太僕少卿”。北魏始置。太僕卿副貳，太僕寺次官。佐太僕卿掌車馬及牲畜之政令。從四品上。中華書局本有校勘記：“‘傅’，疑爲‘僕’字之訛。”　朱渭：人名。籍貫、事跡不詳。本書僅此一見。　太僕卿：官名。漢代始置，太僕寺長官，掌御用車馬及國家畜牧事宜。從三品。

[36]“壬寅”至“《孝經雌圖》三卷”：“《越王孝經新義》八卷”，中華書局本有校勘記：“‘八卷’，原作‘一卷’，據殿本、孔本、《五代會要》卷三〇、《册府》卷九七二、《新五代史》卷七四《四夷附録》改。’”見《會要》卷三〇高麗條、《宋本册府》卷九七二《外臣部·朝貢門》。《舊五代史考異》：“案：《文昌雜録》云：《别序》者，記孔子所生及弟子從學之事。《新義》者，以越王爲問目，釋疏文之義。《皇靈》者，止説延年避災之事及符文，乃道書也。《雌圖》者，止説日之環暈，星之彗孛，亦非奇書。又《孝經雌圖》三卷，《歐陽史》作一卷。”見《新五代史》卷一二《周恭帝紀》。《輯本舊史》之影庫本粘籤：“考《文昌雜録》云：《别敘孝經》者，紀孔子生卒之年月；《越王孝經新義》者，以越王爲問答；《皇靈孝經》言五德之運；《孝經雌圖》兼及壬遁之術。皆無當於經義，謹附識于此。”

　　九月壬子，前滄州留後李彦頵卒。[1]乙卯，高麗國王王昭加檢校太師，[2]食邑三千户。丙辰，以三司副使王贊爲内客省使兼北面諸州水陸轉運使。[3]癸亥，前開封縣令路延規除名，[4]流沙門島。[5]先是，延規有過停任，有司召延規宣勅，延規拒命，[6]爲憲司所按，故有是命。甲子，以端明殿學士、禮部侍郎竇儀爲兵部侍郎充職；[7]以尚書户部員外郎、直樞密院杜韡爲司門郎中，[8]充樞密直學士，[9]賜紫；[10]以翰林學士、尚書度支員外郎王著爲金部郎中、知制誥充職，^[11]仍賜金紫。是日，翰林學士、尚書屯田郎中、知制誥李昉，^[12]都官郎中、知制誥扈蒙，^[13]水部郎中、知制誥趙逢，^[14]並加柱國，賜金紫。乙丑，兵部尚書張昭進封舒國公，^[15]户部尚書李濤進封莒國公。以太子詹事劉温叟爲工部侍郎，^[16]判國子祭酒事。^[17]是月，京師及諸州郡霖雨踰旬，^[18]所在水潦爲患，川渠泛溢。

[1]李彦頵：人名。太原（今山西太原市）人。後周官員。傳見本書卷一二九。

[2]高麗國王：中華書局本沿《輯本舊史》作“高麗王”，《輯本舊史》上卷《世宗紀六》顯德六年（959）正月壬子條載“高麗國王王昭遣使貢方物”。明本《册府》卷九六五《外臣部·封册門三》作“高麗國國王”，今據補。　王昭：人名。高麗王朝第四任君主。高麗太祖王建第四子、惠宗王武弟。乾祐二年（949）受禪即位，廣順三年（953）被後周册封爲高麗國王。死後廟號光宗。參見〔朝〕鄭麟趾等撰《高麗史》卷二，西南師範大學出版社2014年版。

[3]三司副使：官名。三司副長官。五代後唐明宗天成元年（926）將晚唐以來的户部、度支、鹽鐵三部合爲一職，設三司使統之。　王贊：人名。澶州觀城（今河南清豐縣）人。後周至宋初將領。傳見《宋史》卷二七四。　内客省使：官名。中書省内客省長官。　北面諸州水陸轉運使：官名。掌北面諸州水陸轉運賦税諸事。爲差遣職事。

[4]開封縣：縣名。治所在今河南開封市祥符區。　路延規：人名。籍貫、事跡不詳。本書僅此一見。“路延規”，中華書局本有校勘記：“《册府》卷七〇七作‘駱延規’”。見《宋本册府》卷七〇七《令長部·黜責門》。

[5]沙門島：地名。在今山東長島縣西北廟島，一説大黑山島。

[6]延規拒命：中華書局本有校勘記："'延規'二字原闕，據殿本、孔本、《册府》卷七〇七補。"

[7]端明殿學士：官名。後唐明宗始置，以翰林學士充任，負責誦讀四方書奏。　禮部侍郎：官名。尚書省禮部次官。協助禮部尚書掌禮儀、祭享、貢舉之政。正四品下。　竇儀：人名。薊州漁陽（今天津市薊州區）人。五代、宋初大臣。傳見《宋史》卷二六三。　兵部侍郎：官名。尚書省兵部次官。協助兵部尚書掌武官銓選、勳階、考課之政。正四品下。

[8]尚書户部員外郎：官名。協助户部郎中處理户部事務。正六品。　直樞密院：官名。五代後唐置，莊宗同光二年（924）將崇政院復舊爲樞密院，以宰臣兼樞密使，置直樞密院一人，主持日常事務。　杜韡（wěi）：人名。籍貫不詳。五代、宋初官員。本書僅此一見。"杜韡"，中華書局本有校勘記："'杜韡'，原作'杜華'，據孔本改。按《長編》卷三：'樞密直學士、司門郎中安平杜韡，美風儀，工尺牘。仕周世宗，居近職。'《全唐文補編》卷一〇五《大周推誠翊戴功臣金紫光禄大夫檢校司徒使持節衛州諸軍事衛州刺史兼御史大夫上柱國太原縣開國男食邑三百户郭公屏盗碑》署'朝請大夫行右補闕柱國杜韡奉敕撰'，疑即其人。"　司門郎中：官名。唐武德三年（620）改司門郎而置，爲尚書省刑部司門司長官。掌司事。正五品上。

[9]樞密直學士：官名。五代後唐莊宗同光元年，改直崇政院置，選有政術、文學者充任。備顧問應對。

[10]賜紫：皇帝頒賜紫色官服。唐代官員三品以上服紫。特殊情況下，京官散階未及三品者可以賜紫，以示尊寵。

[11]尚書度支員外郎：官名。"尚書省户部度支司員外郎"的簡稱。爲郎中的副職，協助負責度支司事務。從六品上。　王著：人名。單州單父（今山東單縣）人。後周至宋初官員。傳見《宋史》卷二六九。　金部郎中：官名。掌天下庫藏財帛出納之事，頒

其節制，司其簿領。從五品上。　知制誥：官名。掌起草皇帝的詔、誥之事，原爲中書舍人之職。唐開元末置學士院，翰林學士入院一年，則加知制誥銜，專掌任免宰相、册立太子、宣布征伐等特殊詔令，稱爲内制。而中書舍人所撰擬的詔敕稱爲外制。兩種官員總稱兩制官。

[12]尚書屯田郎中：官名。掌全國屯田及京城文武職田、諸司公廨田等。從五品上。　李昉：人名。深州饒陽（今河北饒陽縣）人。五代、宋初大臣，歷仕後晉至宋。傳見《宋史》卷二六五。

[13]都官郎中：官名。尚書省刑部都官司長官。掌徒刑流放配隸等事。從五品上。　扈蒙：人名。幽州安次（今河北廊坊市安次區）人。後晉進士。後晉至宋初官員。傳見《宋史》卷二六九。

[14]水部郎中：官名。尚書省屬官。位在侍郎之下、員外郎之上。掌天下川瀆陂池之政令，以導達溝洫、堰決河渠。凡舟楫溉灌之利，咸總而舉之。從五品上。　趙逢：人名。嬀州懷戎（今河北懷來縣）人。後漢、宋初官員。傳見《宋史》卷二七〇。

[15]封舒國公：中華書局本有校勘記：“‘封’字原闕，據殿本、劉本、孔本校、邵本校、彭校補。”

[16]太子詹事：官名。掌領太子之詹事府，爲太子官屬之長。正三品。　劉溫叟：人名。洛陽（今河南洛陽市）人。五代後唐至宋初官員。傳見《宋史》卷二六二。　工部侍郎：官名。尚書省工部次官。協助尚書掌管百工、山澤、水土之政令，考其功以昭賞罰，總所統各司之事。正四品下。

[17]國子祭酒：官名。古代國子學或太學長官。晉武帝司馬炎始置。掌邦國儒學訓導之政令，領太學、國子學及國子監所屬各學。從三品。

[18]京師：即後周都城開封（今河南開封市）。

冬十月癸酉朔，以司農卿致仕李鍇爲太僕卿致仕，^[1]太常少卿致仕姚遂爲將作監致仕。^[2]丁亥，太子太師薛懷讓封杞國公。^[3]壬辰，翰林學士、判太常寺事竇儼撰進貞惠皇后廟歌辭。^[4]丁酉，世宗皇帝靈駕發引。戊戌，以前相州留後王暉爲右神武統軍。^[5]辛丑，江南國主李景來告，^[6]世子弘冀卒，^[7]遣御厨使張延範充弔祭使。^[8]

[1]司農卿：官名。司農寺長官。掌國家之農耕、倉儲以及宮廷百官供應。從三品。　李鍇：人名。籍貫不詳。五代後晋至後周官員。事見本書卷八四。

[2]太常少卿：官名。太常寺次官。佐太常卿掌宗廟、祭祀、禮樂及教育等。正四品上。　姚遂：人名。籍貫不詳。本書僅此一見。　將作監：官名。秦代設將作少府，唐代改將作監，其長官即爲將作監。掌宮廷器物置辦及宮室修建事宜。從三品。

[3]太子太師：官名。與太子太傅、太子太保統稱太子三師。隋唐以後多作加官或贈官。從一品。　薛懷讓：人名。祖先爲戎人，徙居太原（今山西太原市）。五代、宋初將領。傳見《宋史》卷二五四。

[4]貞惠皇后：即後周世宗貞惠皇后劉氏。籍貫不詳。後漢乾祐三年（950）被隱帝誅殺。郭威即位後追册彭城郡夫人。傳見本書卷一二一《周后妃列傳》、《新五代史》卷二〇《周世宗家人傳》。“貞惠”，《輯本舊史》之影庫本粘籤：“貞惠，原本作‘德惠’，今從《歐陽史》改正。”見《新五代史》卷一二《周本紀》。

[5]王暉：人名。太原（今山西太原市）人。性吝嗇，家資頗富，縱部曲貪求財物，百姓備受其苦。後周世宗以爲先朝功臣之後代，知而不問，爲右神武統軍。建隆四年（963），以右領軍衛上將軍。傳見《宋史》卷二六一。　右神武統軍：官名。唐代右神武軍統兵官。唐置六軍，分左右羽林，左右龍武，左右神武等，即“北

衙六軍"。興元元年（784），六軍各置統軍，以寵功勳臣。其品秩，《唐會要》卷七一、《舊唐書》卷一二記載爲"從二品"，《通鑑》卷二二九記載爲"從三品"。

[6]李景：人名。初名景通，後改名璟，又避後周諱改爲景，五代南唐國主李昇長子。942年李昇去世後，繼位稱帝。後期在後周世宗進攻下，盡失江北十四州，被迫削帝號，稱臣於後周，晚年又遷都於南昌。傳見本書卷一三四、《新五代史》卷六二。

[7]弘冀：人名。即李弘冀。李景長子。五代南唐將領。南唐中興元年（958）立爲太子。謚號文獻，有《文獻太子詩集》。事見《十國春秋》卷一九。

[8]御厨使：官名。唐始置，以宦官充任，掌皇帝膳食之事。
張延範：人名。籍貫不詳。南唐大臣。事見《十國春秋》卷一六。　弔祭使：使職名。唐玄宗時始置。弔祭周邊少數族政權首領及封疆大吏亡故之使臣，

　　十一月壬寅朔，葬世宗皇帝於慶陵，以貞惠皇后劉氏祔焉。戊申，西京奏，太子太師致仕白文珂卒。[1]丙辰，日南至，百僚奉表稱賀。戊午，廢兗州廣利軍，依舊爲萊蕪監。[2]壬戌，升鳳州固鎮爲雄勝軍。[3]丙寅，左羽林統軍馬希崇。[4]

[1]慶陵：陵墓名。位於今河南新鄭市。　白文珂：人名。太原（今山西太原市）人。王章岳父，後漢隱帝時宰相。傳見本書卷一二四。

[2]兗州：州名。治所在今山東濟寧市兗州區。　廣利軍：方鎮名。治所在兗州（今山東濟寧市兗州區）。宋初廢。　萊蕪監：官署名。後周置。主鐵冶。治今山東萊蕪市。

[3]鳳州：州名。治所在今陝西鳳縣。　固鎮：地名。位於今

甘肅徽縣。　雄勝軍：方鎮名。治所在固鎮（今甘肅徽縣）。

　　[4]左羽林統軍：官名。唐代左羽林軍統兵官。唐置六軍，分左右羽林，左右龍武，左右神武等，即"北衙六軍"。興元元年（784），六軍各置統軍，以寵功勳臣。其品秩，《唐會要》卷七一、《舊唐書》卷一二記載爲"從二品"，《通鑑》卷二二九記載爲"從三品"。　馬希崇：人名。五代十國南楚君主，南楚武穆王馬殷之子。因馬希萼不恤政事，爲衆將擁立取而代之，後以國政紊亂降於南唐。事見《新五代史》卷六六。"左羽林統軍馬希崇"，《輯本舊史》之案語："原本有脱誤。"查諸書，該年未見有馬希崇記事。又，《宋本册府》卷九七二《外臣部·朝貢門五》該月載"高麗復遣使貢銅五萬斤，紫、白水精各二千顆"。

　　十二月壬申朔，史館奏，請差官修撰世宗實録，從之。甲戌，改萬歲殿爲紫宸殿。[1]甲午，西京奏，左屯衛上將軍致仕李葦卒。[2]乙未，大霖，晝昏，凡四日而止，分命使臣賑給諸州遭水人户。

　　[1]萬歲殿：後梁、後漢、後周東京開封城内宮殿。　甲戌，改萬歲殿爲紫宸殿：亦見明本《册府》卷一四《帝王部·都邑門二》。
　　[2]左屯衛上將軍：官名。唐置，掌宮禁宿衛。唐代十六衛之一，從二品。左屯衛，隋置。唐龍朔二年（662）改名爲左威衛。五代後周廣順二年（952）復名左屯衛。宋代存其名而無職司。李葦：人名。籍貫不詳。後周將領。傳見本書附録。

　　顯德七年春正月辛丑朔，文武百僚進名奉賀。鎮、定二州馳奏，[1]契丹入寇，河東賊軍自土門東下，[2]與蕃寇合勢，詔今上率兵北征。癸卯，發京師，是夕宿於陳橋驛。[3]未曙，軍變，將士大譟呼萬歲，擐甲將刃，推戴今上升大位，扶策升馬，擁迫南行。是日，詔曰：“天生蒸民，樹之司牧，二帝推公而禪位，三王乘時以革命，其極一也。予末小子，遭家不造，人心已去，國命有歸。咨爾歸德軍節度使、殿前都點檢趙，[4]稟上聖之姿，有神武之略，佐我高祖，[5]格于皇天，逮事世宗，功存納麓，東征西怨，厥績懋焉。天地鬼神，享於有德，謳謠獄訟，附于至仁，應天順民，法堯禪舜，如釋重負，予其作賓，嗚呼欽哉，祗畏天命。”今上於是詣崇元殿受命，百官朝賀而退。[6]制封周帝爲鄭王，[7]以奉周祀，正朔服色一如舊制，奉皇太后爲周太后。[8]皇朝開寶六年春，[9]崩于房陵。[10]今上聞之震慟，發哀成服於便殿，百僚進名奉慰。尋遣中使監護其喪。[11]以其年十月，歸葬于世宗慶陵之側。詔有司定謚曰恭皇帝，陵曰順陵。[12]《永樂大典》卷八千九百八十九。[13]

　　[1]鎮：州名。治所在今河北正定縣。　定：州名。治所在今河北定州市。

　　[2]河東：此處代指北漢。　土門：關隘名。即井陘關。位於今河北井陘縣北井陘山上。

　　[3]陳橋驛：地名。位於今河南封丘縣東南部。

　　[4]歸德軍：方鎮名。治所在宋州（今河南商丘市睢陽區）。本後梁宣武軍，後唐改名歸德軍。　殿前都點檢趙：《輯本舊史》之案語：“原空二字。”中華書局本有校勘記：“‘殿’字原闕，據劉本、《東都事略》卷一補。”

　　[5]高祖：此處指後周太祖郭威。

　　[6]崇元殿：殿名。五代後梁開平元年（907）改汴京正殿爲

崇元殿。位於今河南開封市。　　“鎮、定二州馳奏”至“百官朝賀而退”：《宋史》卷一《太祖紀一》：“（顯德）七年春，北漢結契丹入寇，命出師禦之。次陳橋驛，軍中知星者苗訓引門吏楚昭輔視日下復有一日，黑光摩盪者久之。夜五鼓，軍士集驛門，宣言策點檢爲天子。或止之，衆不聽。遲明，逼寢所，太宗入白，太祖起。諸校露刃列於庭，曰：‘諸軍無主，願策太尉爲天子。’未及對，有以黄衣加太祖身，衆皆羅拜，呼萬歲，即掖太祖乘馬。太祖攬轡謂諸將曰：‘我有號令，爾能從乎？’皆下馬曰：‘唯命。’太祖曰：‘太后、主上，吾皆北面事之，汝輩不得驚犯；大臣皆我比肩，不得侵凌；朝廷府庫、士庶之家，不得侵掠。用令有重賞，違即孥戮汝。’諸將皆載拜，肅隊以入。副都指揮使韓通謀禦之，王彦昇遽殺通於其第。太祖進登明德門，令甲士歸營，乃退居公署。有頃，諸將擁宰相范質等至，太祖見之，嗚咽流涕曰：“違負天地，今至於此！”質等未及對，列校羅彦瓌按劍厲聲謂質等曰：‘我輩無主，今日須得天子。’質等相顧，計無從出，乃降階列拜。召文武百僚，至晡，班定，翰林承旨陶穀出周恭帝禪位制書于袖中，宣徽使引太祖就庭，北面拜受已，乃掖太祖升崇元殿，服衮冕，即皇帝位。”

[7]制封周帝爲鄭王：《舊五代史考異》：“案《續通鑑長編》云：建隆三年，周鄭王出居房州。”《輯本舊史》孔本之案語云：“新、舊《錄》並稱鄭王以建隆三年出居房州。王皥《唐餘録》乃云，鄭王以開寶三年自西宫出居房州，恐誤。”出居房州事，亦見《宋史》卷一《太祖紀一》建隆三年（962）條。

[8]周太后：周世宗宣懿皇后符氏之妹，符彦卿之女。宋初遷西宫，號周太后。傳見《新五代史》卷二〇《周世宗家人傳》。

[9]開寶：宋太祖趙匡胤年號（968—976）。

[10]房陵：即房州。治所在今湖北房縣。

[11]中使：泛指朝廷派出的使臣。多由宦官擔任。　　尋遣中使監護其喪：《舊五代史考異》：“案《續通鑑長編》云：開寶六年三月乙卯，房州上言，周鄭王殂，上素服發哀，輟視朝十日。”亦見

《宋史》卷三《太祖紀三》開寶六年（973）三月乙卯條。

[12]陵曰順陵：《舊五代史考異》："案《續通鑑長編》云：仁宗嘉祐四年，詔有司取柴氏譜系，於諸房中推最長一人，令歲時奉周祀。"見《長編》卷一八九。中華書局本對《舊五代史考異》所引《長編》誤"奉周祀"爲"奉周紀"有校勘記。

[13]《大典》卷八九八九"周"字韻"恭帝"事目。

史臣曰：夫四序之氣，寒往則暑來；五行之數，金銷則火盛。故堯舜之揖讓，漢魏之傳禪，皆知其數而順乎人也。況恭帝當紈綺之沖年，會笙鏞之變響，聽謳歌之所屬，知命曆之有在，能遜其位，不亦善乎。終諡爲恭，固其宜矣。《永樂大典》卷八千九百八十九。[1]

[1]《大典》卷八九八九"周"字韻"恭帝"事目。

舊五代史　卷一二一

周書十二

后妃列傳第一

聖穆柴皇后

　　太祖聖穆皇后柴氏，邢州龍崗人，[1]世家豪右。太祖微時，在洛陽，聞后賢淑，遂聘之。[2]太祖壯年，喜飲博，[3]好任俠，不拘細行，后規其太過，每有内助之力焉。世宗皇帝即后之姪也，幼而謹愿，后甚憐之，故太祖養之爲己子。[4]太祖嘗寝，后見五色小蛇入顙鼻間，心異之，知其必貴，敬奉愈厚。[5]未及貴而厭代。[6]

　　[1]太祖：即郭威。邢州堯山（今河北隆堯縣）人。五代後周建立者。紀見本書卷一一○至卷一一三、《新五代史》卷一一。邢州：州名。治所在今河北邢臺市。　龍崗：縣名。一作“龍岡”。治所在今河北邢臺市。《舊五代史考異》：“案：《龍川别志》作魏成安人。”見《龍川别志》卷上。《新五代史》卷一九《皇后柴氏

傳》：“聖穆皇后柴氏，邢州堯山人也。”成安約對應今河北成安縣，堯山約對應今河北隆堯縣，兩地相距不遠。《五代會要》卷一帝號條、《輯本舊史》卷一一四《周世宗紀一》均載世宗生於邢州之別墅，似邢州爲是。

[2]洛陽：地名。即今河南洛陽市。　“太祖微時”至“遂聘之”：《輯本舊史》之案語：“《東都事略·張永德傳》云：周太祖柴后，本唐莊宗之嬪御也。莊宗没，明宗遣歸其家，行至河上，父母迓之，會大風雨，止於逆旅數日。有一丈夫走過其門，衣弊不能自庇，后見之，驚曰：‘此何人邪？’逆旅主人曰：‘此馬步軍使郭雀兒者也。’后異其人，欲嫁之，請於父母。父母恚曰：‘汝帝左右人，歸當嫁節度使，奈何欲嫁此人？’后曰：‘此貴人也，不可失也。囊中裝分半與父母，我取其半。’父母知不可奪，遂成婚於逆旅中。所謂郭雀兒，即周太祖也。此事《薛史》不載，蓋當時爲之諱言。”見《東都事略》卷二一。《宋史》卷二五五《張永德傳》：“初，魏人柴翁以經義教里中，有女，後唐莊宗時備掖庭，明宗入洛，遣出宮。柴翁夫妻往迎之，至鴻溝，遇雨甚，踰旬不能前。女悉取裝具，計直千萬，分其半以與父母，令歸魏，曰：‘兒見溝旁郵舍隊長，項黶黑爲雀形者，極貴人也，願事之。’問之，乃周祖也。父母大愧，然終不能奪。他日，語周祖曰：‘君貴不可言，妾有緡錢五百萬資君，時不可失。’周祖因其資，得爲軍司。”《新五代史》卷一九《皇后柴氏傳》：“與太祖同里，遂以歸焉。”

[3]飲博：飲酒賭博。

[4]世宗皇帝：即柴榮。邢州龍岡（今河北邢臺市）人。後周太祖郭威養子，顯德元年（954）繼郭威爲帝，廟號世宗。紀見本書卷一一四至卷一一九、《新五代史》卷一二。　“世宗皇帝即后之姪也”至“故太祖養之爲己子”：《新五代史》卷一二《周世宗本紀》：“柴氏女適太祖，是爲聖穆皇后。后兄守禮子榮，幼從姑長太祖家，以謹厚見愛，太祖遂以爲子。”《通鑑》卷二八九乾祐三年（950）四月壬辰條《考異》：“《世宗實錄》曰：太祖皇帝之長

子也，母曰聖穆皇后柴氏……今舉世皆知世宗爲柴氏子，謂之柴世宗，而《世宗實錄》云太祖長子，誣亦甚矣。”

[5]“太祖嘗寢”至“敬奉愈厚”：《輯本舊史》卷一一〇《周太祖紀一》：“初，聖穆皇后嬪于帝，帝方匱乏，而后多資從。帝常晝寢，有小虵五色，出入顧鼻之間，后遂見愕然。”

[6]厭代：帝后逝世。

太祖即位，乃下制曰：“義之深無先於作配，禮之重莫大於追崇。朕當宁載思，[1]撫存懷舊。河洲令德，猶傳《荇菜》之詩；嬀汭大名，[2]不及珩璜之貴。俾盛副笄之禮，以伸求劍之情。故夫人柴氏，代籍貽芳，湘靈集慶。[3]體柔儀而陳闕翟，芬若椒蘭；持貞操以選中瑠，譽光圖史。懿範尚留於閨閫，昌言有助於箴規。深唯望氣之艱，彌歎藏舟之速，將開寶祚，俄謝璧臺。[4]宜正號於軒宮，[5]俾潛耀於坤象，可追命爲皇后。仍令所司定謚，備禮册命。”[6]既而有司上謚曰聖穆。顯德初，[7]太祖神主入廟，以后祔于其室。《永樂大典》卷八千九百八十九。[8]

[1]朕當宁（zhù）載思：中華書局本有校勘記：“‘思’，原作‘恩’，據殿本、劉本、孔本改。”

[2]嬀汭：嬀水隈曲之處。傳說舜居於此，堯將兩個女兒嫁給他。此處代稱娥皇與女英。

[3]湘靈：湘水之神。

[4]深唯望氣之艱：《輯本舊史》之影庫本粘籤：“望氣，原本作‘望器’，今詳其文義，當是用漢武帝望氣河間事，‘器’字係傳寫之訛，今改正。”《漢書》卷九七上《孝武鉤弋趙倢伃傳》：

"孝武鉤弋趙倢伃，昭帝母也，家在河間。武帝巡狩過河間，望氣者言此有奇女，天子亟使使召之。" 俄謝璧臺：中華書局本有校勘記："'璧'，原作'壁'，據殿本、劉本改。"

[5]軒宮：帝王宮室。

[6]"可追命爲皇后"至"備禮册命"：《輯本舊史》卷一一一《周太祖紀二》廣順元年（951）八月戊午條："故夫人柴氏追立爲皇后，仍令所司定謚，備禮册命。"

[7]顯德：五代後周太祖郭威年號（954）。世宗柴榮、恭帝柴宗訓沿用（954—960）。

[8]《大典》卷八九八九"周"字韻"周家人傳"事目。

楊淑妃

淑妃楊氏，鎮州真定人。[1]父弘裕，真定少尹。[2]當河朔全盛之時，[3]所屬封疆，制之於守帥，故詔顔美媛，皆被選於王宮。妃幼以良家子中選，事趙王王鎔。[4]張文禮之亂，[5]妃流離於外。唐明宗在藩，[6]録其遺逸。安重誨保庇妃家，[7]致其仕進，父母即以妃嫁于鄉人石光輔，[8]不數年孀居。太祖佐漢之初，屬聖穆皇后棄世，聞妃之賢，遂以禮聘之。[9]

[1]鎮州：州名。治所在今河北正定縣。 真定：縣名。治所在今河北正定縣。

[2]弘裕：人名。即楊弘裕。鎮州真定（今河北正定縣）人。淑妃楊氏之父。 少尹：官名。唐、五代於三京、鳳翔等府均置少尹，爲尹的副職。協助尹通判列曹諸務。從四品下。 "淑妃楊氏"至"真定少尹"：亦見《新五代史》卷一九《淑妃楊氏傳》。

《輯本舊史》之案語：“案《東都事略・楊廷璋傳》云：父弘裕，少漁貂裘陂，有以二石雁授之者，其翼一撝左，一撝右，曰：‘吾北嶽使也。’言訖不知所之。是年生周太祖淑妃，明年生廷璋。”見《東都事略》卷一九。

[3]河朔：古地區名。泛指黃河以北地區。

[4]王鎔：人名。回鶻人。唐末、五代軍閥，朱溫後封趙王。傳見本書卷五四、《新五代史》卷三九。

[5]張文禮：人名。燕（指今北京、天津及河北北部一帶）人。五代後唐將領。王鎔養子，號王德明。傳見本書卷六二、《新五代史》卷三九《王鎔傳》。

[6]唐明宗：即李嗣源。沙陀部人。原名邈佶烈，李克用養子。五代後唐明宗，926年至933年在位。紀見本書卷三五至卷四四、《新五代史》卷六。

[7]安重誨：人名。應州（今山西應縣）人。五代後唐大臣。傳見本書卷六六、《新五代史》卷二四。

[8]石光輔：人名。本書僅此一見。

[9]聖穆皇后：即後周太祖郭威的皇后柴氏。傳見本書本卷、《新五代史》卷一九。　棄世：去世。　　“當河朔全盛之時”至“遂以禮聘之”：《舊五代史考異》：“案《宋史・楊廷璋傳》：有姊寡居京師，周祖微時，欲聘之，姊不從。令媒氏傳言恐逼，姊以告廷璋。廷璋往見周祖，歸謂姊曰：‘此人姿貌異常，不可拒。’姊乃從之。”《新五代史》卷一九《淑妃楊氏傳》：“妃幼以色選入趙王宮，事王鎔。鎔爲張文禮所殺，鎮州亂，妃亦流寓民間。後嫁里人石光輔，居數年，光輔死。太祖柴夫人卒，聞妃有色而賢，遂娶之爲繼室。”

妃睦族撫孤，宜家內助，甚有力焉。晉天福末，卒於太原，因留葬於晉郊。[1]廣順元年九月，追冊爲淑妃。[2]太祖凡一后三妃，及嵩陵就掩，[3]皆議陪祔。[4]時以妃喪在賊境，末及遷窆，[5]世宗乃詔有司於嵩陵之側，預營一冢以虛之，俟賊平即議襄事。[6]顯德元年夏，世宗征河東，果成素志焉。

[1]天福：五代後晋高祖石敬瑭年號（936—942）。出帝石重貴沿用至九年（944）。後漢高祖劉知遠繼位後沿用一年，稱天福十二年（947）。　太原：府名。治所在今山西太原市。　“晋天福末”至“因留葬於晋郊”：《新五代史》卷一九《淑妃楊氏傳》：“天福中妃卒，遂葬太原之近郊。”妃卒年與本傳異。

[2]廣順：五代後周太祖郭威年號（951—953）。　追册爲淑妃：《輯本舊史》卷一一一《周太祖紀二》廣順元年（951）九月辛酉條：“故夫人楊氏追贈淑妃，仍令所司擇日備禮册命。”《新五代史》卷一九《淑妃楊氏傳》：“拜妃弟廷璋爲右飛龍使，廷璋辭曰：‘臣父老矣，願以授之。’太祖曰：‘吾方思之，豈忘爾父邪？’即召弘裕。弘裕老，不能行，乃就其家拜金紫光禄大夫、真定少尹。”

[3]嵩陵：五代後周太祖郭威陵墓，在今河南新鄭市北。

[4]陪祔：配享、附祭、合葬。

[5]遷窆：遷葬。中華書局本有校勘記：“‘窆’，原作‘定’，據劉本、邵本校、《册府》卷二七改。”

[6]“太祖凡一后三妃”至“俟賊平即議襄事”：亦見明本《册府》卷二七《帝王部·孝德門》。

妃兄廷璋，[1]早事太祖。即位，累歷内職，出爲晋州節度使。[2]皇朝撫運，移鎮邢州，又改鄜州，受代歸闕，卒於私第。[3]《永樂大典》卷一千二百六十六。[4]

　　[1]廷璋：人名。即楊廷璋。鎮州真定（今河北正定縣）人。淑妃楊氏弟，五代、宋初將領。傳見《宋史》卷二五五。《舊五代史考異》：“案《東都事略》：廷璋係淑妃之弟。《續通鑑長編》亦云：廷璋有姊爲周太祖妃。俱與《薛史》異。”檢《長編》，未見相關記載。

　　[2]晋州：州名。治所在今山西臨汾市。　節度使：官名。唐時在重要地區所設掌握一州或數州軍事、民事、財政的長官。“出爲晋州節度使”，《輯本舊史》卷一一四《周世宗紀一》顯德元年三月庚子條：“以宣徽北院使楊廷璋爲晋州節度使。”同年七月癸巳條：“晋州楊廷璋加檢校太保。”同書卷一一九《周世宗紀六》顯德六年（959）六月庚辰條：“晋州節度使楊廷璋奏，率兵入河東界，招降堡砦一十三所。”

　　[3]撫運：順應時運。　鄜州：州名。治所在今陝西富縣。卒於私第：《宋史》卷二五五《楊廷璋傳》：“開寶二年，召爲右千牛衛上將軍。四年，卒，年六十。”

　　[4]《大典》卷一二六六“妃”字韻“淑妃”事目。

張貴妃

　　貴妃張氏，恒州真定人也。[1]祖記，成德軍節度判官、檢校兵部尚書。[2]父同芝，本州諮呈官、檢校工部尚書，事趙王王鎔，歷職中要。[3]天祐末，趙將張文禮殺王鎔，以鎮州歸梁，莊宗命將符存審討平之。[4]時妃年尚幼，有幽州偏將武從諫者，駐旆於家，見妃韶令，[5]乃爲其子聘之。武氏家在太原，太祖從漢祖鎮并門，屬楊夫人以疾終，[6]無何武氏子卒，太祖素聞妃之賢，遂納爲繼室。太祖貴，累封至吳國夫人。漢隱帝末，蕭牆變起，屠害大臣，太祖在鄴都被讒，妃與諸皇屬同日遇害於東京舊第。[7]

[1]恒州：州名。即鎮州。治所在今河北正定縣。

[2]記：人名。即張記。本書僅此一見。　成德軍：方鎮名。治所在恒州（今河北正定縣）。　節度判官：官名。唐末、五代藩鎮僚佐，位行軍司馬下。　檢校兵部尚書：官名。爲散官或加官，以示恩寵，無實際執掌。

[3]同芝：人名。即張同芝。本書僅此一見。　檢校工部尚書：官名。爲散官或加官，以示恩寵，無實際執掌。　“父同芝”至“歷職中要”：《輯本舊史》之影庫本粘籤：“諸呈官及中要，皆不見《職官志》，疑當時藩鎮所私設之官也。今無可復考，謹附識于此。”《新五代史》卷一九《貴妃張氏傳》：“父同芝，事趙王王鎔爲諸呈官，官至檢校工部尚書。”

[4]天祐：唐昭宗李曄開始使用的年號（904）。唐哀帝李柷沿用（904—907）。唐亡後，河東李克用、李存勗仍稱天祐，沿用至天祐二十年（923）。五代十國其他政權亦有行此年號者，如南吳、吳越等。　莊宗：即後唐莊宗李存勗。代北沙陀部人。五代後唐開國皇帝。紀見本書卷二七至卷三四、《新五代史》卷四至卷五。符存審：人名。陳州宛丘（今河南淮陽縣）人。原姓符名存。五代後唐將領。傳見本書卷五六、《新五代史》卷二五。

[5]幽州：州名。治所在今北京市。　武從諫：人名。太原（今山西太原市）人。歷任趙德鈞牙將、濮州刺史、符存審副將。事見本書本卷、卷六四、卷七八及《新五代史》卷一九。　旆（pèi）：原指古代旌旗末端形如燕尾的垂旒。此泛指旗幟。　詔令：聰慧，美好。

[6]漢祖：即後漢高祖劉知遠。沙陀部人，後世居於太原。五代後唐、後晉將領，後漢開國皇帝。紀見本書卷九九、卷一〇〇，

《新五代史》卷一〇。《新五代史》卷一九作"太祖事漢高祖於太原"。　并門：即并州。州名。治所在今山西太原市。　楊夫人：即淑妃楊氏。傳見本書本卷、《新五代史》卷一九。

[7]漢隱帝：即劉承祐。五代後漢高祖劉知遠次子。紀見本書卷一〇一至一〇三、《新五代史》卷一〇。　鄴都：地名。治所在今河北大名縣。五代後唐同光元年（923），改魏州爲興唐府，建號東京，三年改東京爲鄴都。　東京：地名。後晉天福三年（938）升汴州爲開封府（今河南開封市），建爲東京。後漢、後周及北宋皆都此，俗稱汴京。

太祖踐祚，追册爲貴妃，發哀，故世宗有起復之命。[1]世宗嗣位，以太祖舊宅即妃遇禍之地，因施爲僧院，以"皇建"爲名焉。[2]《永樂大典》卷八千九百八十九。[3]

[1]"太祖踐祚"至"故世宗有起復之命"：《輯本舊史》卷一一一《周太祖紀二》廣順元年（951）二月庚子條："故吳國夫人張氏追贈貴妃。"同年四月庚申條："帝爲故貴妃張氏舉哀於舊宫，輟視朝三日。"同年五月戊辰條："皇子澶州節度使榮起復，依前澶州節度使，以故貴妃張氏去歲薨，至是發哀故也。"同書卷一一二《周太祖紀三》廣順元年十一月甲申條："葬故貴妃張氏。"

[2]"世宗嗣位"至"以'皇建'爲名焉"：《輯本舊史》卷一一四《周世宗紀一》顯德元年（954）九月壬申條："以東京舊宅爲皇建禪院。"

[3]《大典》卷八九八九"周"字韻"周家人傳"事目。

董德妃

　　德妃董氏，常山靈壽人也。[1]祖文廣，唐深州録事參軍。[2]父光嗣，趙州昭慶尉。[3]妃孩提穎悟，始能言聽，按絲管而能辨其聲。年七歲，遇鎮州之亂，親黨羈離，與妃相失。潞州牙將得之，匿于褚中。[4]其妻以息女不育，得妃憐之，過于所生，姆教師箴，功容克備。妃家悲念，其兄瑀諸處求訪，垂六七年。後潞將入官于朝，妃之鄉親頗有知者，瑀見潞將，[5]欣歸之，時年十三。妃歸踰年，嫁爲里人劉進超之妻。[6]進超爲内職，及契丹破晉之歲，[7]陷蕃歿焉。妃螯居洛陽，太祖楊淑妃與妃鄉親，[8]平居恒言妃賢德。太祖從漢祖幸洛，因憶淑妃之言，尋以禮納之。鼎命初建，張貴妃遇禍，中宫虚位，乃册爲德妃。[9]太祖自聖穆皇后早世以來，屢失邦媛，中幃内助，唯妃存焉，加以結珮脱簪，率由令範。

　　[1]常山：即鎮州，治所在今河北正定縣。　靈壽：縣名。治所在今河北靈壽縣。爲鎮州屬縣。

　　[2]文廣：人名。即董文廣。本書僅此一見。　深州：州名。治所在今河北深州市。　録事參軍：官名。州府屬官。總掌諸曹事務。官品爲從六品至從八品不等。

　　[3]光嗣：人名。即董光嗣。本書僅此一見。　趙州：州名。治所在今河北趙縣。　昭慶：縣名。治所在今河北隆堯縣。　尉：官名。即縣尉，縣之佐官。掌軍事、治安。官階從八品下至從九品下不等。

　　[4]潞州：州名。治所在今山西長治市。　牙將：官名。古代軍隊中的中低級軍官。　褚（zhě）：兵卒，行伍。

　　[5]瑀：人名。即董瑀。

　　[6]劉進超：人名。鎮州靈壽（今河北靈壽縣）人。事跡不詳。本書僅此一見。

　　[7]契丹破晉：後晉開運三年（946），契丹國主耶律德光攻陷後晉都城汴梁，俘獲晉出帝石重貴，後晉亡。

　　[8]楊淑妃：即淑妃楊氏。傳見本書本卷及《新五代史》卷一九。

　　[9]張貴妃：人名。傳見本書本卷及《新五代史》卷一九。

乃册爲德妃：《輯本舊史》卷一一一《周太祖紀二》廣順元年（951）四月甲午條："以夫人董氏爲德妃，仍令所司備禮册命。"

　　廣順二年夏，[1]遇疾，醫藥之際，屬太祖兗海之征，[2]車駕將行，妃奏曰："正當暑毒，勞陛下省巡，明發宵征，須人供侍，司簿已下典事者，[3]各已處分從行。"太祖曰："妃疾未平，數令診視，此行在近，無煩內人。"及太祖駐蹕魯中，妃志欲令內人進侍，發中使往來言之。[4]太祖手敕鄭仁誨曰："切慮德妃以朕至兗州行營，津置內人承侍。緣諸軍在野，不可自安，令鄭仁誨專心體候。[5]如德妃津置內人東來，便須上聞約住，或取索鞍馬，不得供應。如意堅確，即以手敕示之。"既而平定兗州，[6]車駕還京，妃疾無減，俄卒於大內，時年三十九。輟朝三日。[7]

　　[1]二年：中華書局本沿《輯本舊史》作"三年"。《輯本舊史》卷一一二《周太祖紀三》廣順二年（952）五月條："庚申，

車駕發京師。戊辰，至兗州城下。乙亥，收復兗州，斬慕容彥超，夷其族。"周太祖於廣順二年五月東征兗州，據改。

[2]屬太祖兗海之征：《輯本舊史》之影庫本粘籤："兗海，原本作'袞海'，今據《歐陽史》改正。"檢《新五代史》全書，未見"兗海"二字。兗海節度使爲唐時舊稱，後改稱泰寧軍節度使，治兗州。

[3]司簿：官名。隋煬帝時始置，爲宮廷女官，屬尚宮局，掌宮人名籍、稟賜。正六品。

[4]中使：皇宮中派出的使臣。多由宦官擔任。

[5]鄭仁誨：人名。晋陽（今山西太原市）人。後周太祖時樞密使、宰相。傳見本書卷一二三、《新五代史》卷三一。

[6]兗州：州名。治所在今山東濟寧市兗州區。

[7]"俄卒於大内"至"輟朝三日"：《輯本舊史》卷一一二《周太祖紀三》廣順二年六月癸卯條："德妃董氏薨。"同月甲寅條："幸舊宅，爲德妃舉哀故也。"同年十月丁酉條："葬德妃，廢朝。"《新五代史》卷一九《德妃董氏傳》言"廣順三年卒"，誤。

妃長兄瑀，以左贊善大夫致仕。[1]仲兄玄之、季兄自明，[2]皆累歷郡守。《永樂大典》卷八千九百八十九。[3]

[1]左贊善大夫：官名。掌規諫太子過失，贊禮儀等事。正五品。 以左贊善大夫致仕：《新五代史》卷一九《德妃董氏傳》："瑀官至太子右贊善大夫。"與本傳異，疑誤。

[2]玄之、自明：人名。即董玄之、董自明。本書皆僅此一見。

[3]《大典》卷八九八九"周"字韻"周家人傳"事目。

貞惠劉皇后

世宗貞惠皇后劉氏，將家女也，幼歸於世宗。[1]漢乾祐中，世宗在西班，后始封彭城縣君。[2]世宗隨太祖在鄴，后留居邸第。漢末，李業等作亂，[3]后與貴妃張氏及諸皇族同日遇禍。

[1]"世宗貞惠皇后劉氏"至"幼歸於世宗"：《新五代史》卷二〇《皇后劉氏傳》："貞惠皇后劉氏，不知其世家，蓋微時所娶也。"

[2]乾祐：後漢高祖劉知遠、隱帝劉承祐年號（948—950）。北漢世祖劉旻、睿宗劉鈞繼續沿用至九年（956）。 "漢乾祐中"至"后始封彭城縣君"：《新五代史》卷二〇《皇后劉氏傳》："世宗爲左監門衛將軍，得封彭城縣君。"《輯本舊史》卷一一四《周世宗紀一》："漢初，太祖以佐命功爲樞密副使，帝始授左監門衛將軍。二年，太祖鎮鄴，改天雄軍牙內都指揮使，領貴州刺史、檢校右僕射。"

[3]李業：人名。晋陽（今山西太原市）人。後漢高祖李皇后弟。隱帝時受信任，掌宮廷財務。傳見本書卷一〇七、《新五代史》卷三〇。

國初，追封彭城郡夫人。[1]顯德四年夏四月，追册爲皇后，謐曰貞惠，陵曰惠陵。[2]《永樂大典》卷八千九百八十九。[3]

[1]追封彭城郡夫人：《輯本舊史》卷一一一《周太祖紀二》廣順元年（951）二月庚子條："故長婦劉氏追封彭城郡夫人。"

[2]"顯德四年夏四月"至"陵曰惠陵"：《輯本舊史》卷一一七《周世宗紀四》顯德四年（957）四月壬午條："故彭城郡夫人劉氏追册爲皇后。"《新五代史》卷一二《周世宗本紀》作"四月癸未"。《輯本舊史》卷一二〇《周恭帝紀》顯德六年十月壬辰條："翰林學士、判太常寺事竇儼撰進貞惠皇后廟歌辭。"同年十一月壬寅條："葬世宗皇帝於慶陵，以貞惠皇后劉氏祔焉。"

[3]《大典》卷八九八九"周"字韻"周家人傳"事目。

宣懿符皇后

宣懿皇后符氏，祖存審，事後唐武皇、莊宗，[1]位極將相，追封秦王。父彥卿，天雄軍節度使，[2]封魏王。后初適李守貞之子崇訓。[3]漢乾祐中，守貞叛於河中，[4]太祖以兵攻之。及城陷，崇訓自刃其弟妹，次將及后，后時匿於屏處，以帷箔自蔽，崇訓倉黄求后不及，遂自刎，后因獲免。太祖入河中，令人訪而得之，即遣女使送于其父，自是后常感太祖大惠，拜太祖爲養父。世宗鎮澶淵日，太祖爲世宗聘之。[5]

[1]後唐武皇：人名。即李克用。沙陀部人，生於神武川新城（一說今山西朔州市朔城區之梵王寺村，一說今山西應縣縣城，一說今山西懷仁縣之日中城）。唐末軍閥，五代後唐太祖。紀見本書卷二五。

[2]天雄軍：方鎮名。亦稱"魏博軍"。唐天祐元年（904）以魏博節度使號爲天雄軍，治所在魏州（今河北大名縣）。

[3]李守貞：人名。河陽（今河南孟州市）人。五代將領。傳見本書卷一〇九、《新五代史》卷五二。　崇訓：人名。即李崇訓。

河陽（今河南孟州市）人。李守貞之子。事見本書本卷、《新五代史》卷二〇《皇后符氏傳》。　后初適李守貞之子崇訓：《輯本舊史》之影庫本粘籤：“崇訓，原本作‘崇酬’，今從《通鑑》改正。”《通鑑》卷二九一顯德元年（954）四月條：“符彥卿有女適李守貞之子崇訓。”《新五代史》卷二〇《皇后符氏傳》：“初適李守貞子崇訓。”

　　[4]河中：方鎮名。治所在河中府（今山西永濟市）。

　　[5]澶淵：地名。位於今河南濮陽市西北。　“漢乾祐中”至“太祖爲世宗聘之”：《輯本舊史》於傳末引《五代史補》：“世宗皇后符氏，即魏王彥卿之女。時有相工視之大驚，密告魏王曰：‘此女貴不可言。’李守貞素有異志，因與子崇訓娶之，禮畢，守貞甚有喜色。其後據河中叛。高祖爲樞密使，受命出征。后知高祖與其父有舊，城破之際，據堂門而坐，叱諸軍曰：‘我符魏王女也，魏王與樞密太尉，兄弟之不若，汝等慎勿無禮。’於是諸軍聳然引退。頃之，高祖至，喜曰：‘此女於白刃紛拏之際保全，可謂非常人也。’乃歸之魏王。至世宗即位，納爲皇后。既免河中之難，其母欲使出家，資其福壽，后不悦曰：‘死生有命，誰能髡首跣足以求苟活也！’母度不可逼，遂止。世宗素以后賢，又聞命不以出家爲念，愈賢之，所以爲天下母也。”《新五代史》卷二〇《皇后符氏傳》：“有術者善聽人聲以知吉凶，守貞出其家人使聽之，術者聞后聲，驚曰：‘此天下之母也！’守貞益自負，曰：‘吾婦猶爲天下母，吾取天下復何疑哉！’於是決反。”“太祖於后有恩，而世宗性特英鋭，聞后如此，益奇之。及劉夫人卒，遂納以爲繼室。”

　　后性和惠，善候世宗之旨，世宗或暴怒於下，后必從容救解，世宗甚重之。及即位，册爲皇后。[1]世宗將南征，后常諫止之，言甚切直，世宗亦爲之動容。洎車駕駐於淮甸，[2]久冒炎暑，后因憂恚成疾。顯德三年七月二十一日，[3]崩於滋德殿，[4]時年二十有六。世宗甚悼之。[5]既而有司上謚曰宣懿，葬于新鄭，陵曰懿陵。[6]《永樂大典》卷八千九百八十九。[7]

[1]册爲皇后：《輯本舊史》卷一一四《周世宗紀一》顯德元年（954）四月壬戌條：“制立衛國夫人符氏爲皇后，仍令有司擇日備禮册命。”

[2]淮甸：後周世宗三次親征南唐，取江淮十四州。

[3]顯德三年七月二十一日：中華書局本有校勘記：“‘三年’，原作‘二年’，據本書卷一一六《周世宗紀三》、《五代會要》卷一改。”《輯本舊史》卷一一六《周世宗紀三》顯德三年七月辛亥（二一）條：“皇后符氏薨。”

[4]滋德殿：五代東京宫殿名。位於今河南開封市。

[5]世宗甚悼之：《新五代史》卷二〇《皇后符氏傳》：“議者以方用兵，請殺喪禮，於是百官朝臨于西宫，三日而釋服，帝亦七日而釋。”《輯本舊史》卷一一六《周世宗紀三》顯德三年十月辛酉條：“葬宣懿皇后於懿陵。”同月丁卯條：“宣懿皇后神主入廟，時有司請爲后立別廟，禮也。”同年十一月庚子條：“日南至，帝不受朝賀，以宣懿皇后遷祔日近也。”

[6]新鄭：縣名。治所在今河南新鄭市。　陵曰懿陵：《輯本舊史》之案語：“世宗后符后，即宣懿之女弟也，《薛史》不爲立傳，未免闕略。”《輯本舊史》卷一一九《周世宗紀六》顯德六年六月癸未條：“立魏王符彦卿女爲皇后，仍令所司擇日備禮册命。”《通鑑》卷二九四顯德六年六月癸未條：“立皇后符氏，宣懿皇后之女弟也。”《新五代史·皇后符氏傳》：“後立皇后符氏，后妹也。國初，遷西宫，號周太后。”《文獻通考》卷二五二《帝系考三》：“太平興國初，入道爲尼。淳化四年殂。”後符后宋初尚存，此或爲舊史不立傳之故。

[7]《大典》卷八九八九“周”字韻“周家人傳”事目。

史臣曰：周室后妃凡六人，而追册者四，故中闈内則，罕得而聞。唯董妃、符后之懿範，亦無愧於彤管矣。[1]《永樂大典》卷八千九百八十九。[2]

[1]彤管：古代女史用以記事的朱筆赤管。　“史臣曰”至“亦無愧於彤管矣”：《舊五代史考異》：“又案：《薛史》無外戚傳。考《五代會要》云：周太祖第三女樂安公主，爲漢室所害，廣順元年二月追封，至顯德四年四月，又追封莒國長公主。第四女壽安公主，降張永德，廣順元年四月封，至顯德元年，封晉國長公主。第五女永寧公主，廣順元年九月追封，至顯德四年四月，又追封梁國長公主。”見《五代會要》卷二公主條。
[2]《大典》卷八九八九“周”字韻“周家人傳”事目。